中国语言资源保护工程

浙江方言资源典藏　编委会

主任

朱鸿飞

主编

王洪钟　黄晓东　叶　晗　孙宜志

编委

（按姓氏拼音排序）

包灵灵　蔡　嵘　陈筱姁　程　朝　程永艳　丁　薇
黄晓东　黄沚青　蒋婷婷　雷艳萍　李建校　刘力坚
阮咏梅　施　俊　宋六旬　孙宜志　王洪钟　王文胜
吴　众　肖　萍　徐　波　徐　越　徐丽丽　许巧枝
叶　晗　张　薇　赵翠阳

教育部语言文字信息管理司　　指导
浙 江 省 教 育 厅

中国语言资源保护研究中心　　统筹

本书由浙江省财政资助出版

中国语言资源保护工程

浙江方言资源典藏

分水

许巧枝　著

ZHEJIANG UNIVERSITY PRESS

浙江大学出版社

·杭州·

图书在版编目(CIP)数据

浙江方言资源典藏. 分水 / 许巧枝著. — 杭州：
浙江大学出版社，2024.6
ISBN 978-7-308-25047-4

Ⅰ．①浙… Ⅱ．①许… Ⅲ．①吴语－桐庐县 Ⅳ．
①H173

中国国家版本馆 CIP 数据核字(2024)第 106375 号

浙江方言资源典藏·分水

许巧枝 著

策　　划	张　琛　包灵灵
丛书主持	包灵灵
责任编辑	仝　林
责任校对	田　慧
封面设计	周　灵
出版发行	浙江大学出版社
	(杭州市天目山路 148 号　邮政编码 310007)
	(网址：http://www.zjupress.com)
排　　版	杭州朝曦图文设计有限公司
印　　刷	浙江省邮电印刷股份有限公司
开　　本	710mm×1000mm　1/16
印　　张	14.75
插　　页	4
字　　数	178 千
版 印 次	2024 年 6 月第 1 版　2024 年 6 月第 1 次印刷
书　　号	ISBN 978-7-308-25047-4
定　　价	68.00 元

古分阳八景之花桥流水,2023 年,朱瑞锋摄

古分阳八景之天溪湖,2023 年,朱瑞锋摄

古分阳八景之五云山,2023 年,朱瑞锋摄

分水镇中国制笔文化馆,2023 年,朱瑞锋摄

分水镇特色小吃菜饼,2023 年,朱瑞锋摄

分水镇特色小吃沃汤,2023 年,朱瑞锋摄

分水方言老男发音人邱水明,2018 年,许巧枝摄

分水方言老女发音人刘春美,2018 年,许巧枝摄

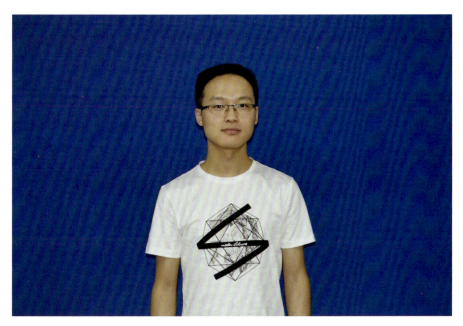

分水方言青男发音人吴志华,2018 年,许巧枝摄

分水方言青女发音人江亚芬,2018 年,许巧枝摄

分水方言口头文化发音人何明珠,2018 年,许巧枝摄

分水方言文化咨询专家王顺庆,2018 年,许巧枝摄

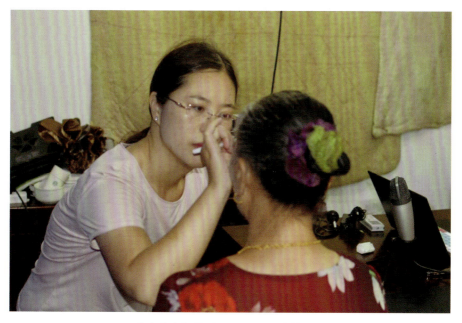

分水方言摄录过程,2018 年,徐梦菲摄

分水方言摄录过程,2018 年,许巧枝摄

分水方言摄录过程,2018 年,许巧枝摄

团队成员与青男发音人合影,2018 年,许巧枝摄

序

　　浙江省的方言资源具有丰富性、濒危性和未开发性的特点,急需开展大规模的全面深入的调查研究。几十年来,浙江省方言研究人才辈出,但很多专家都在省外工作。浙江方言的调查研究一直缺乏总体规划和集体行动,故而除了一些个人自发的研究以外,很少有成系列的调查报告和研究成果,与一些兄弟省(区、市)相比,反而远远落在了后面,这不能不说是一件十分遗憾的事。

　　近年来,随着语保工程的深入开展,浙江方言调查迎来了一个高潮。在浙江省教育厅、浙江省语言文字工作委员会办公室统一有力的领导下,在全省方言专业工作者的共同努力下,浙江省的语保工作开展得有声有色,成绩斐然,很多方面都走在了全国的前列。如省财政的配套支持、《浙江语保》杂志的出版、"浙江乡音"平台的建设、人才队伍的整合等方面,从全国来看都是具有创新性或领先性的。仅从人才队伍来说,经过这几年的持续培养锻炼,一大批年轻的方言工作者迅速成长。2018 年年底,浙江省语言学会方言研究会成立,当时会员人数已达到 60 多人,可以说是浙江省历史上方言研究力量最为强盛的时期。

　　这次"浙江方言资源典藏"丛书的编写出版,就是浙江省语保工程成果的一次大展示。全省 88 个方言调查点,一点一本,每本包含概况、语音、词汇、语法、话语、口头文化,体系已相当完备,同时还配有许多生动的图片和高质量的音像语料,显示出该丛书与时俱进的一面。尽管篇幅还稍显单薄，话语材料也没有全部转写成音标，但各个方言调查点(其中包括许多从未报道过的方言调查点)的基本面貌已经呈现出来了，这无疑给今后更加详细深入的研究奠定了一个很好的基础。特别值得一提的是，"浙江方言资源典藏"丛书是全国首个以省为单位编写出版的语言资源成果。

我最近提出了浙江方言工作的四大任务：队伍建设、调查研究、保护传承、开发应用。这四个方面的工作有的处于起步阶段，有的尚处于基本空白的状态，可谓任重道远。方言及其文化的濒危和快速消亡无疑是令人痛心的，对方言的保护是时代给我们方言工作者提出的一项不可推卸的课题。从调查研究的角度，可以说我们赶上了一个大有可为的历史机遇。只要抓住机遇，脚踏实地去干，我们一定能够共同书写出一部浙江方言文化的鸿篇巨制，为后人留下一笔丰厚的非物质文化遗产。在此，我也预祝浙江省的方言工作者能够继续推出更多更好的研究成果。

是为序。

曹志耘

2018 年 12 月

前　言

"浙江方言资源典藏"丛书是"中国语言资源保护工程·浙江汉语方言调查"项目的成果汇编,是集体工作的结晶。

一、项目目标

"中国语言资源保护工程"是教育部、国家语言文字工作委员会2015年启动的以语言资源调查、保存、展示和开发利用等为核心的国家工程。首席专家为时任中国语言资源保护研究中心主任曹志耘教授。"中国语言资源保护工程·浙江汉语方言调查"项目负责人先后由浙江省教育厅语言文字应用管理处的李斌副处长和朱鸿飞处长担任。

"中国语言资源保护工程·浙江汉语方言调查"项目在浙江设77个方言调查点,浙江省在此基础上另增了11个方言调查点。该项目有如下目标:(1)记录以县(市、区)为代表点的方言;(2)以音像手段保存各地的方言。该项目设置的调查点覆盖了浙江的主要方言:吴方言、闽方言、徽方言和畲话。历史上对浙江汉语方言进行的比较全面的调查主要有两次:一次是1964—1966年的调查,调查的成果后来结集成《浙江省语言志(上、下)》(浙江人民出版社2015年11月第1版);另一次是2002—2005年的调查,后来出版了《汉语方言地图集》(商务印书馆2008年11月第1版),但是语料并未出版。这是第三次,与前两次相比,这次调查不仅利用了音像等现代化手段,而且覆盖面更广,每个县(市、区)用统一的调查材料至少调查一个地点;调查材料更加详尽细致,包括语音、词汇、语法、话语、口头文化等方面。

二、编纂缘起

在中国语言资源保护研究中心和浙江省语言文字工作委员会的领导和推动下,"中国语言资源保护工程·浙江汉语方言调查"项目进展顺利。浙江语言资源保护工程团队一致认为,调查成果对一般读者来说有一定的可读性,对语言学界来说具有重要的学术价值。在征得中国语言资源保护研究中心的同意后,项目负责人李斌副处长开始积极推动和筹划出版"浙江方言资源典藏"丛书,并得到了浙江语言资源保护工程团队各位专家的热烈响应。叶晗研究员积极联系出版社,丛书第一辑(16 册)最终于 2019 年年初由浙江大学出版社正式出版。在李斌副处长因工作需要换岗后,朱鸿飞处长继续大力推进《中国语言资源集·浙江》的编纂出版,始终关心"浙江方言资源典藏"丛书后续各册的编辑出版工作,积极筹措出版资金,为"浙江方言资源典藏"丛书(88 册)的全面出版奠定了扎实基础。

三、语料来源

"浙江方言资源典藏"丛书所有语料均来自浙江语言资源保护工程团队的实地调查,调查手册为《中国语言资源调查手册·汉语方言》(商务印书馆 2015 年 7 月第 1 版),调查内容包括方言的概况、语音、词汇、语法、话语、口头文化,以及地方普通话。丛书的语音部分收录了老年男性(正文中简称为"老男")以及青年男性(正文中简称为"青男")的音系和 1000 个单字音;词汇部分收录了以老年

男性为发音人的 1200 个词语;语法部分收录了以老年男性为发音
人的 50 个语法例句;话语部分收录了老年男性、老年女性(正文中
简称为"老女")、青年男性、青年女性(正文中简称为"青女")篇幅不
等的话题讲述,以及他们之间的 20 分钟的对话片段;口头文化部分
收录了规定故事、其他故事、歌谣和自选条目,并补充了一些调查手
册之外的浙江乡音材料;丛书未收录地方普通话材料。

四、丛书体例

1.概况。包括地理位置、历史沿革、方言概况、发音人简介和常
用方言词五个部分,其中方言概况部分附带地方曲艺介绍。

2.音系。按照方言学界惯例排列,声母按发音部位分行,按发
音方法分列。韵母按四呼分列,按韵尾分行,同类型的韵母按主要
元音开口度的大小分行。声调标调值。例字的白读音使用单下画
线,文读音使用双下画线。零声母符号[∅]除用于音系外,实际标音
一律省略;调值及送气符号"ʰ"上标。

3.单字。按"果、假、遇、蟹、止、效、流、咸、深、山、臻、宕、江、曾、
梗、通"十六摄排序。同摄先分开合口,再分一二三四等,摄、呼、等、
韵相同再按"帮(非)、滂(敷)、並(奉)、明(微);端、透、定;泥(娘)、
来;精、清、从、心、邪;知、彻、澄;庄、初、崇、生;章、昌、船、书、禅、日;
见、溪、群、疑、晓、匣;影、云、以"三十六字母排序,摄、呼、等、韵、声
相同再按中古"平、上、去、入"四声排序。

单字音后的小字注采用简称形式,具体含义如下:

白:白读音	今:现在的读法
文:文读音	声殊:声母特殊
又:又读音	韵殊:韵母特殊
小:小称音	调殊:声调特殊

老:老派的读法　　　　　　音殊:声韵调不止一项特殊
新:新派的读法　　　　　　读字:只用于书面语,不用于口语
旧:过去的读法　　　　　　单用:可单独使用,不必组合成词

无方言说法的单字,注明"(无)"。

4. 词汇。词条按意义范畴分类,按实际发音标音。用字一般使用现行规范字,有本字可用者一律使用本字,本字不明者用方言同音字,同时在该字右上角用上标"⁼"标明。但表近指或远指的"格""葛""即""介""乙"、复数义的"拉"等,属于习用的表音字,不加同音字符号"⁼"。既无本字又无同音字的用方框"□"表示。一律不使用训读字,尽量不使用俗字。合音字尽量使用已有现成字形的字,例如"朆、覅、𣍐"等;如方言无现成字形的合音字,用原形加"[ ]"表示。"並、睏、煠、隑、瀊"等异体字或繁体字是音韵学、方言学中具有特殊含义的专用字,本丛书予以保留。

一个词条有多个读音时,用单斜线"/"间隔;一个词条有多种说法时,按使用频率由高到低排序;各种说法的性质不同时,音标后加注小字,体例同上文单字音后的小字注;鼻尾型或鼻化型的小称,采用方言词加小号字"儿"的方式表示,如:义乌"弟弟"义的"弟儿 din^{24}",温岭"父亲"义的"伯儿 $p\tilde{a}^{51}$";变调型及变韵+变调型的小称,采用音标后加小号字"小"的方式表示,如:江山"爷爷"义的"公 $ko\eta^{241}$小",宁波"鸭子"义的"鸭 ε^{35}小"。

无方言说法的词条,注明"(无)"。

5. 语法、话语、口头文化一律只记实际读音;方言转写使用宋体字,普通话译文使用楷体字。话语及故事属于即时讲述的自然口语,难免出现口误、重复、颠倒、跳脱等现象,其方言转写与国际音标力求忠实于录音,普通话译文采取意译方式,不强求与之一一对应。

6. 单字、词汇、语法例句及其释例基本依据《中国语言资源调查

手册·汉语方言》。

　　本丛书从第二辑开始,对所有方言材料均标注国际音标。各种音标符号形体繁复,浙江大学出版社的编辑团队克服困难,精心编校,尽心尽力,是特别需要表示感谢的。

目　录

第一章　概　况 ……………………………………………… 001

一、地理位置 ………………………………………… 001

二、历史沿革 ………………………………………… 001

三、方言概况 ………………………………………… 002

四、发音人简介 ……………………………………… 003

五、常用方言词 ……………………………………… 003

第二章　语　音 ……………………………………………… 004

一、音　系 …………………………………………… 004

二、单　字 …………………………………………… 011

第三章　词　汇 ……………………………………………… 054

一、天文地理 ………………………………………… 054

二、时间方位 ………………………………………… 057

三、植　物 …………………………………………… 060

四、动　物 …………………………………………… 064

五、房舍器具 ………………………………………… 067

六、服饰饮食 ………………………………………… 070

七、身体医疗 ………………………………………… 074

八、婚丧信仰 ……………………………………………… 078

九、人品称谓 ……………………………………………… 080

十、农工商文 ……………………………………………… 084

十一、动作行为 …………………………………………… 088

十二、性质状态 …………………………………………… 096

十三、数　量 ……………………………………………… 102

十四、代副介连词 ………………………………………… 105

第四章　语　法 …………………………………………… 109

第五章　话　语 …………………………………………… 116

一、讲　述 ………………………………………………… 116

二、对　话 ………………………………………………… 172

第六章　口头文化 ………………………………………… 198

一、歌　谣 ………………………………………………… 198

二、故　事 ………………………………………………… 201

三、戏　曲 ………………………………………………… 215

后　记 ……………………………………………………… 219

第一章 概 况

一、地理位置

分水镇隶属于浙江省杭州市桐庐县,地理坐标为东经 119°26′~119°32′,北纬 29°7′~30°5′,地处桐庐、富阳、临安、淳安四县(区)交汇腹地。下辖 26 个行政村和 3 个社区,分别是:武盛村、城西村、东溪村、天英村、桥东村、新龙村、百岁坊村、保安村、富源村、砖山村、儒桥村、里湖村、怡华村、小源村、三溪村、三合村、塘源村、高联村、三槐村、外范村、太平村、盛村村、徐桥村、朝阳村、大路村、后岩村、分江社区、玉华社区、怀恩社区。镇政府驻分江社区院士路 98号。① 2024 年,户籍人口 5.34 万。②

二、历史沿革

分水镇始建于唐武德四年(621),拥有 1400 年建制史,人文历史资源丰富,曾涌现出施肩吾、徐凝等一批名士先贤,有"状元故里、

---

① 参见《悠悠分水》编委会. 悠悠分水. 杭州:浙江人民出版社,2008.
② 参见桐庐县人民政府网站关于分水的介绍,网址为:https://www. tonglu.gov.cn/。

进士之乡"的美誉。唐武德四年析桐庐西北七乡置分水县,同时于桐庐置严州。三年后废严州及分水县。如意元年(692)复置分水,更县名为武盛。神龙元年(705)复名分水县。开元二十六年(738)移桐庐县于今县治。宝应元年(762)析分水西部地置昭德县,大历六年(771)废昭德还属分水。天祐三年(906)划分水东北五乡入临安。1949 年 4 月至 5 月桐、分两县解放,1958 年 11 月废新登、分水两县入桐庐,分水成为桐庐县下辖区。1961 年,分水区下辖分水、百江、合村、印渚、保安等公社。1969 年,从分水区分水公社析城区部分另置分水镇(此时分水镇与分水公社并存)。1971 年,撤销分水区,行县、社两级制。1984 年 3 月,恢复乡、村建制,分水公社改为分水乡;1984 年 5 月,撤销分水乡,与分水镇合并。

三、方言概况

分水镇有三种代表性方言,分别是分水官话、分水土话、宁绍话①。分水官话,使用人口约 4 万,分布于以武盛、里湖、保安、三溪、百岁坊、怡华等为代表的 20 个行政村;分水土话,使用人口约 1 万,主要分布于儒桥、东溪、桥东、三合、新龙 5 个行政村;宁绍话,使用人口约 0.3 万,主要分布于城西、富源两个行政村。本书调查的是使用人口较多的分水官话,属于吴语太湖片临绍小片方言。

---

　① 　此为当地人约定俗成的自称。

四、发音人简介

姓名	性别	出生年月	文化程度	职业	出生地
邱水明	男	1954 年 6 月	高中	职工	分水镇武盛村
刘春美	女	1955 年 3 月	文盲	无	分水镇武盛村
吴志华	男	1988 年 5 月	初中	职工	分水镇武盛村
江亚芬	女	1983 年 9 月	初中	无	分水镇武盛村
何明珠	女	1964 年 2 月	初中	工商业者	分水镇武盛村

五、常用方言词

勒	le^{24}	介词,相当于普通话的"在"。
蛮	mã^{22}	程度副词,相当于普通话的"挺"。
毛	mɔ^{22}	程度副词,程度量级比"蛮"高。
葛	kəʔ^{5}	近指代词,相当于普通话的"这"。
咯	kəʔ^{5}	结构助词,相当于普通话的"的"。

第二章 语 音

一、音 系

(一)老男音系

1. 声母(28个,包括零声母在内)

p 八兵	pʰ 派片	b 爬病	m 麦明	f 飞风副蜂	v 饭味肥
t 多东	tʰ 讨天	d 甜毒	n 脑南		l 老蓝连路
ts 资早租张竹争纸	tsʰ 刺草寸抽拆抄车	dz 坐茶床城		s 丝三酸山书手	z 字事十贼入
tɕ 酒装主九	tɕʰ 清春轻	dʑ 全柱权	ɲ 年泥热软	ɕ 想双响	ʑ 谢船顺
k 高	kʰ 开	g 共	ŋ 熬	x 好灰	
∅ 问月县安温王用药					

说明：

浊声母实为清音浊流。

2.韵母(38 个,包括自成音节的[m])

ɿ 师丝试	i 米戏	u 苦五	y 猪雨
a 茶牙瓦	ia 牙	ua 瓜瓦	
ɛ 开排鞋	iɛ 写	uɛ 快	
e 陪对		ue 鬼	
ɔ 宝饱	iɔ 笑桥		
o 歌坐过			
ɵ 二豆走	iɵ 油		
ã 南山糖	iã 响讲	uã 官床王	yã 双
	iɛ̃ 盐年	uɛ̃ 半短	yɛ̃ 权靴
ən 深根寸灯升争硬	in 心新病星	uən 滚	yən 春云
oŋ 东	ioŋ 兄用		
aʔ 盒塔鸭法辣八	iaʔ 局	uaʔ 刮挖滑活	
əʔ 十国壳北色白六绿	iəʔ 接急热七一药学锡	uəʔ 活骨国谷	yəʔ 月出橘
m 母			

说明：

(1)果摄逢[k]组声母时,韵母记为[o],实际音值略高。

(2)[ən]中的[n]偏后。

(3)[əʔ]和[iəʔ]中的[ə]偏前。

3. 声调(7个)

阴平	44	东该灯风通开天春
阳平	22	门龙牛油铜皮糖红
上声	53	懂古鬼九统苦讨草买老五有
阴去	24	冻怪半四痛快寸去
阳去	13	卖路硬乱洞地饭树动罪近后
阴入	5	谷急哭刻百搭节拍塔切
阳入	12	六麦叶月毒白盒罚

说明:

(1)阴平调值记为[44],实际调值略低,接近[33]。

(2)阳平调不稳定,调值介于[22]和[33]之间,记为[22]。

4. 两字组连读变调规律

分水方言两字组的连读变调规律见下表。表中首列为前字本调,首行为后字本调。每一格的第一行是两字组的本调组合;第二行是连读变调,若连读调与单字调相同,则此行空白;第三行为例词。同一两字组若有两种以上的变调,则以横线分隔。具体如下。

分水方言两字组连读变调表

后字 前字	阴平 44	阳平 22	上声 53	阴去 24	阳去 13	阴入 5	阳入 12
阴平 44	44　44 花　生	44　22 番　茄	44　53 55 痴　子	44　24 标　致	44　13 街　上	44　5 猪　血	44　12 山　药

续表

后字 前字	阴平 44	阳平 22	上声 53	阴去 24	阳去 13	阴入 5	阳入 12
阳平 22	22　44 21 雷　公	22　22 21　24 麻　油	22　53 21　55 洋　火	22　24 21 芹　菜	22　13 21 排　队	22　5 21 头　发	22　12 21 茶　叶
上声 53	53　44 44　33 点　心	53　22 44　21 嘴　唇	53　53 44 米　酒	53　24 44 瓦　片	53　13 44 扫　地	53　5 44 喜　鹊	53　12 44 小　麦
阴去 24	24　44 灶　间	24　22 灶　头	24　53 55 进　口	24　24 21 进　去	24　13 24 对　面	24　5 5 教　室	24　12 放　学
阳去 13	13　44 24 面　包	13　22 24　21 旧　年	13　53 22 夜　里	13　24 24　24 地　震	13　13 24　24 庙　会	13　5 24 大　伯	13　12 24 闹　热
阴入 5	5　44 结　婚	5　22 客　人	5　53 脚　管	5　24 合　算	5　13 柏　树	5　5 叔　叔	5　12 搭　脉
阳入 12	12　44 陌　生	12　22 舌　条	12　53 落　雨	12　24 鼻　涕	12　13 木　匠	12　5 熟　悉	12　12 昨　日

说明：

（1）二字组中,若前字为阳平,则前字调值由[22]变为[21];阳平字在上声、阳去字后,调值由[22]变为[21];两个阳平字相连,前字调值由[22]变为[21],后字调值由[22]变为[24]。

（2）二字组中,若前字为上声,则前字调值由[53]变为[44];上声字置于阴平、阳平后,调值由[53]变为[55];上声字置于阴去字后,调值由[53]变为[44]。

（3）两个阴去字相连,后字调值由[24]变为[21]。

（4）二字组中,若前字为阳去(后字上声除外),则前字调值由[13]变为[24];阳去字在上声字前,调值由[13]变为[22];阳去字在阴去字、阳去字后,调值由[13]变为[24]。

(5)阴平字在上声字后,调值由[44]变为[33]。

5.其他主要音变规律

附加式合成词中的构词后缀,多读轻声,比较常见的是"子"缀读轻声。详见下表。例字所在位置排列的调值,上面为原单字调的调值,下面为变调后的调值。

阴平＋子		阳平＋子		上声＋子		阴去＋子		阳去＋子		阴入＋子		阳入＋子		其	他
44	53	22	53	53	53	24	53	13	53	5	53	12	53	53	44
0		21	0	44	0		0		0		0		0	44	0
虱	子	桃	子	李	子	粽	子	稻	子	橘	子	月	子	尾	巴

(二)青男音系

1.声母(28个,包括零声母在内)

p 八兵	pʰ 派片	b 爬病	m 麦明问	f 飞风副 蜂肥	v 饭
t 多东	tʰ 讨天	d 甜毒	n 脑南		l 老蓝 连路
ts 资早租 张竹争 纸主	tsʰ 刺草寸 抽拆抄 抄车春	dz 贼茶柱 祠床船 城		s 丝三酸 山书手	z 字事十 坐入染
tɕ 酒装九	tɕʰ 清轻	dʑ 全权	ȵ 年泥 热软	ɕ 想双响	ʑ 谢
k 高	kʰ 开	g 共	ŋ 熬	x 好灰	
ø 味问月活 县安温王 云用药					

说明:

浊声母实为清音浊流。

2.韵母(39个,包括自成音节的[m])

ɿ 师丝试	i 米戏	u 过苦五	y 猪雨
a 茶牙瓦	ia 茄夏	ua 瓜	
ɛ 开排鞋		uɛ 快	
e 陪对	ie 写	ue 鬼	ye 靴
ɔ 宝饱	iɔ 笑桥		
o 半		uo 歌坐	
ɵ 二豆走	iɵ 油		
ã 南山糖硬	iã 响讲	uã 短官床王横	yã 权双
	iɛ̃ 盐年		
ən 深根寸	in 心新病星	uən 滚春	yn 云
əŋ 灯升争			
oŋ 东	ioŋ 兄用		
aʔ 盒塔鸭法辣八	iaʔ 药学	uaʔ 刮活	
əʔ 十托壳北直色白尺六绿	iəʔ 接贴急热节七一锡	uəʔ 骨郭国谷	yəʔ 月出橘局
m 母			

说明:

(1)果摄逢[k]组声母时,韵母记为[o],实际音值略高。

(2)[nə]中的[n]偏后。

(3)[əʔ]和[iəʔ]中的[ə]偏前。

3.声调(7个)

阴平	33	东该灯风通开天春
阳平	312	门龙牛油铜皮糖红
上声	55	懂古鬼九统苦讨草买老五有
阴去	24	冻怪半四痛快寸去
阳去	13	卖路硬乱洞地饭树动罪近后
阴入	5	谷急哭刻百搭节拍塔切
阳入	12	六麦叶月毒白盒罚

说明:

(1)阴平调值记为[44],实际调值略低,接近[33]。

(2)阳平调不稳定,调值介于[22]和[33]之间,记为[22]。

4.与老男音系的差别

在声母方面,青男音系与老男音系的区别在于:

(1)古微母字"味",老派今读声母为[v],新派今读声母为[ø]。

(2)古章母字"主",老派今读声母为[tɕ],新派今读声母为[ts]。

(3)古昌母字"春",老派今读声母为[tɕʰ],新派今读声母为[tsʰ]。

(4)古船母字"顺",老派今读声母为[ʑ],新派今读声母为[z]。

在韵母方面,青男音系与老男音系的区别在于:

(1)古臻摄合口三等字"春",老派今读韵母为[yən],新派今读韵母为[uən]。

(2)古曾摄阳声韵字"灯""升",老派今读韵母为[ən],新派今读韵母为[əŋ]。

（3）古通摄合口三等字"局"，老派今读韵母为[iaʔ]，新派今读韵母为[yəʔ]。

（三）文白异读

分水方言的文白异读主要体现在古假摄字"牙""瓦"白读韵母均为[a]，"牙"文读韵母为[ia]，"瓦"文读韵母为[ua]。

二、单 字

编号	单 字	音韵地位	老男音	青男音
1	多	果开一平歌端	to^{44}	tuo^{33}
2	拖	果开一平歌透	t^ho^{44}	t^huo^{33}
3	大	果开一去箇定	da^{13}	da^{13}
4	锣	果开一平歌来	lo^{22}	luo^{312}
5	左	果开一上哿精	tso^{53}	$tsuo^{55}$
6	歌	果开一平歌见	ko^{44}	kuo^{33}
7	个	果开一去箇见	ko^{24}	kuo^{24}
8	可	果开一上哿溪	k^ho^{53}	k^huo^{55}
9	鹅	果开一平歌疑	$ŋo^{22}$	$ŋo^{312}$
10	饿	果开一去箇疑	$ŋo^{13}$	$ŋo^{13}$
11	河	果开一平歌匣	xo^{22}	xo^{312}
12	茄	果开三平戈群	$dʑia^{22}$	$dʑia^{312}$
13	破	果合一去过滂	p^ho^{24}	p^ho^{24}
14	婆	果合一平戈並	bo^{22}	bo^{312}

续表

编号	单字	音韵地位	老男音	青男音
15	磨	果合一平戈明	mo^{22}	mo^{312}
16	磨	果合一去过明	mo^{13}	mo^{13}
17	躲	果合一上果端	to^{53}	tuo^{55}
18	螺	果合一平戈来	lo^{22}	luo^{312}
19	坐	果合一上果从	dzo^{13}	zuo^{13}
20	锁	果合一上果心	so^{53}	suo^{55}
21	果	果合一上果见	ko^{53}	ku^{55}
22	过	果合一去过见	ko^{24}	ku^{24}
23	课	果合一去过溪	k^{h}o^{53}	k^{h}uo^{55}
24	火	果合一上果晓	xo^{53}	xu^{55}
25	货	果合一去过晓	xo^{24}	xu^{24}
26	祸	果合一上果匣	o^{24}	xuo^{13}
27	靴	果合三平戈晓	ɕye^{44}	ɕye^{33}
28	把	假开二上马帮	pa^{53}	pa^{55}
29	爬	假开二平麻并	ba^{22}	ba^{312}
30	马	假开二上马明	ma^{53}	ma^{55}
31	骂	假开二去祃明	ma^{13}	ma^{13}
32	茶	假开二平麻澄	dza^{22}	dza^{312}
33	沙	假开二平麻生	sa^{44}	sa^{33}
34	假	假开二上马见	tɕia^{53}	tɕia^{55}
35	嫁	假开二去祃见	tɕia^{24}	tɕia^{24}
36	牙	假开二平麻疑	ŋa^{22}白 ia^{22}文	ŋa^{312}
37	虾	假开二平麻晓	xa^{44}	xa^{33}

编号	单 字	音韵地位	老男音	青男音
38	下	假开二上马匣	ʑia¹³	ʑia¹³
39	夏	假开二去祃匣	ʑia¹³	ʑia¹³
40	哑	假开二上马影	a⁵³	ŋaʔ⁵
41	姐	假开三上马精	（无）	tɕi⁵⁵
42	借	假开三去祃精	tɕie²⁴	tɕie²⁴
43	写	假开三上马心	ɕie⁵³	ɕie⁵⁵
44	斜	假开三平麻邪	ʑie²²	ʑie³¹²
45	谢	假开三去祃邪	ʑie¹³	ʑie¹³
46	车	假开三平麻昌	tsʰa⁴⁴	tsʰa³³
47	蛇	假开三平麻船	za²²	za³¹²
48	射	假开三去祃船	zɛ¹³	zə¹³
49	爷	假开三平麻以	ie²²	ia³¹²
50	野	假开三上马以	ie⁵³	ie⁵⁵
51	夜	假开三去祃以	ie¹³	ie¹³
52	瓜	假合二平麻见	kua⁴⁴	kua³³
53	瓦	假合二上马疑	ŋa⁵³	ŋa⁵⁵
54	花	假合二平麻晓	xua⁴⁴	ua³³
55	化	假合二去祃晓	ua²⁴	xua²⁴
56	华	假合二平麻匣	ua²²	ua³¹²
57	谱	遇合一上姥帮	pʰu⁵³	pʰu⁵⁵
58	布	遇合一去暮帮	pu²⁴	pu²⁴
59	铺	遇合一平模滂	pʰu⁴⁴	pʰu³³
60	簿	遇合一上姥并	bu¹³	bu¹³
61	步	遇合一去暮并	bu¹³	bu¹³

续表

编号	单　字	音韵地位	老男音	青男音
62	赌	遇合一上姥端	tu^{53}	tu^{55}
63	土	遇合一上姥透	t^hu^{53}	t^hu^{55}
64	图	遇合一平模定	du^{22}	du^{312}
65	杜	遇合一上姥定	du^{13}	du^{13}
66	奴	遇合一平模泥	nu^{22}	nu^{312}
67	路	遇合一去暮来	lu^{13}	lu^{13}
68	租	遇合一平模精	tsu^{44}	tsu^{33}
69	做	遇合一去暮精	tso^{24}	$tsuo^{24}$
70	错	遇合一去暮清	ts^ho^{24}	ts^huo^{24}
71	箍	遇合一平模见	k^hu^{44}	k^hu^{33}
72	古	遇合一上姥见	ku^{53}	ku^{55}
73	苦	遇合一上姥溪	k^hu^{53}	k^hu^{55}
74	裤	遇合一去暮溪	k^hu^{24}	k^hu^{24}
75	吴	遇合一平模疑	u^{22}	u^{312}
76	五	遇合一上姥疑	u^{53}	u^{55}
77	虎	遇合一上姥晓	xu^{53}	xu^{55}
78	壶	遇合一平模匣	u^{22}	u^{312}
79	户	遇合一上姥匣	u^{13}	xu^{13}
80	乌	遇合一平模影	u^{44}	u^{33}
81	女	遇合三上语泥	$ȵy^{53}$	$ȵy^{55}$
82	吕	遇合三上语来	ly^{53}	ly^{55}
83	徐	遇合三平鱼邪	$ʑi^{22}$	$ʑi^{312}$
84	猪	遇合三平鱼知	$tɕy^{44}$	$tɕy^{33}$
85	除	遇合三平鱼澄	$dʑy^{22}$	dzu^{312}

编号	单　字	音韵地位	老男音	青男音
86	初	遇合三平鱼初	ts^hu^{44}	ts^hu^{33}
87	锄	遇合三平鱼崇	dzu^{22}文 $z\gamma^{22}$白	dzu^{312}
88	所	遇合三上语生	su^{53}	suo^{55}
89	书	遇合三平鱼书	su^{44}	φy^{33}
90	鼠	遇合三上语书	$t\varphi^h y^{53}$	φy^{55}
91	如	遇合三平鱼日	lu^{22}	zu^{312}
92	举	遇合三上语见	$t\varphi y^{53}$	$t\varphi y^{55}$
93	锯	遇合三去御见	$t\varphi y^{24}$	$t\varphi y^{24}$
94	去	遇合三去御溪	$t\varphi^h y^{24}$	$t\varphi^h y^{24}$
95	渠	遇合三平鱼群	$dz\gamma y^{22}$	$dz\gamma y^{312}$
96	鱼	遇合三平鱼疑	y^{22}	y^{312}
97	许	遇合三上语晓	φy^{53}	φy^{55}
98	余	遇合三平鱼以	y^{22}	y^{312}
99	府	遇合三上麌非	fu^{53}	fu^{55}
100	付	遇合三去遇非	fu^{24}	fu^{24}
101	父	遇合三上麌奉	vu^{13}	fu^{24}
102	武	遇合三上麌微	u^{53}	u^{55}
103	雾	遇合三去遇微	u^{13}	u^{24}
104	取	遇合三上麌清	$t\varphi^h y^{53}$	$t\varphi^h y^{55}$
105	柱	遇合三上麌澄	$dz\gamma y^{13}$	dzu^{13}
106	住	遇合三去遇澄	$dz\gamma y^{13}$	dzu^{13}
107	数	遇合三上麌生	su^{53}	φy^{55}
108	数	遇合三去遇生	su^{24}	su^{24}
109	主	遇合三上麌章	$t\varphi y^{53}$	tsu^{55}

续表

编号	单 字	音韵地位	老男音	青男音
110	输	遇合三平虞书	εy^{53}	εy^{33}
111	竖	遇合三上虞禅	zu^{13}	zu^{13}
112	树	遇合三去遇禅	zy^{13}	zy^{13}
113	句	遇合三去遇见	$t\varepsilon y^{53}$	$t\varepsilon y^{24}$
114	区	遇合三平虞溪	$t\varepsilon^h y^{44}$	$t\varepsilon^h y^{33}$
115	遇	遇合三去遇疑	y^{13}	y^{13}
116	雨	遇合三上虞云	y^{53}	y^{55}
117	芋	遇合三去遇云	y^{13}	y^{13}
118	裕	遇合三去遇以	y^{13}	y^{13}
119	胎	蟹开一平咍透	$t^h\varepsilon^{44}$	$t^h\varepsilon^{33}$
120	台	蟹开一平咍定	$d\varepsilon^{22}$	$d\varepsilon^{312}$
121	袋	蟹开一去代定	$d\varepsilon^{13}$	$d\varepsilon^{13}$
122	来	蟹开一平咍来	$l\varepsilon^{22}$	$l\varepsilon^{312}$
123	菜	蟹开一去代清	$ts^h\varepsilon^{24}$	$ts^h\varepsilon^{24}$
124	财	蟹开一平咍从	$dz\varepsilon^{22}$	$dz\varepsilon^{312}$
125	该	蟹开一平咍见	$k\varepsilon^{44}$	$k\varepsilon^{33}$
126	改	蟹开一上海见	$k\varepsilon^{53}$	$k\varepsilon^{55}$
127	开	蟹开一平咍溪	$k^h\varepsilon^{44}$	$k^h\varepsilon^{33}$
128	海	蟹开一上海晓	$x\varepsilon^{53}$	$x\varepsilon^{55}$
129	爱	蟹开一去代影	ε^{53}	ε^{24}
130	贝	蟹开一去泰帮	pe^{53}	pe^{24}
131	带	蟹开一去泰端	$t\varepsilon^{53}$	$t\varepsilon^{24}$
132	盖	蟹开一去泰见	$k\varepsilon^{24}$	$k\varepsilon^{24}$
133	害	蟹开一去泰匣	$x\varepsilon^{13}$	$x\varepsilon^{13}$

续表

编号	单 字	音韵地位	老男音	青男音
134	拜	蟹开二去怪帮	$p\varepsilon^{24}$	$p\varepsilon^{24}$
135	排	蟹开二平皆並	$b\varepsilon^{22}$	$b\varepsilon^{312}$
136	埋	蟹开二平皆明	$m\varepsilon^{22}$	$m\varepsilon^{312}$
137	戒	蟹开二去怪见	$k\varepsilon^{24}$	$k\varepsilon^{24}$
138	摆	蟹开二上蟹帮	$p\varepsilon^{53}$	$p\varepsilon^{55}$
139	派	蟹开二去卦滂	$p^h\varepsilon^{24}$	$p^h\varepsilon^{24}$
140	牌	蟹开二平佳並	$b\varepsilon^{22}$	$b\varepsilon^{312}$
141	买	蟹开二上蟹明	$m\varepsilon^{53}$	$m\varepsilon^{55}$
142	卖	蟹开二去卦明	$m\varepsilon^{13}$	$m\varepsilon^{13}$
143	柴	蟹开二平佳崇	$dz\varepsilon^{22}$文 $z\varepsilon^{22}$白	$dz\varepsilon^{312}$
144	晒	蟹开二去卦生	$s\varepsilon^{24}$	$s\varepsilon^{24}$
145	街	蟹开二平佳见	$k\varepsilon^{44}$	$k\varepsilon^{33}$
146	解	蟹开二上蟹见	$t\varphi ie^{53}$	$t\varphi ie^{55}$
147	鞋	蟹开二平佳匣	$x\varepsilon^{22}$	$x\varepsilon^{312}$
148	蟹	蟹开二上蟹匣	$x\varepsilon^{13}$	$x\varepsilon^{55}$
149	矮	蟹开二上蟹影	ε^{53}	ε^{55}
150	败	蟹开二去夬並	$b\varepsilon^{13}$	$b\varepsilon^{13}$
151	币	蟹开三去祭並	bi^{13}	bi^{13}
152	制	蟹开三去祭章	$ts\eta^{24}$	$ts\eta^{24}$
153	世	蟹开三去祭书	$s\eta^{53}$	$s\eta^{55}$
154	艺	蟹开三去祭疑	i^{53}	i^{55}
155	米	蟹开四上荠明	mi^{53}	mi^{55}
156	低	蟹开四平齐端	ti^{44}	ti^{33}
157	梯	蟹开四平齐透	t^hi^{44}	t^hi^{33}

续表

编号	单 字	音韵地位	老男音	青男音
158	剃	蟹开四去霁透	t^hi^{24}	t^hi^{24}
159	弟	蟹开四上荠定	di^{13}	di^{13}
160	递	蟹开四去霁定	di^{13}	di^{13}
161	泥	蟹开四平齐泥	ηi^{22}	ηi^{312}
162	犁	蟹开四平齐来	li^{22}	li^{312}
163	西	蟹开四平齐心	ςi^{44}	ςi^{33}
164	洗	蟹开四上荠心	ςi^{53}	se^{55}
165	鸡	蟹开四平齐见	$t\varsigma i^{44}$	$t\varsigma i^{33}$
166	溪	蟹开四平齐溪	$t\varsigma^hi^{44}$	$t\varsigma^hi^{33}$
167	契	蟹开四去霁溪	$t\varsigma^hi^{53}$	$t\varsigma^hi^{24}$
168	系	蟹开四去霁匣	ςi^{44}	ςi^{55}
169	杯	蟹合一平灰帮	pe^{44}	pe^{33}
170	配	蟹合一去队滂	p^he^{24}	p^he^{24}
171	赔	蟹合一平灰並	be^{22}	be^{312}
172	背	蟹合一去队並	be^{15}	be^{13}
173	煤	蟹合一平灰明	me^{22}	me^{312}
174	妹	蟹合一去队明	me^{13}	me^{13}
175	对	蟹合一去队端	te^{24}	te^{24}
176	雷	蟹合一平灰来	le^{22}	le^{312}
177	罪	蟹合一上贿从	zue^{13}	$dzue^{13}$
178	碎	蟹合一去队心	sue^{24}	sue^{24}
179	灰	蟹合一平灰晓	xue^{44}	xue^{33}
180	回	蟹合一平灰匣	ue^{22}	ue^{312}
181	外	蟹合一去泰疑	$u\varepsilon^{13}$	$u\varepsilon^{13}$

续表

编号	单 字	音韵地位	老男音	青男音
182	会	蟹合一去泰匣	ue^{13}	ue^{13}
183	怪	蟹合二去怪见	kuɛ^{24}	kuɛ^{24}
184	块	蟹合一去怪溪	kʰuɛ^{24}	kʰuɛ^{24}
185	怀	蟹合二平皆匣	uɛ^{22}	uɛ^{312}
186	坏	蟹合二去怪匣	uɛ^{13}	uɛ^{13}
187	拐	蟹合二上蟹见	kuɛ^{53}	kuɛ^{55}
188	挂	蟹合二去卦见	kua^{24}	kua^{24}
189	歪	蟹合二平佳晓	uɛ^{44}	uɛ^{33}
190	画	蟹合二去卦匣	ua^{13}	ua^{13}
191	快	蟹合二去夬溪	kʰuɛ^{24}	kʰuɛ^{24}
192	话	蟹合二去夬匣	ua^{13}	ua^{13}
193	岁	蟹合三去祭心	sue^{24}	se^{24}
194	卫	蟹合三去祭云	ue^{13}	ue^{13}
195	肺	蟹合三去废敷	fe^{24}	fe^{24}
196	桂	蟹合四去霁见	kue^{24}	kue^{24}
197	碑	止开三平支帮	pe^{44}	pe^{33}
198	皮	止开三平支并	bi^{22}	bi^{312}
199	被	止开三上纸并	bi^{13}	be^{13}
200	紫	止开三上纸精	tsɿ^{53}	tsɿ^{55}
201	刺	止开三去寘清	tsʰɿ^{24}	tsʰɿ^{24}
202	知	止开三平支知	tsɿ^{44}	tsɿ^{33}
203	池	止开三平支澄	dzɿ^{22}	dzɿ^{312}
204	纸	止开三上纸章	tsɿ^{53}	tsɿ^{55}
205	儿	止开三平支日	ɵ^{22}	ɵ^{312}

续表

编号	单　字	音韵地位	老男音	青男音
206	寄	止开三去寘见	tɕi²⁴	tɕi²⁴
207	骑	止开三平支群	dʑi²²	dʑi³¹²
208	蚁	止开三上纸疑	i¹³	n̠i⁵⁵
209	义	止开三去寘疑	i¹³	i¹³
210	戏	止开三去寘晓	ɕi²⁴	ɕi²⁴
211	移	止开三平支以	i²²	i³¹²
212	比	止开三上旨帮	pi⁵³	pi⁵⁵
213	屁	止开三去至滂	pʰi²⁴	pʰi²⁴
214	鼻	止开三去至並	biəʔ¹²	biəʔ¹²
215	眉	止开三平脂明	mi²²	me³¹²
216	地	止开三去至定	di¹³	di¹³
217	梨	止开三平脂来	li²²	li³¹²
218	资	止开三平脂精	tsɿ⁴⁴	tsɿ³³
219	死	止开三上旨心	sɿ⁵³	sɿ⁵⁵
220	四	止开三去至心	sɿ²⁴	sɿ²⁴
221	迟	止开三平脂澄	dzɿ²²	dzɿ³¹²
222	师	止开三平脂生	sɿ⁴⁴	sɿ³³
223	指	止开三上旨章	tsɿ⁵³	tsɿ⁵⁵
224	二	止开三去至日	ɘ¹³	ɘ¹³
225	饥	止开三平脂见	tɕi⁴⁴	tɕi³³
226	器	止开三去至溪	tɕʰi²⁴	tɕʰi²⁴
227	姨	止开三平脂以	i²²	i³¹²
228	李	止开三上止来	li⁵³	li⁵⁵
229	子	止开三上止精	tsɿ⁵³	tsɿ⁵⁵

编号	单　字	音韵地位	老男音	青男音
230	字	止开三去志从	$z\gamma^{13}$	$z\gamma^{13}$
231	丝	止开三平之心	$s\gamma^{44}$	$s\gamma^{33}$
232	祠	止开三平之邪	$z\gamma^{22}$	$dz^h\gamma^{312}$
233	寺	止开三去志邪	$z\gamma^{13}$	$z\gamma^{13}$
234	治	止开三去志澄	$dz\gamma^{13}$	$dz\gamma^{13}$
235	柿	止开三上止崇	$z\gamma^{13}$	$z\gamma^{13}$
236	事	止开三去志崇	$z\gamma^{13}$	$z\gamma^{13}$
237	使	止开三上止生	$s\gamma^{53}$	$s\gamma^{55}$
238	试	止开三去志书	$s\gamma^{24}$	$s\gamma^{24}$
239	时	止开三平之禅	$z\gamma^{22}$	$z\gamma^{312}$
240	市	止开三上止禅	$z\gamma^{13}$	$z\gamma^{13}$
241	耳	止开三上止日	θ^{53}	θ^{55}
242	记	止开三去志见	$t\varphi i^{24}$	$t\varphi i^{24}$
243	棋	止开三平之群	$dz i^{22}$	$dz i^{312}$
244	喜	止开三上止晓	φi^{53}	φi^{55}
245	意	止开三去志影	i^{24}	i^{33}
246	几	止开三上尾见	$t\varphi i^{44}$	$t\varphi i^{55}$
247	气	止开三去未溪	$t\varphi^h i^{24}$	$t\varphi^h i^{24}$
248	希	止开三平微晓	φi^{44}	φi^{33}
249	衣	止开三平微影	i^{44}	i^{33}
250	嘴	止合三上纸精	$tsue^{53}$	$tsue^{55}$
251	随	止合三平支邪	zue^{22}	zue^{312}
252	吹	止合三平支昌	$ts^h ue^{44}$	$ts^h ue^{33}$
253	垂	止合三平支禅	zue^{22}	$dzue^{312}$

续表

编号	单　字	音韵地位	老男音	青男音
254	规	止合三平支见	kue⁴⁴	kue³³
255	亏	止合三平支溪	kʰue⁴⁴	kʰue³³
256	跪	止合三上纸群	gue¹³	gue¹³
257	危	止合三平支疑	ue²²	ue³³
258	类	止合三去至来	le¹³	le¹³
259	醉	止合三去至精	tsue²⁴	tsue²⁴
260	追	止合三平脂知	tsue⁴⁴	tsue³³
261	锤	止合三平脂澄	dzue²²	dzue³¹²
262	水	止合三上旨书	sue⁵³	sue⁵⁵
263	龟	止合三平脂见	kue⁴⁴	kue³³
264	季	止合三去至见	tɕi⁵³	tɕi²⁴
265	柜	止合三去至群	dzy¹³	gue¹³
266	位	止合三去至云	ue¹³	ue¹³
267	飞	止合三平微非	fe⁴⁴	fe³³
268	费	止合三去未敷	fi²⁴	fe²⁴
269	肥	止合三平微奉	vi²²	fe³¹²
270	尾	止合三上尾微	mi⁵³	mi⁵⁵
271	味	止合三去未微	vi¹³	ue¹³
272	鬼	止合三上尾见	kue⁵³	kue⁵⁵
273	贵	止合三去未见	kue²⁴	kue²⁴
274	围	止合三平微云	ue²²	ue³¹²
275	胃	止合三去未云	ue¹³	ue¹³
276	宝	效开一上晧帮	pɔ⁵³	pɔ⁵⁵
277	抱	效开一上晧並	bɔ¹³	bɔ¹³

续表

编号	单　字	音韵地位	老男音	青男音
278	毛	效开一平豪明	mɔ²²	mɔ³¹²
279	帽	效开一去号明	mɔ¹³	mɔ¹³
280	刀	效开一平豪端	tɔ⁴⁴	tɔ³³
281	讨	效开一上晧透	tʰɔ⁵³	tʰɔ⁵⁵
282	桃	效开一平豪定	dɔ²²	dɔ³¹²
283	道	效开一上晧定	dɔ¹³	dɔ¹³
284	脑	效开一上晧泥	nɔ⁵³	nɔ⁵⁵
285	老	效开一上晧来	lɔ⁵³	lɔ⁵⁵
286	早	效开一上晧精	tsɔ⁵³	tsɔ⁵⁵
287	灶	效开一去号精	tsɔ²⁴	tsɔ²⁴
288	草	效开一上晧清	tsʰɔ⁵³	tsʰɔ⁵⁵
289	糙	效开一去号清	tsʰɔ²⁴	tsʰɔ³³
290	造	效开一上晧从	zɔ¹³	dzɔ¹³
291	嫂	效开一上晧心	sɔ⁵³	sɔ⁵⁵
292	高	效开一平豪见	kɔ⁴⁴	kɔ³³
293	靠	效开一去号溪	kʰɔ²⁴	kʰɔ²⁴
294	熬	效开一平豪疑	ŋɔ²²	ŋɔ³¹²
295	好	效开一上晧晓	ɔ⁵³	xɔ⁵⁵
296	号	效开一去号匣	ɔ¹³	xɔ¹³
297	包	效开二平肴帮	pɔ⁴⁴	pɔ³³
298	饱	效开二上巧帮	pɔ⁵³	pɔ⁵⁵
299	炮	效开二去效滂	pʰɔ²⁴	pʰɔ²⁴
300	猫	效开二平肴明	mɔ²²	mɔ³¹²
301	闹	效开二去效泥	nɔ¹³	nɔ¹³

续表

编号	单 字	音韵地位	老男音	青男音
302	罩	效开二去效知	$tsɔ^{24}$	$tsɔ^{24}$
303	抓	效开二平肴庄	$tsua^{44}$	$tsua^{33}$
304	找	效开二上巧庄	$tsɔ^{53}$	$tsɔ^{55}$
305	抄	效开二平肴初	$ts^hɔ^{44}$	$ts^hɔ^{33}$
306	交	效开二平肴见	$tɕiɔ^{44}$	$tɕiɔ^{33}$
307	敲	效开二平肴溪	$tɕ^hiɔ^{44}$	$k^hɔ^{33}$
308	孝	效开二去效晓	$ɕiɔ^{24}$	$ɕiɔ^{24}$
309	校	效开二去效匣	$ziɔ^{13}$	$iɔ^{13}$
310	表	效开三上小帮	$piɔ^{53}$	$piɔ^{55}$
311	票	效开三去笑滂	$p^hiɔ^{24}$	$p^hiɔ^{24}$
312	庙	效开三去笑明	$miɔ^{13}$	$miɔ^{13}$
313	焦	效开三平宵精	$tɕiɔ^{44}$	$tɕiɔ^{33}$
314	小	效开三上小心	$ɕiɔ^{53}$	$ɕiɔ^{55}$
315	笑	效开三去笑心	$ɕiɔ^{24}$	$ɕiɔ^{24}$
316	朝	效开三平宵澄	$dzɔ^{22}$	$dzɔ^{312}$
317	照	效开三去笑章	$tsɔ^{24}$	$tsɔ^{24}$
318	烧	效开三平宵书	$sɔ^{44}$	$sɔ^{33}$
319	绕	效开三去笑日	$ȵiɔ^{13}$	$ȵiɔ^{13}$
320	桥	效开三平宵群	$dʑiɔ^{22}$	$dʑiɔ^{312}$
321	轿	效开三去笑群	$dʑiɔ^{13}$	$dʑiɔ^{13}$
322	腰	效开三平宵影	$iɔ^{44}$	$iɔ^{33}$
323	要	效开三去笑影	$iɔ^{24}$	$iɔ^{24}$
324	摇	效开三平宵以	$iɔ^{22}$	$iɔ^{312}$
325	鸟	效开四上筱端	$ȵiɔ^{53}$	$tiɔ^{55}$

续表

编号	单 字	音韵地位	老男音	青男音
326	钓	效开四去啸端	$tiɔ^{24}$	$tiɔ^{24}$
327	条	效开四平萧定	$diɔ^{22}$	$diɔ^{312}$
328	料	效开四去啸来	$liɔ^{13}$	$liɔ^{13}$
329	箫	效开四平萧心	$ɕiɔ^{44}$	$ɕiɔ^{33}$
330	叫	效开四去啸见	$tɕiɔ^{24}$	$tɕiɔ^{24}$
331	母	流开一上厚明	m^{53}	m^{55}
332	抖	流开一上厚端	$tɵ^{53}$	$tɵ^{55}$
333	偷	流开一平侯透	$t^{h}ɵ^{44}$	$t^{h}ɵ^{33}$
334	头	流开一平侯定	$dɵ^{22}$	$dɵ^{312}$
335	豆	流开一去候定	$dɵ^{13}$	$dɵ^{13}$
336	楼	流开一平侯来	$lɵ^{22}$	$lɵ^{312}$
337	走	流开一上厚精	$tsɵ^{53}$	$tsɵ^{55}$
338	凑	流开一去候清	$ts^{h}ɵ^{24}$	$ts^{h}ɵ^{24}$
339	钩	流开一平侯见	$kɵ^{44}$	$kɵ^{33}$
340	狗	流开一上厚见	$kɵ^{53}$	$kɵ^{55}$
341	够	流开一去候见	$kɵ^{24}$	$kɵ^{24}$
342	口	流开一上厚溪	$k^{h}ɵ^{53}$	$k^{h}ɵ^{55}$
343	藕	流开一上厚疑	$ŋɵ^{53}$	$ŋɵ^{55}$
344	后	流开一上厚匣	$xɵ^{13}$	$xɵ^{13}$
345	厚	流开一上厚匣	$gɵ^{13}$	$gɵ^{13}$
346	富	流开三去宥非	fu^{24}	fu^{24}
347	副	流开三去宥敷	fu^{24}	fu^{24}
348	浮	流开三平尤奉	xu^{22}	fu^{312}
349	妇	流开三上有奉	bu^{13}	fu^{13}

续表

编号	单　字	音韵地位	老男音	青男音
350	流	流开三平尤来	lie²²	lie³¹²
351	酒	流开三上有精	tɕie⁵³	tɕie⁵⁵
352	修	流开三平尤心	ɕie⁴⁴	ɕie³³
353	袖	流开三去宥邪	zie¹³	zie¹³
354	抽	流开三平尤徹	tsʰɘ⁴⁴	tsʰɘ³³
355	绸	流开三平尤澄	dzɘ²²	dzɘ³¹²
356	愁	流开三平尤崇	dzɘ²²	dzɘ³¹²
357	瘦	流开三去宥生	sɘ²⁴	sɘ²⁴
358	州	流开三平尤章	tsɘ⁴⁴	tsɘ³³
359	臭	流开三去宥昌	tsʰɘ²⁴	tsʰɘ²⁴
360	手	流开三上有书	sɘ⁵³	sɘ⁵⁵
361	寿	流开三去宥禅	zɘ¹³	zɘ¹³
362	九	流开三上有见	tɕie⁵³	tɕie⁵⁵
363	球	流开三平尤群	dʑie²²	dʑie³¹²
364	舅	流开三上有群	dʑie¹³	dʑie¹³
365	旧	流开三去宥群	dʑie¹³	dʑie¹³
366	牛	流开三平尤疑	ȵie²²	ȵie³¹²
367	休	流开三平尤晓	ɕie⁴⁴	ɕie³³
368	优	流开三平尤影	ie⁴⁴	ie³³
369	有	流开三上有云	ie⁵³	ie⁵⁵
370	右	流开三去宥云	ie¹³	ie¹³
371	油	流开三平尤以	ie²²	ie³¹²
372	丢	流开三平幽端	tɘ⁴⁴	tɘ³³
373	幼	流开三去幼影	ie²⁴	ie³³

编号	单　字	音韵地位	老男音	青男音
374	贪	咸开一平覃透	$t^h\tilde{a}^{44}$	$t^h\tilde{a}^{33}$
375	潭	咸开一平覃定	$d\tilde{a}^{22}$	$d\tilde{a}^{312}$
376	南	咸开一平覃泥	$n\tilde{a}^{22}$	$n\tilde{a}^{312}$
377	蚕	咸开一平覃从	$zu\tilde{ə}^{22}$	$dza\tilde{}^{312}$
378	感	咸开一上感见	$k\tilde{a}^{53}$	$k\tilde{a}^{55}$
379	含	咸开一平覃匣	$\tilde{a}^{22}$	$x\tilde{a}^{312}$
380	暗	咸开一去勘影	$\tilde{a}^{24}$	$\tilde{a}^{24}$
381	搭	咸开一入合端	$taʔ^5$	$taʔ^5$
382	踏	咸开一入合透	$daʔ^{12}$	$t^haʔ^5$
383	拉	咸开一入合来	$laʔ^{12}$	la^{33}
384	杂	咸开一入合从	$dzaʔ^{12}$	$dzaʔ^{12}$
385	鸽	咸开一入合见	$kaʔ^5$	$kəʔ^5$
386	盒	咸开一入合匣	$xaʔ^{12}$	$xaʔ^{12}$
387	胆	咸开一上敢端	$t\tilde{a}^{53}$	$t\tilde{a}^{55}$
388	毯	咸开一上敢透	$t^h\tilde{a}^{53}$	$t^h\tilde{a}^{55}$
389	淡	咸开一上敢定	$d\tilde{a}^{13}$	$d\tilde{a}^{13}$
390	蓝	咸开一平谈来	$l\tilde{a}^{22}$	$l\tilde{a}^{312}$
391	三	咸开一平谈心	$s\tilde{a}^{44}$	$s\tilde{a}^{33}$
392	甘	咸开一平谈见	$k\tilde{a}^{44}$	$k\tilde{a}^{33}$
393	敢	咸开一上敢见	$k\tilde{a}^{53}$	$k\tilde{a}^{55}$
394	喊	咸开一上敢晓	$x\tilde{a}^{53}$	$x\tilde{a}^{55}$
395	塔	咸开一入盍透	$t^haʔ^5$	$t^haʔ^5$
396	蜡	咸开一入盍来	$laʔ^{12}$	$laʔ^{12}$
397	赚	咸开二去陷澄	$dza\tilde{}^{13}$	$dzua\tilde{}^{13}$

续表

编号	单字	音韵地位	老男音	青男音
398	杉	咸开二平咸生	sã⁴⁴	sã³³
399	减	咸开二上豏见	tɕiɛ̃⁵³	tɕiɛ̃⁵⁵
400	咸	咸开二平咸匣	xã²²	xã³¹²
401	插	咸开二入洽初	tsʰaʔ⁵	tsʰaʔ⁵
402	闸	咸开二入洽崇	dzaʔ¹²	dzaʔ¹²
403	夹	咸开二入洽见	tɕiaʔ⁵	kaʔ⁵
404	衫	咸开二平衔生	sã⁴⁴	sã³³
405	监	咸开二平衔见	tɕiɛ̃⁴⁴	tɕiɛ̃³³
406	岩	咸开二平衔疑	iɛ̃²²	ŋã³³
407	甲	咸开二入狎见	tɕiəʔ⁵	tɕiəʔ⁵
408	鸭	咸开二入狎影	aʔ⁵	aʔ⁵
409	黏	咸开三平盐泥	ȵiɛ̃²²	ȵiɛ̃³¹²
410	尖	咸开三平盐精	tɕiɛ̃⁴⁴	tɕiɛ̃³³
411	签	咸开三平盐清	tɕʰiɛ̃⁴⁴	tɕʰiɛ̃³³
412	占	咸开三去艳章	tsuə̃⁴⁴	tsuã³³
413	染	咸开三上琰日	ȵiɛ̃⁵³	zã⁵⁵
414	钳	咸开三平盐群	dziɛ̃²²	dziɛ̃³¹²
415	验	咸开三去艳疑	ȵiɛ̃¹³	ȵiɛ̃¹³
416	险	咸开三上琰晓	ɕiɛ̃⁵³	ɕiɛ̃⁵⁵
417	厌	咸开三去艳影	iɛ̃²⁴	iɛ̃²⁴
418	炎	咸开三平盐云	iɛ̃¹³	iɛ̃³¹²
419	盐	咸开三平盐以	iɛ̃²²	iɛ̃³¹²
420	接	咸开三入叶精	tɕiəʔ⁵	tɕiəʔ⁵
421	折	山开三入叶章	tsəʔ⁵	tsəʔ⁵

续表

编号	单 字	音韵地位	老男音	青男音
422	叶	咸开三入叶以	iəʔ¹²	iəʔ¹²
423	剑	咸开三去酽见	tɕiɛ̃²⁴	tɕiɛ̃²⁴
424	欠	咸开三去酽溪	tɕʰiɛ̃²⁴	tɕʰiɛ̃²⁴
425	严	咸开三平严疑	ȵiɛ̃²²	iɛ̃³¹²
426	业	咸开三入业疑	ȵiəʔ¹²	ȵiaʔ¹²
427	点	咸开四上忝端	tiɛ̃⁵³	tiɛ̃³³
428	店	咸开四去㮇端	tiɛ̃²⁴	tiɛ̃²⁴
429	添	咸开四平添透	tʰiɛ̃⁴⁴	tʰiɛ̃³³
430	甜	咸开四平添定	diɛ̃²²	diɛ̃³¹²
431	念	咸开四去㮇泥	ȵiɛ̃¹³	ȵiɛ̃¹³
432	嫌	咸开四平添匣	ʑiɛ̃²²	iɛ̃³¹²
433	跌	咸开四入帖端	tiəʔ⁵	tiəʔ⁵
434	贴	咸开四入帖透	tʰiəʔ⁵	tʰiəʔ⁵
435	碟	咸开四入帖定	diəʔ¹²	diəʔ¹²
436	协	咸开四入帖匣	iəʔ¹²	ʑiəʔ¹²
437	犯	咸合三上范奉	vã¹³	fã¹³
438	法	咸合三入乏非	faʔ⁵	faʔ⁵
439	品	深开三上寝滂	pʰin⁵³	pʰin⁵⁵
440	林	深开三平侵来	lin²²	lin³¹²
441	浸	深开三去沁精	tɕin²⁴	tɕin²⁴
442	心	深开三平侵心	ɕin⁴⁴	ɕin³³
443	寻	深开三平侵邪	ʑin²²	ʐyn³¹²
444	沉	深开三平侵澄	dzən²²	dzən³¹²
445	参	咸开一平侵生	sən⁴⁴	sən³³

续表

编号	单字	音韵地位	老男音	青男音
446	针	深开三平侵章	tsən⁴⁴	tsən³³
447	深	深开三平侵书	sən⁴⁴	sən³³
448	任	深开三去沁日	zən¹³	zən¹³
449	金	深开三平侵见	tɕin⁴⁴	tɕin³³
450	琴	深开三平侵群	dʑin²²	dʑin³¹²
451	音	深开三平侵影	in⁴⁴	in³³
452	立	深开三入缉来	liəʔ¹²	liəʔ¹²
453	集	深开三入缉从	dʑiəʔ¹²	dʑiəʔ¹²
454	习	深开三入缉邪	ziəʔ¹²	ziəʔ¹²
455	汁	深开三入缉章	tsəʔ⁵	tsəʔ⁵
456	十	深开三入缉禅	zəʔ¹²	zəʔ¹²
457	入	深开三入缉日	zəʔ¹²	zuaʔ¹²
458	急	深开三入缉见	tɕiəʔ⁵	tɕiəʔ⁵
459	及	深开三入缉群	dʑiəʔ¹²	dʑiəʔ¹²
460	吸	深开三入缉晓	ɕiəʔ⁵	ɕiəʔ⁵
461	单	山开一平寒端	tã⁴⁴	tã³³
462	炭	山开一去翰透	tʰã²⁴	tʰã²⁴
463	弹	山开一平寒定	dã²²	dã³¹²
464	难	山开一平寒泥	nã²²	nã³¹²
465	兰	山开一平寒来	lã²²	lã³¹²
466	懒	山开一上旱来	lã⁵³	lã⁵⁵
467	烂	山开一去翰来	lã¹³	lã¹³
468	伞	山开一上旱心	sã⁵³	sã⁵⁵
469	肝	山开一平寒见	kã⁴⁴	kã³³

续表

编号	单 字	音韵地位	老男音	青男音
470	看	山开一去翰溪	$k^h\tilde{a}^{24}$	$k^h\tilde{a}^{24}$
471	岸	山开一去翰疑	$\eta\tilde{a}^{13}$	$\tilde{a}^{13}$
472	汉	山开一去翰晓	$x\tilde{a}^{24}$	$x\tilde{a}^{24}$
473	汗	山开一去翰匣	$x\tilde{a}^{13}$	$x\tilde{a}^{13}$
474	安	山开一平寒影	$\tilde{a}^{44}$	$\tilde{a}^{33}$
475	达	山开一入曷定	$da\mathbf{?}^{12}$	$da\mathbf{?}^{12}$
476	辣	山开一入曷来	$la\mathbf{?}^{12}$	$la\mathbf{?}^{12}$
477	擦	山开一入曷清	$ts^ha\mathbf{?}^{5}$	$ts^ha\mathbf{?}^{5}$
478	割	山开一入曷见	$kə\mathbf{?}^{5}$	$kə\mathbf{?}^{5}$
479	渴	山开一入曷溪	$k^hə\mathbf{?}^{5}$	$k^hə\mathbf{?}^{5}$
480	扮	山开二去裥帮	$p\tilde{a}^{53}$	$p\tilde{a}^{24}$
481	办	山开二去裥並	$b\tilde{a}^{13}$	$b\tilde{a}^{13}$
482	铲	山开二上产初	$ts^h\tilde{a}^{53}$	$ts^h\tilde{a}^{55}$
483	山	山开二平山生	$s\tilde{a}^{44}$	$s\tilde{a}^{33}$
484	产	山开二上产生	$ts^h\tilde{a}^{53}$	$ts^h\tilde{a}^{55}$
485	间	山开二平山见	$tɕi\tilde{ɛ}^{44}$	$tɕi\tilde{ɛ}^{33}$
486	眼	山开二上产疑	$\eta\tilde{a}^{53}$	$\eta\tilde{a}^{55}$
487	限	山开二上产匣	$i\tilde{ɛ}^{13}$	$ʑi\tilde{ɛ}^{13}$
488	八	山开二入黠帮	$pa\mathbf{?}^{5}$	$pa\mathbf{?}^{5}$
489	扎	山开二入黠庄	$tsa\mathbf{?}^{5}$	$tsa\mathbf{?}^{5}$
490	杀	山开二入黠生	$sa\mathbf{?}^{5}$	$sa\mathbf{?}^{5}$
491	班	山开二平删帮	$p\tilde{a}^{44}$	$p\tilde{a}^{33}$
492	板	山开二上潸帮	$p\tilde{a}^{53}$	$p\tilde{a}^{55}$
493	慢	山开二去谏明	$m\tilde{a}^{13}$	$m\tilde{a}^{13}$

续表

编号	单　字	音韵地位	老男音	青男音
494	奸	山开二平删见	tɕiɛ̃⁴⁴	tɕiɛ̃³³
495	颜	山开二平删疑	iɛ̃²²	ŋã³¹²
496	瞎	山开二入辖晓	xaʔ⁵	xaʔ⁵
497	变	山开三去线帮	piɛ̃²⁴	piɛ̃²⁴
498	骗	山开三去线滂	pʰiɛ̃²⁴	pʰiɛ̃²⁴
499	便	山开三去线并	biɛ̃¹³	biɛ̃¹³
500	棉	山开三平仙明	miɛ̃²²	miɛ̃³¹²
501	面	山开三去线明	miɛ̃¹³	miɛ̃¹³
502	连	山开三平仙来	liɛ̃²²	liɛ̃³¹²
503	剪	山开三上狝精	tɕiɛ̃⁵³	tɕiɛ̃⁵⁵
504	浅	山开三上狝清	tɕʰiɛ̃⁵³	tɕʰiɛ̃⁵⁵
505	钱	山开三平仙从	dʑiɛ̃²²	dʑiɛ̃³¹²
506	鲜	山开三平仙心	ɕiɛ̃⁴⁴	ɕiɛ̃³³
507	线	山开三去线心	ɕiɛ̃²⁴	ɕiɛ̃²⁴
508	缠	山开三平仙澄	dzã²²	dzã³¹²
509	战	山开三去线章	tsuə̃⁵³	tsã²⁴
510	扇	山开三去线书	suə̃²⁴	sã²⁴
511	善	山开三上狝禅	zuə̃¹³	zã¹³
512	件	山开三上狝群	dʑiɛ̃¹³	dʑiɛ̃¹³
513	延	山开三平仙以	iɛ̃²²	iɛ̃³¹²
514	别	山开三入薛帮	biəʔ¹²	piə²⁴
515	灭	山开三入薛明	miəʔ¹²	miəʔ¹²
516	列	山开三入薛来	liəʔ¹²	liəʔ¹²
517	撒	山开三入薛彻	tsʰəʔ⁵	tsʰəʔ⁵

续表

编号	单字	音韵地位	老男音	青男音
518	舌	山开三入薛船	ʑiəʔ¹²	zəʔ¹²
519	设	山开三入薛书	səʔ⁵	səʔ⁵
520	热	山开三入薛日	n̠ʲiəʔ¹²	n̠ʲiəʔ¹²
521	杰	山开三入薛群	dʑiəʔ¹²	dʑiəʔ¹²
522	孽	山开三入薛疑	n̠ʲiəʔ¹²	n̠ʲiəʔ¹²
523	建	山开三去愿见	tɕiɛ̃⁵³	tɕiɛ̃²⁴
524	健	山开三去愿群	dʑiɛ̃¹³	dʑiɛ̃¹³
525	言	山开三平元疑	iɛ̃²²	iɛ̃³¹²
526	歇	山开三入月晓	ɕiəʔ⁵	ɕiəʔ⁵
527	扁	山开四上铣帮	piɛ̃⁵³	piɛ̃⁵⁵
528	片	山开四去霰滂	pʰiɛ̃²⁴	pʰiɛ̃²⁴
529	面	山开四去霰明	miɛ̃¹³	miɛ̃¹³
530	典	山开四上铣端	tiɛ̃⁵³	tiɛ̃⁵⁵
531	天	山开四平先透	tʰiɛ̃⁴⁴	tʰiɛ̃³³
532	田	山开四平先定	diɛ̃²²	diɛ̃³¹²
533	垫	山开四去霰定	diɛ̃¹³	diɛ̃¹³
534	年	山开四平先泥	n̠ʲiɛ̃²²	n̠ʲiɛ̃³¹²
535	莲	山开四平先来	liɛ̃²²	liɛ̃³¹²
536	前	山开四平先从	dʑiɛ̃²²	dʑiɛ̃³¹²
537	先	山开四平先心	ɕiɛ̃⁴⁴	ɕiɛ̃³³
538	肩	山开四平先见	tɕiɛ̃⁴⁴	tɕiɛ̃³³
539	见	山开四去霰见	tɕiɛ̃²⁴	tɕiɛ̃²⁴
540	牵	山开四平先溪	tɕʰiɛ̃⁴⁴	tɕʰiɛ̃³³
541	显	山开四上铣晓	ɕiɛ̃⁵³	ɕiɛ̃⁵⁵

续表

编号	单　字	音韵地位	老男音	青男音
542	现	山开四去霰匣	ʑiɛ̃¹³	ʑiɛ̃¹³
543	烟	山开四平先影	iɛ̃⁴⁴	iɛ̃³³
544	憋	山开四入屑帮	piəʔ⁵	piəʔ⁵
545	篾	山开四入屑明	miəʔ¹²	miəʔ¹²
546	铁	山开四入屑透	tʰiəʔ⁵	tʰiəʔ⁵
547	捏	山开四入屑泥	ȵiəʔ¹²	ȵiəʔ⁵
548	节	山开四入屑精	tɕiəʔ⁵	tɕiəʔ⁵
549	切	山开四入屑清	tɕʰiəʔ⁵	tɕʰiəʔ⁵
550	截	山开四入屑从	dʑiəʔ¹²	dʑiəʔ¹²
551	结	山开四入屑见	tɕiəʔ⁵	tɕiəʔ⁵
552	搬	山合一平桓帮	puə̃⁴⁴	po³³
553	半	山合一去换帮	puə̃²⁴	po²⁴
554	判	山合一去换滂	pʰuə̃²⁴	pʰã²⁴
555	盘	山合一平桓并	buə̃²²	bã³¹²
556	满	山合一上缓明	muə̃⁵³	mo⁵⁵
557	端	山合一平桓端	tuə̃⁴⁴	tuã³³
558	短	山合一上缓端	tuə̃⁵³	tuã⁵⁵
559	断	山合一上缓定	duə̃¹³	duã¹³
560	暖	山合一上缓泥	nuə̃⁵³	nuã⁵⁵
561	乱	山合一去换来	luə̃¹³	luã¹³
562	酸	山合一平桓心	suə̃⁴⁴	suã³³
563	算	山合一去换心	suə̃²⁴	suã²⁴
564	官	山合一平桓见	kuã̃⁴⁴	kuã³³
565	宽	山合一平桓溪	kʰuã̃⁴⁴	kʰuã³³

续表

编号	单　字	音韵地位	老男音	青男音
566	欢	山合一平桓晓	$xu\tilde{a}^{44}$	$xu\tilde{a}^{33}$
567	完	山合一平桓匣	$u\tilde{a}^{22}$	$u\tilde{a}^{312}$
568	换	山合一去换匣	$u\tilde{a}^{13}$	$u\tilde{a}^{13}$
569	碗	山合一上缓影	$u\tilde{a}^{53}$	$u\tilde{a}^{55}$
570	拨	山合一入末帮	$pəʔ^5$	$paʔ^5$
571	泼	山合一入末滂	$p^həʔ^5$	$p^haʔ^5$
572	末	山合一入末明	$məʔ^{12}$	$maʔ^{12}$
573	脱	山合一入末透	$t^həʔ^5$	$t^haʔ^5$
574	夺	山合一入末定	$dəʔ^{12}$	$daʔ^{12}$
575	阔	山合一入末溪	$k^huəʔ^5$	$k^huəʔ^5$
576	活	山合一入末匣	$uaʔ^{12}$	$uaʔ^{12}$
577	顽	山合二平山疑	$u\tilde{a}^{22}$	$u\tilde{a}^{312}$
578	滑	山合二入黠匣	$u\tilde{a}ʔ^{12}$	$uaʔ^{12}$
579	挖	山合二入黠影	$uaʔ^5$	$uaʔ^5$
580	闩	山合二平删生	$ɕy\tilde{a}^{44}$	$ɕy\tilde{a}^{33}$
581	关	山合二平删见	$ku\tilde{a}^{44}$	$ku\tilde{a}^{33}$
582	惯	山合二去谏见	$ku\tilde{a}^{53}$	$ku\tilde{a}^{24}$
583	还	山合二平删匣	$u\tilde{a}^{22}$	$u\tilde{a}^{312}$
584	还	山合二平删匣	$xɛ^{22}$	xa^{33}
585	弯	山合二平删影	$u\tilde{a}^{44}$	$u\tilde{a}^{33}$
586	刷	山合二入辖生	$ɕyəʔ^5$	$suaʔ^5$
587	刮	山合二入辖见	$kuaʔ^5$	$kuaʔ^5$
588	全	山合三平仙从	$dʑy\tilde{a}^{22}$	$dʑy\tilde{a}^{312}$
589	选	山合三上狝心	$ɕy\tilde{a}^{53}$	$ɕy\tilde{a}^{55}$

续表

编号	单 字	音韵地位	老男音	青男音
590	转	山合三上狝知	tɕya˜⁵³	tɕya˜⁵⁵
591	传	山合三平仙澄	dʑya˜²²	dzua˜³¹²
592	传	山合三去线澄	dʑya˜¹³	dzua˜¹³
593	砖	山合三平仙章	tɕya˜⁴⁴	tɕya˜³³
594	船	山合三平仙船	ʑya˜²²	dzua˜³¹²
595	软	山合三上狝日	ȵya˜⁵³	ȵya˜⁵⁵
596	卷	山合三上狝见	tɕya˜⁵³	tɕya˜⁵⁵
597	圈	山合三平仙溪	tɕʰya˜⁴⁴	tɕʰya˜³³
598	权	山合三平仙群	dʑya˜²²	dʑya˜³¹²
599	圆	山合三平仙云	ya˜²²	ya˜³¹²
600	院	山合三去线云	ya˜²²	ya˜¹³
601	铅	山合三平仙以	tɕʰiɛ˜⁴⁴	tɕʰiɛ˜³³
602	绝	山合三入薛从	dziəʔ¹²	dzyəʔ¹²
603	雪	山合三入薛心	ɕiəʔ⁵	ɕiəʔ⁵
604	反	山合三上阮非	fa˜⁵³	fa˜⁵⁵
605	翻	山合三平元敷	fa˜⁴⁴	fa˜³³
606	饭	山合三去愿奉	va˜¹³	va˜¹³
607	晚	山合三上阮微	ua˜⁵³	ua˜⁵⁵
608	万	山合三去愿微	va˜¹³	ua˜¹³
609	劝	山合三去愿溪	tɕʰya˜²⁴	tɕʰya˜²⁴
610	原	山合三平元疑	ȵya˜²²	ya˜³¹²
611	冤	山合三平元影	ya˜⁴⁴	ya˜³³
612	园	山合三平元云	ya˜²²	ya˜³¹²
613	远	山合三上阮云	ya˜⁵³	ya˜⁵⁵

续表

编号	单字	音韵地位	老男音	青男音
614	发	山合三入月非	$faʔ^5$	$faʔ^5$
615	罚	山合三入月奉	$vaʔ^{12}$	$faʔ^{12}$
616	袜	山合三入月微	$maʔ^{12}$	$maʔ^{12}$
617	月	山合三入月疑	$yəʔ^{12}$	$yəʔ^{12}$
618	越	山合三入月云	$yəʔ^{12}$	$yəʔ^{12}$
619	县	山合四去霰匣	$yã̃^{13}$	$yã̃^{13}$
620	决	山合四入屑见	$tɕyəʔ^5$	$tɕyəʔ^5$
621	缺	山合四入屑溪	$tɕ^hyəʔ^5$	$tɕ^hyəʔ^5$
622	血	山合四入屑晓	$ɕyəʔ^5$	$ɕyəʔ^5$
623	吞	臻开一平痕透	$t^hən^{44}$	$t^hən^{33}$
624	根	臻开一平痕见	$kən^{44}$	$kən^{33}$
625	恨	臻开一去恨匣	$xən^{13}$	$xən^{13}$
626	恩	臻开一平痕影	$ən^{44}$	$ən^{33}$
627	贫	臻开三平真並	bin^{22}	bin^{312}
628	民	臻开三平真明	min^{22}	min^{312}
629	邻	臻开三平真来	lin^{22}	lin^{312}
630	进	臻开三去震精	$tɕin^{24}$	$tɕin^{24}$
631	亲	臻开三平真清	$tɕ^hin^{44}$	$tɕ^hin^{33}$
632	新	臻开三平真心	$ɕin^{44}$	sin^{33}
633	镇	臻开三去震知	$tsən^{24}$	$tsən^{24}$
634	陈	臻开三平真澄	$dzən^{22}$	$dzən^{312}$
635	震	臻开三去震章	$tsən^{24}$	$tsən^{24}$
636	神	臻开三平真船	$zən^{22}$	$zən^{312}$
637	身	臻开三平真书	$sən^{44}$	$sən^{33}$

续表

编号	单 字	音韵地位	老男音	青男音
638	辰	臻开三平真禅	zən^{22}	dzən^{312}
639	人	臻开三平真日	n̠in^{22}	n̠in^{312}
640	认	臻开三去震日	n̠in^{13}	n̠in^{13}
641	紧	臻开三上轸见	tɕin^{53}	tɕin^{55}
642	银	臻开三平真疑	in^{22}	in^{312}
643	印	臻开三去震影	in^{24}	in^{24}
644	引	臻开三上轸以	in^{53}	in^{55}
645	笔	臻开三入质帮	piəʔ^5	piəʔ^5
646	匹	臻开三入质滂	pʰiəʔ^5	pʰi^{33}
647	密	臻开三入质明	miəʔ^{12}	miəʔ^{12}
648	栗	臻开三入质来	liəʔ^{12}	liəʔ^{12}
649	七	臻开三入质清	tɕʰiəʔ^5	tɕʰiəʔ^5
650	侄	臻开三入质澄	dzəʔ^{12}	dzəʔ^{12}
651	虱	臻开三入质生	səʔ^5	səʔ^5
652	实	臻开三入质船	zəʔ^{12}	zəʔ^{12}
653	失	臻开三入质书	səʔ^5	səʔ^5
654	日	臻开三入质日	zəʔ^{12}	n̠iəʔ^{12}
655	吉	臻开三入质见	tɕiəʔ^5	tɕiəʔ^5
656	一	臻开三入质影	iəʔ^5	iəʔ^5
657	筋	臻开三平殷见	tɕin^{44}	tɕin^{33}
658	劲	臻开三去焮见	tɕin^{24}	tɕin^{24}
659	勤	臻开三平殷群	dzin^{22}	dzin^{312}
660	近	臻开三上隐群	dzin^{13}	dzin^{13}
661	隐	臻开三上隐影	in^{53}	in^{55}

编号	单 字	音韵地位	老男音	青男音
662	本	臻合一上混帮	pən⁵³	pən⁵⁵
663	盆	臻合一平魂並	bən²²	bən³¹²
664	门	臻合一平魂明	mən²²	mən³¹²
665	墩	臻合一平魂端	tən⁴⁴	tuən³³
666	嫩	臻合一去恩泥	nən¹³	nən¹³
667	村	臻合一平魂清	tsʰən⁴⁴	tsʰuən³³
668	寸	臻合一去恩清	tsʰən²⁴	tsʰən²⁴
669	蹲	臻合一平魂从	tən⁴⁴	tən³³
670	孙	臻合一平魂心	sən⁴⁴	suən³³
671	滚	臻合一上混见	kuən⁵³	kuən⁵⁵
672	困	臻合一去恩溪	kʰuən²⁴	kʰuən²⁴
673	婚	臻合一平魂晓	xuən⁴⁴	xuən³³
674	魂	臻合一平魂匣	uən²²	uən³¹²
675	温	臻合一平魂影	uən⁴⁴	uən³³
676	卒	臻合一入没精	tsəʔ⁵	tsuəʔ⁵
677	骨	臻合一入没见	kuəʔ⁵	kuəʔ⁵
678	轮	臻合三平谆来	lən²²	luən³¹²
679	俊	臻合三去稕精	tɕyn⁵³	tɕyn²⁴
680	笋	臻合三上准心	sən⁵³	sən⁵⁵
681	准	臻合三上准章	tɕyn⁵³	tsuən⁵⁵
682	春	臻合三平谆昌	tɕʰyn⁴⁴	tsʰuən³³
683	唇	臻合三平谆船	zən²²	dzuən³¹²
684	顺	臻合三去稕船	ʐyn¹³	zuən¹³
685	纯	臻合三平谆禅	ʐyn²²	dzuən³¹²

续表

编号	单 字	音韵地位	老男音	青男音
686	闰	臻合三去稕日	yn¹³	yn¹³
687	均	臻合三平谆见	tɕyn⁴⁴	tɕyn³³
688	匀	臻合三平谆以	yn²²	yn³¹²
689	律	臻合三入术来	liəʔ¹²	liəʔ¹²
690	出	臻合三入术昌	tɕʰyəʔ⁵	tɕʰyəʔ⁵
691	橘	臻合三入术见	tɕyəʔ⁵	tɕyəʔ⁵
692	分	臻合三平文非	fən⁴⁴	fən³³
693	粉	臻合三上吻非	fən⁵³	fən⁵⁵
694	粪	臻合三去问非	fən²⁴	fən²⁴
695	坟	臻合三平文奉	vən²²	fən³¹²
696	蚊	臻合三平文微	vən²²	mən³¹²
697	问	臻合三去问微	uən¹³	mən¹³
698	军	臻合三平文见	tɕyn⁴⁴	tɕyn³³
699	裙	臻合三平文群	dʑyn²²	dʑyn³¹²
700	熏	臻合三平文晓	ɕyn⁴⁴	ɕyn³³
701	云	臻合三平文云	yn²²	yn³¹²
702	运	臻合三去问云	yn¹³	yn¹³
703	佛	臻合三入物奉	vəʔ¹²	faʔ¹²
704	物	臻合三入物微	vəʔ¹²	u²⁴
705	帮	宕开一平唐帮	pã⁴⁴	pã³³
706	忙	宕开一平唐明	mã²²	mã³¹²
707	党	宕开一上荡端	tã⁵³	tã⁵⁵
*708	汤	宕开一平唐透	tʰã⁴⁴	tʰã³³
709	糖	宕开一平唐定	dã²²	dã³¹²

续表

编号	单 字	音韵地位	老男音	青男音
710	浪	宕开一去宕来	lã^{13}	lã^{13}
711	仓	宕开一平唐清	tsʰã^{44}	tsʰã^{33}
712	钢	宕开一平唐见	kã^{44}	kã^{33}
713	糠	宕开一平唐溪	kʰã^{44}	kʰã^{33}
714	薄	宕开一入铎并	bəʔ^{12}	baʔ^{12}
715	摸	宕开一入铎明	muəʔ^{12}	mo^{33}
716	托	宕开一入铎透	tʰəʔ^{5}	tʰaʔ^{5}
717	落	宕开一入铎来	ləʔ^{12}	laʔ^{12}
718	作	宕开一入铎精	tsuəʔ^{5}	tsuəʔ^{5}
719	索	宕开一入铎心	suəʔ^{5}	suəʔ^{5}
720	各	宕开一入铎见	kəʔ^{5}	kaʔ^{5}
721	鹤	宕开一入铎匣	ŋəʔ^{12}	xaʔ^{5}
722	恶	宕开一入铎影	ŋuəʔ^{12}	aʔ^{5}
723	娘	宕开三平阳泥	n̠iã^{22}	n̠iã^{312}
724	两	宕开三上养来	liã^{53}	liã^{55}
725	亮	宕开三去漾来	liã^{13}	liã^{24}
726	浆	宕开三平阳精	tɕiã^{44}	tɕiã^{33}
727	抢	宕开三上养清	tɕʰiã^{53}	tɕʰiã^{55}
728	匠	宕开三去漾从	iã^{13}	iã^{13}
729	想	宕开三上养心	ɕiã^{53}	siã^{55}
730	像	宕开三上养邪	ʑiã^{13}	ziã^{13}
731	张	宕开三平阳知	tsã^{44}	tsã^{33}
732	长	宕开三平阳澄	dzã^{22}	dzã^{55}
733	装	宕开三平阳庄	tɕyã^{44}	tɕyã^{33}

续表

编号	单 字	音韵地位	老男音	青男音
734	壮	宕开三去漾庄	tɕya̰²⁴	tsua̰²⁴
735	疮	宕开三平阳初	tsʰua̰⁴⁴	tɕʰya̰³³
736	床	宕开三平阳崇	dzua̰²²	dzua̰³¹²
737	霜	宕开三平阳生	sua̰⁴⁴	ɕya̰³³
738	章	宕开三平阳章	tsa̰⁴⁴	tsa̰³³
739	厂	宕开三上养昌	tsʰa̰⁵³	tsʰa̰⁵⁵
740	唱	宕开三去漾昌	tsʰa̰²⁴	tsʰa̰²⁴
741	伤	宕开三平阳书	sa̰⁴⁴	sa̰³³
742	尝	宕开三平阳禅	za̰²²	dza̰³¹²
743	上	宕开三上养禅	za̰¹³	za̰¹³
744	让	宕开三去漾日	ȵia̰¹³	ȵia̰¹³
745	姜	宕开三平阳见	tɕia̰⁴⁴	tɕia̰³³
746	响	宕开三上养晓	ɕia̰⁵³	ɕia̰⁵⁵
747	向	宕开三去漾晓	ɕia̰²⁴	ɕia̰²⁴
748	秧	宕开三平阳影	ia̰⁴⁴	ia̰³³
749	痒	宕开三上养以	ia̰⁵³	ia̰⁵⁵
750	样	宕开三去漾以	ia̰¹³	ia̰¹³
751	雀	宕开三入药精	tɕʰyəʔ⁵	tɕʰyəʔ⁵
752	削	宕开三入药心	ɕiaʔ⁵	ɕia³³
753	着	宕开三入药知	tsuəʔ⁵	tsəʔ⁵
754	勺	宕开三入药禅	zaʔ¹²	zɔ³¹²
755	弱	宕开三入药日	zəʔ¹²	zuəʔ¹²
756	脚	宕开三入药见	tɕiəʔ⁵	tɕiaʔ⁵
757	约	宕开三入药影	iəʔ⁵	yəʔ⁵

编号	单　字	音韵地位	老男音	青男音
758	药	宕开三入药以	iəʔ¹²	iaʔ¹²
759	光	宕合一平唐见	kuã⁴⁴	kuã³³
760	慌	宕合一平唐晓	xuã⁴⁴	xuã³³
761	黄	宕合一平唐匣	uã²²	uã³¹²
762	郭	宕合一入铎见	kəʔ⁵	kuəʔ⁵
763	霍	宕合一入铎晓	xuəʔ⁵	xuəʔ⁵
764	方	宕合三平阳非	fã⁴⁴	fã³³
765	放	宕合三去漾非	fã²⁴	fã²⁴
766	纺	宕合三上养敷	fã⁵³	fã⁵⁵
767	房	宕合三平阳奉	vã²²	vã³¹²
768	防	宕合三平阳奉	vã²²	fã³¹²
769	网	宕合三上养微	mã⁵³	uã⁵⁵
770	筐	宕合三平阳溪	kʰã⁴⁴	kʰuã³³
771	狂	宕合三平阳群	guã⁵³	guã³¹²
772	王	宕合三平阳云	uã²²	uã³¹²
773	旺	宕合三去漾云	uã⁵³	uã¹³
774	缚	宕合三入药奉	fuʔ¹²	fu²⁴
775	绑	江开二上讲帮	pã⁵³	pã⁵⁵
776	胖	江开二去绛滂	pʰã²⁴	pʰã²⁴
777	棒	江开二上讲並	bã¹³	bã¹³
778	桩	江开二平江知	tsuã⁴⁴	tɕyã³³
779	撞	江开二去绛澄	dzuã¹³	dʑyã¹³
780	窗	江开二平江初	tsʰuã⁴⁴	tɕʰyã³³
781	双	江开二平江生	ɕyã⁴⁴	ɕyã³³

续表

编号	单字	音韵地位	老男音	青男音
782	江	江开二平江见	tɕiã⁴⁴	tɕiã³³
783	讲	江开二上讲见	tɕiã⁵³	tɕiã⁵⁵
784	降	江开二平江匣	ʑiã²²	ʑiã³¹²
785	项	江开二上讲匣	ʑiã¹³	ʑiã¹³
786	剥	江开二入觉帮	pəʔ⁵	pəʔ⁵
787	桌	江开二入觉知	tsuəʔ⁵	tsuəʔ⁵
788	镯	江开二入觉崇	zuəʔ¹²	dzuəʔ¹²
789	角	江开二入觉见	kuəʔ⁵	kəʔ⁵
790	壳	江开二入觉溪	kʰəʔ⁵	kʰəʔ⁵
791	学	江开二入觉匣	iəʔ¹²	iaʔ¹²
792	握	江开二入觉影	uaʔ⁵	uəʔ⁵
793	朋	曾开一平登并	bən²²	bəŋ³¹²
794	灯	曾开一平登端	tən⁴⁴	təŋ³³
795	等	曾开一上等端	tən⁵³	təŋ⁵⁵
796	凳	曾开一去嶝端	tən²⁴	təŋ²⁴
797	藤	曾开一平登定	dən²²	dəŋ³¹²
798	能	曾开一平登泥	lən²²	nəŋ³¹²
799	层	曾开一平登从	dzən²²	dzəŋ³¹²
800	僧	曾开一平登心	sən⁴⁴	səŋ³³
801	肯	曾开一上等溪	kʰən⁵³	kʰən⁵⁵
802	北	曾开一入德帮	pəʔ⁵	pəʔ⁵
803	墨	曾开一入德明	maʔ¹²	məʔ¹²
804	得	曾开一入德端	təʔ⁵	təʔ⁵
805	特	曾开一入德定	dəʔ¹²	dəʔ¹²

续表

编号	单 字	音韵地位	老男音	青男音
806	贼	曾开一入德从	zəʔ¹²	zəʔ¹²
807	塞	曾开一入德心	səʔ⁵	səʔ⁵
808	刻	曾开一入德溪	kʰəʔ⁵	kʰəʔ⁵
809	黑	曾开一入德晓	xaʔ⁵	xaʔ⁵
810	冰	曾开三平蒸帮	pin⁴⁴	pin³³
811	证	曾开三去证章	tsən²⁴	tsəŋ²⁴
812	秤	曾开三去证昌	tsʰən²⁴	tsʰəŋ²⁴
813	绳	曾开三平蒸船	zən²²	zəŋ³¹²
814	剩	曾开三去证船	zən⁴²	zəŋ¹³
815	升	曾开三平蒸书	sən⁴⁴	səŋ³³
816	兴	曾开三去证晓	ɕin⁵³	ɕin²⁴
817	蝇	曾开三平蒸以	in²²	in³³
818	逼	曾开三入职帮	piəʔ⁵	piəʔ⁵
819	力	曾开三入职来	liəʔ¹²	liəʔ¹²
820	息	曾开三入职心	ɕiəʔ⁵	ɕiəʔ⁵
821	直	曾开三入职澄	dzəʔ¹²	dzəʔ¹²
822	侧	曾开三入职庄	tsʰəʔ⁵	tsʰəʔ⁵
823	测	曾开三入职初	tsʰəʔ⁵	tsʰəʔ⁵
824	色	曾开三入职生	səʔ⁵	səʔ⁵
825	织	曾开三入职章	tsəʔ⁵	tsəʔ⁵
826	食	曾开三入职船	zəʔ¹²	zəʔ¹²
827	式	曾开三入职书	səʔ⁵	səʔ⁵
828	极	曾开三入职群	dʑiəʔ¹²	dʑiəʔ¹²
829	国	曾合一入德见	kuəʔ⁵	kuəʔ⁵

续表

编号	单字	音韵地位	老男音	青男音
830	或	曾合一入德匣	uaʔ¹²	xuʔ⁵
831	猛	梗开二上梗明	mən⁵³	məŋ⁵⁵
832	打	梗开二上梗端	ta⁵³	ta⁵⁵
833	冷	梗开二上梗来	lən⁵³	ləŋ⁵⁵
834	生	梗开二平庚生	sən⁴⁴	səŋ³³
835	省	梗开二上梗生	sən⁵³	səŋ⁵⁵
836	更	梗开二平庚见	kən⁵³	kəŋ³³
837	梗	梗开二上梗见	kən⁵³	səŋ⁵⁵
838	坑	梗开二平庚溪	kʰən⁴⁴	kʰəŋ³³
839	硬	梗开二去映疑	ŋən¹³	ŋã̃¹³
840	行	梗开二平庚匣	ʑin²²	ʑin³¹²
841	百	梗开二入陌帮	pəʔ⁵	pəʔ⁵
842	拍	梗开二入陌滂	pʰaʔ⁵	pʰəʔ⁵
843	白	梗开二入陌并	bəʔ¹²	bəʔ¹²
844	拆	梗开二入陌彻	tsʰəʔ⁵	tsʰəʔ⁵
845	择	梗开二入陌澄	dzəʔ¹²	dzəʔ¹²
846	窄	梗开二入陌庄	tsaʔ⁵	tsəʔ⁵
847	格	梗开二入陌见	kəʔ⁵	kəʔ⁵
848	客	梗开二入陌溪	kʰəʔ⁵	kʰəʔ⁵
849	额	梗开二入陌疑	ŋəʔ¹²	ŋəʔ¹²
850	棚	梗开二平耕并	bən²²	bəŋ³¹²
851	争	梗开二平耕庄	tsən⁴⁴	tsəŋ³³
852	耕	梗开二平耕见	kən⁴⁴	kəŋ³³
853	麦	梗开二入麦明	maʔ¹²	məʔ¹²

续表

编号	单字	音韵地位	老男音	青男音
854	摘	梗开二入麦知	$tsə\textipa{P}^5$	$tsə\textipa{P}^5$
855	策	梗开二入麦初	$ts^hə\textipa{P}^5$	$ts^hə\textipa{P}^5$
856	隔	梗开二入麦见	$kə\textipa{P}^5$	$kə\textipa{P}^5$
857	兵	梗开三平庚帮	pin^{44}	pin^{33}
858	柄	梗开三去映帮	pin^{53}	pin^{55}
859	平	梗开三平庚并	bin^{22}	bin^{312}
860	病	梗开三去映并	bin^{13}	bin^{13}
861	明	梗开三平庚明	min^{22}	min^{312}
862	命	梗开三去映明	min^{13}	min^{13}
863	镜	梗开三去映见	$t\textctc in^{24}$	$t\textctc in^{24}$
864	庆	梗开三去映溪	$t\textctc^h in^{53}$	$t\textctc^h in^{55}$
865	迎	梗开三平庚疑	in^{22}	in^{312}
866	影	梗开三上梗影	in^{53}	in^{55}
867	剧	梗开三入陌群	$d\textczcurl yə\textipa{P}^{12}$	$d\textczcurl yə\textipa{P}^5$
868	饼	梗开三上静帮	pin^{53}	pin^{55}
869	名	梗开三平清明	min^{22}	min^{312}
870	领	梗开三上静来	lin^{53}	lin^{55}
871	井	梗开三上静精	$t\textctc in^{53}$	$t\textctc in^{55}$
872	清	梗开三平清清	$t\textctc^h in^{44}$	$t\textctc^h in^{33}$
873	静	梗开三上静从	$d\textczcurl in^{13}$	$d\textczcurl in^{13}$
874	姓	梗开三去劲心	$\textctc in^{24}$	sin^{24}
875	贞	梗开三平清知	$tsən^{44}$	$tsəŋ^{33}$
876	程	梗开三平清澄	$dzən^{22}$	$dzəŋ^{312}$
877	整	梗开三上静章	$tsən^{53}$	$tsəŋ^{55}$

续表

编号	单 字	音韵地位	老男音	青男音
878	正	梗开三去劲章	tsən²⁴	tsəŋ²⁴
879	声	梗开三平清书	sən⁴⁴	səŋ³³
880	城	梗开三平清禅	dzən²²	dzəŋ³¹²
881	轻	梗开三平清溪	tɕʰin⁴⁴	tɕʰin³³
882	赢	梗开三平清以	in²²	in³¹²
883	积	梗开三入昔精	tɕiəʔ⁵	tɕiəʔ⁵
884	惜	梗开三入昔心	ɕiəʔ⁵	ɕiəʔ⁵
885	席	梗开三入昔邪	ziəʔ¹²	ziəʔ¹²
886	尺	梗开三入昔昌	tsʰəʔ⁵	tsʰəʔ⁵
887	石	梗开三入昔禅	zəʔ¹²	zəʔ¹²
888	益	梗开三入昔影	iəʔ⁵	iəʔ⁵
889	瓶	梗开四平青並	bin²²	bin³¹²
890	钉	梗开四平青端	tin⁴⁴	tin³³
891	顶	梗开四上迥端	tin⁵³	tin⁵⁵
892	厅	梗开四平青透	tʰin⁴⁴	tʰin³³
893	听	梗开四平青透	tʰin⁴⁴	tʰin³³
894	停	梗开四平青定	din²²	din³¹²
895	挺	梗开四上迥定	din¹³	tʰin⁵⁵
896	定	梗开四去径定	din¹³	din¹³
897	零	梗开四平青来	lin²²	lin³¹²
898	青	梗开四平青清	tɕʰin⁴⁴	tɕʰin³³
899	星	梗开四平青心	ɕin⁴⁴	sin³³
900	经	梗开四平青见	tɕin⁴⁴	tɕin³³
901	形	梗开四平青匣	in²²	zin³¹²

续表

编号	单 字	音韵地位	老男音	青男音
902	壁	梗开四入锡帮	piə$ʔ^5$	piə$ʔ^5$
903	劈	梗开四入锡滂	p^{h}iə$ʔ^5$	p^{h}iə$ʔ^5$
904	踢	梗开四入锡透	t^{h}iə$ʔ^5$	t^{h}iə$ʔ^5$
905	笛	梗开四入锡定	diə^{12}	diə$ʔ^{12}$
906	历	梗开四入锡来	liə$ʔ^{12}$	liə$ʔ^{12}$
907	锡	梗开四入锡心	ɕiə$ʔ^5$	ɕiə$ʔ^5$
908	击	梗开四入锡见	tɕiə$ʔ^5$	tɕiə$ʔ^5$
909	吃	梗开四入锡溪	tɕ^{h}iə$ʔ^5$	tɕ^{h}iə$ʔ^5$
910	横	梗合二平庚匣	xən^{22}	uã^{312}
911	划	梗合二入麦匣	ua$ʔ^{12}$	ua$ʔ^{12}$
912	兄	梗合三平庚晓	ɕioŋ^{44}	ɕioŋ^{33}
913	荣	梗合三平庚云	ioŋ^{22}	ioŋ^{312}
914	永	梗合三上梗云	ioŋ^{53}	ioŋ^{55}
915	营	梗合三平清以	in^{22}	in^{312}
916	蓬	通合一平东并	voŋ^{22}	bəŋ^{312}
917	东	通合一平东端	toŋ^{44}	toŋ^{33}
918	懂	通合一上董端	toŋ^{53}	toŋ^{55}
919	冻	通合一去送端	toŋ^{24}	toŋ^{24}
920	通	通合一平东透	t^{h}oŋ^{44}	t^{h}oŋ^{33}
921	桶	通合一上董透	t^{h}oŋ^{53}	t^{h}oŋ^{55}
922	痛	通合一去送透	t^{h}oŋ^{24}	t^{h}oŋ^{24}
923	铜	通合一平东定	doŋ^{22}	doŋ^{312}
924	动	通合一上董定	doŋ^{13}	doŋ^{13}
925	洞	通合一去送定	doŋ^{13}	doŋ^{13}

续表

编号	单字	音韵地位	老男音	青男音
926	聋	通合一平东来	loŋ²²	loŋ³¹²
927	弄	通合一去送来	loŋ¹³	noŋ¹³
928	粽	通合一去送精	tsoŋ²⁴	tsoŋ²⁴
929	葱	通合一平东清	tsʰoŋ⁴⁴	tsʰoŋ³³
930	送	通合一去送心	soŋ²⁴	soŋ²⁴
931	公	通合一平东见	koŋ⁴⁴	koŋ³³
932	孔	通合一上董溪	kʰoŋ⁵³	kʰoŋ⁵⁵
933	烘	通合一平东晓	xoŋ⁴⁴	xoŋ³³
934	红	通合一平东匣	xoŋ²²	xoŋ³¹²
935	翁	通合一平东影	oŋ⁴⁴	oŋ³³
936	木	通合一入屋明	maʔ¹²	məʔ¹²
937	读	通合一入屋定	dəʔ¹²	dəʔ¹²
938	鹿	通合一入屋来	ləʔ¹²	ləʔ¹²
939	族	通合一入屋从	zuaʔ¹²	dzuəʔ¹²
940	谷	通合一入屋见	kuəʔ⁵	kuəʔ⁵
941	哭	通合一入屋溪	kʰuəʔ⁵	kʰuəʔ⁵
942	屋	通合一入屋影	uəʔ⁵	u³³
943	冬	通合一平冬端	toŋ⁴⁴	toŋ³³
944	统	通合一去宋透	tʰoŋ⁵³	tʰoŋ⁵⁵
945	脓	通合一平冬泥	ioŋ²²	noŋ³¹²
946	松	通合一平冬心	soŋ⁴⁴	soŋ³³
947	宋	通合一去宋心	soŋ⁵³	soŋ²⁴
948	毒	通合一入沃定	dəʔ¹²	dəʔ¹²
949	风	通合三平东非	foŋ⁴⁴	fəŋ³³

编号	单　字	音韵地位	老男音	青男音
950	丰	通合三平东敷	foŋ⁴⁴	fəŋ³³
951	凤	通合三去送奉	voŋ¹³	fəŋ¹³
952	梦	通合三去送明	moŋ¹³	məŋ¹³
953	中	通合三平东知	tsoŋ⁴⁴	tsoŋ³³
954	虫	通合三平东澄	dzoŋ²²	dzoŋ³¹²
955	终	通合三平东章	tsoŋ⁴⁴	tsoŋ³³
956	充	通合三平东昌	tsʰoŋ⁴⁴	tsʰoŋ³³
957	宫	通合三平东见	koŋ⁴⁴	koŋ³³
958	穷	通合三平东群	dʑioŋ²²	dʑioŋ³¹²
959	熊	通合三平东云	ɕioŋ²²	ɕioŋ³¹²
960	雄	通合三平东云	ɕioŋ²²	ɕioŋ³¹²
961	福	通合三入屋非	faʔ⁵	faʔ⁵
962	服	通合三入屋奉	vaʔ¹²	faʔ⁵
963	目	通合三入屋明	maʔ¹²	maʔ¹²
964	六	通合三入屋来	ləʔ¹²	laʔ¹²
965	宿	通合三入屋心	saʔ⁵	su²⁴
966	竹	通合三入屋知	tsaʔ⁵	tsuəʔ⁵
967	畜	通合三入屋彻	tsʰaʔ⁵	tsʰuəʔ⁵
968	缩	通合三入屋生	suaʔ⁵	suəʔ⁵
969	粥	通合三入屋章	tsuaʔ⁵	tsuəʔ⁵
970	叔	通合三入屋书	suaʔ⁵	suəʔ⁵
971	熟	通合三入屋禅	zuaʔ¹²	zuəʔ¹²
972	肉	通合三入屋日	ȵiaʔ¹²	ȵyəʔ¹²
973	菊	通合三入屋见	tsuəʔ⁵	tɕyəʔ⁵

续表

编号	单字	音韵地位	老男音	青男音
974	育	通合三入屋以	yəʔ¹²	yəʔ¹²
975	封	通合三平钟非	foŋ⁴⁴	fəŋ³³
976	蜂	通合三平钟敷	foŋ⁴⁴	fəŋ³³
977	缝	通合三去用奉	voŋ¹³	fəŋ²⁴
978	浓	通合三平钟泥	ioŋ²²	noŋ³¹²
979	龙	通合三平钟来	loŋ²²	loŋ³¹²
980	松	通合三平钟邪	soŋ⁴⁴	soŋ³³
981	重	通合三上肿澄	dzoŋ¹³	dzoŋ¹³
982	肿	通合三上肿章	tsoŋ⁵³	tsoŋ⁵⁵
983	种	通合三去用章	tsoŋ²⁴	tsoŋ²⁴
984	冲	通合三平钟昌	tsʰoŋ⁴⁴	tsʰoŋ³³
985	恭	通合三平钟见	koŋ⁴⁴	koŋ³³
986	共	通合三去用群	goŋ¹³	goŋ¹³
987	凶	通合三平钟晓	ɕioŋ⁴⁴	ɕioŋ³³
988	拥	通合三上肿影	ioŋ⁵³	ioŋ⁵⁵
989	容	通合三平钟以	ioŋ²²	ioŋ³¹²
990	用	通合三去用以	ioŋ¹³	ioŋ¹³
991	绿	通合三入烛来	ləʔ¹²	ləʔ¹²
992	足	通合三入烛精	tsaʔ⁵	tsuəʔ⁵
993	烛	通合三入烛章	tsaʔ⁵	tsuəʔ⁵
994	赎	通合三入烛船	zuʔ¹²	zuəʔ¹²
995	属	通合三入烛禅	zaʔ¹²	zuəʔ¹²
996	褥	通合三入烛日	zaʔ¹²	zuəʔ⁵
997	曲	通合三入烛溪	tɕʰiaʔ⁵	tsʰy³³

编号	单　字	音韵地位	老男音	青男音
998	局	通合三入烛群	dʑiaʔ^{12}	dʑyəʔ^{12}
999	玉	通合三入烛疑	iaʔ^{12}	ȵyəʔ^{12}
1000	浴	通合三入烛以	iaʔ^{12}	yəʔ^{12}

第三章 词 汇

一、天文地理

编号	词条	发音
0001	太阳~下山了	太阳 tʰɛ²⁴ iã̃²¹
0002	月亮~出来了	月亮 yəʔ¹² liã̃¹³
0003	星星	星星 ɕin⁴⁴ ɕin⁴⁴
0004	云	云 yən²²
0005	风	风 foŋ⁴⁴
0006	台风	台风 dɛ²¹ fən⁴⁴
0007	闪电名词	发闪 faʔ⁵ suə̃²⁴
0008	雷	雷公 le²¹ koŋ⁴⁴
0009	雨	雨 y⁵³
0010	下雨	落雨 ləʔ¹² y⁵³
0011	淋衣服被雨~湿了	打 ta⁵³
0012	晒~粮食	晒 sɛ²⁴
0013	雪	雪 ɕiəʔ⁵

续表

编号	词条	发音
0014	冰	冰 pin⁴⁴
0015	冰雹	雹子 baʔ¹²tsʅ⁴⁴
0016	霜	霜 ɕyã⁴⁴
0017	雾	雾 u¹³
0018	露	露 lu²⁴
0019	虹统称	鲎 xɵ¹³
0020	日食	天狗吃太阳 tʰiɛ̃⁴⁴kɵ⁴⁴tɕʰiə ʔ⁵tʰɛ²⁴iã²¹
0021	月食	天狗吃月亮 tʰiɛ̃⁴⁴kɵ⁴⁴tɕʰiə ʔ⁵yəʔ¹²liã¹²
0022	天气	天公 tʰiɛ̃⁴⁴koŋ⁴⁴
0023	晴天~	晴 dʑin²²
0024	阴天~	阴 in⁴⁴
0025	旱天~	旱 xã¹³
0026	涝天~	涨大水 tsã⁴⁴da²⁴sue⁵³
0027	天亮	东方调白 toŋ⁴⁴fã⁴⁴diɔ²¹bəʔ¹²
0028	水田	水田 sue⁴⁴diɛ̃²¹
0029	旱地浇不上水的耕地	地 di¹³
0030	田埂	田塍 diɛ̃²¹zən²⁴
0031	路野外的	路 lu¹³
0032	山	山 sã⁴⁴
0033	山谷	山坳 sã⁴⁴ɔ²⁴
0034	江大的河	江 tɕiã⁴⁴
0035	溪小的河	溪 tɕʰi⁴⁴
0036	水沟儿较小的水道	水沟 sue⁵³kɵ⁴⁴
0037	湖	湖 u²²

续表

编号	词条	发音
0038	池塘	塘 $d\tilde{a}^{53}$
0039	水坑儿地面上有积水的小洼儿	水汪凼 $sue^{44} u\tilde{a}^{44} d\tilde{a}^{21}$
0040	洪水	大水 $da^{22} sue^{53}$
0041	淹被水~了	没 $mə\textipa{P}^{12}$
0042	河岸	河边 $xo^{21} pi\tilde{\varepsilon}^{44}$
0043	坝拦河修筑拦水的	河坝 $xo^{21} pa^{24}$
0044	地震	地震 $di^{24} tsən^{24}$
0045	窟窿小的	小洞 $\textipa{C}iɔ^{44} doŋ^{24}$
0046	缝儿统称	缝 $vən^{13}$
0047	石头统称	石头 $zə\textipa{P}^{12} dɵ^{22}$
0048	土统称	泥 $ȵi^{13}$
0049	泥湿的	烂泥 $l\tilde{a}^{24} ȵi^{21}$
0050	水泥旧称	洋灰 $i\tilde{a}^{21} xue^{44}$
0051	沙子	沙泥 $sa^{44} ȵi^{21}$
0052	砖整块的	砖块 $tɕy\tilde{\varepsilon}^{44} k^h ue^{24}$
0053	瓦整块的	瓦片 $ua^{44} p^h i\tilde{\varepsilon}^{24}$
0054	煤	煤 me^{22}
0055	煤油	洋油 $i\tilde{a}^{21} iɵ^{24}$
0056	炭木~	柴炭 $z\varepsilon^{21} t^h \tilde{a}^{24}$ 白炭 $bə\textipa{P}^{12} t^h \tilde{a}^{24}$
0057	灰烧成的	炉灰 $lu^{21} xue^{44}$
0058	灰尘桌面上的	灰尘 $xue^{44} dzən^{21}$
0059	火	火 xu^{53}
0060	烟烧火形成的	烟 ie^{44}

编号	词条	发音
0061	失火	着火 zə?^{12}xu^{53}
0062	水	水 sue^{53}
0063	凉水	冷水 lən^{44}sue^{53}
0064	热水如洗脸的热水,不是指喝的开水	热水 ȵiə?^{12}sue^{53}
0065	开水喝的	开水 k^{h}ɛ^{44}sue^{55}
0066	磁铁	吸铁石 ɕiə?^{5}t^{h}iə?^{5}zə?^{12}

二、时间方位

编号	词条	发音
0067	时候吃饭的~	时间 zɿ^{21}tɕiɛ̃^{44}
0068	什么时候	什么时间 zə?^{12}mə^{0}zɿ^{21}tɕiɛ̃^{44}
0069	现在	于=暂= y^{21}tsã^{53}
0070	以前十年~	以前 i^{44}dʑiɛ̃^{21}
0071	以后十年~	以后 i^{44}xɵ^{24}
0072	一辈子	一辈子 iə?^{5}pe^{21}tsɿ^{0} 一世 iə?^{5}sɿ^{24}
0073	今年	今年 kən^{44}ȵie^{21}
0074	明年	明年 min^{21}ȵie^{24}
0075	后年	后年 xɵɯ^{24}ȵie^{21}
0076	去年	旧年 dʑiɵ^{24}ȵie^{21}
0077	前年	前年 dʑiɛ̃^{21}ȵie^{24}
0078	往年过去的年份	前几年 dʑiɛ̃^{21}tɕi^{44}ȵie^{21}

续表

编号	词条	发音
0079	年初	年头 ȵie²¹ dɵ²⁴
0080	年底	年底 ȵie²¹ ti⁴⁴
0081	今天	今朝 kən⁴⁴ tsɔ⁴⁴
0082	明天	明朝 min²¹ tsɔ⁴⁴
0083	后天	后朝 xɵ²¹ tsɔ⁴⁴
0084	大后天	大后朝 da²⁴ xɵ²¹ tsɔ⁴⁴
0085	昨天	昨日 dzuəʔ¹² ȵiəʔ¹²
0086	前天	前日 dʑiɛ̃²¹ ȵiəʔ¹²
0087	大前天	大前日 da²⁴ dʑiɛ̃²¹ ȵiəʔ¹²
0088	整天	一日 iəʔ⁵ ȵiəʔ¹²
0089	每天	每日 me⁵³ ȵiəʔ¹²
0090	早晨	清早 tɕʰin⁴⁴ tsɔ⁵⁵
0091	上午	早间 tsɔ⁴⁴ kã³³
0092	中午	正午时 tsən²¹ u⁴⁴ zɿ²¹
0093	下午	点心边 tiɛ̃⁴⁴ ɕin³³ piɛ̃³³
0094	傍晚	快夜边 kʰuɛ²⁴ iə²¹ piɛ̃³³
0095	白天	日里 ȵiəʔ¹² li⁴⁴
0096	夜晚与白天相对,统称	夜里 iə²¹ li⁴⁴
0097	半夜	半夜里 po²⁴ iə²¹ li⁰
0098	正月农历	正月 tsən²¹ yəʔ¹²
0099	大年初一农历	正月初一 tsən²¹ yəʔ¹² tsʰu⁴⁴ iəʔ⁵
0100	正月十五	正月十五 tsən²¹ yəʔ¹² zəʔ¹² u⁴⁴
0101	清明	清明 tɕʰin⁴⁴ min²¹
0102	端午	端午 tuɛ̃⁴⁴ u⁵⁵

编号	词条	发音
0103	七月十五_{农历，节日名}	七月半 tɕʰiəʔ⁵yəʔ⁵po²⁴
0104	中秋	八月半 paʔ⁵yəʔ⁵po²⁴
0105	冬至	冬至 toŋ⁴⁴tsʅ⁰
0106	腊月_{农历十二月}	十二月 zəʔ¹²ɵ²⁴yəʔ¹²
0107	除夕_{农历}	三十夜 sã⁴⁴zəʔ¹²iə²¹
0108	历书	历本 liəʔ¹²pən⁴⁴
0109	阴历	阴历 in⁴⁴liəʔ¹²
0110	阳历	阳历 iã²¹liəʔ¹²
0111	星期天	礼拜天 li⁴⁴pɛ²¹tʰiɛ̃²²
0112	地方	地方 di²¹fã⁰
0113	什么地方	哪里 na⁴⁴li⁵³
0114	家里	家里 tɕia⁴⁴li⁵⁵
0115	城里	街上 kɛ⁴⁴zã²⁴
0116	乡下	乡下 ɕiã⁴⁴ia²⁴
0117	上面_{从~滚下来}	高头 kɔ⁴⁴lɵ²¹
0118	下面_{从~爬上去}	底下 ti⁴⁴ʑia²¹
0119	左边	反手面 fã⁴⁴sɵ⁵³miɛ̃²¹
0120	右边	顺手面 ʑyn²¹sɵ⁴⁴miɛ̃²¹
0121	中间_{排队排在~}	中间 tsoŋ⁴⁴kã²²
0122	前面_{排队排在~}	前头 dʑiɛ̃²¹dɵ²⁴
0123	后面_{排队排在~}	后头 xɵ²⁴dɵ²¹
0124	末尾_{排队排在~}	最后头 tsue²¹xɵ²⁴dɵ²¹
0125	对面	对面 te²⁴miɛ̃²⁴
0126	面前	面前 miɛ̃²⁴dʑiɛ̃²¹

续表

编号	词条	发音
0127	背后	背后 pe²⁴ xɵ²⁴
0128	里面躲在~	里头 li⁴⁴ dɵ²¹
0129	外面衣服晒在~	外头 uɛ²¹ dɵ²²
0130	旁边	旁边 pʰã̃²¹ piɛ̃⁴⁴
0131	上碗在桌子~	高头 kɔ⁴⁴ lɵ²¹
0132	下凳子在桌子~	底下 ti⁴⁴ ʑia²¹
0133	边儿桌子的~	边 piɛ̃⁴⁴
0134	角儿桌子的~	角 kuəʔ⁵
0135	上去他~了	上去 zã̃²⁴ tɕʰy²⁴
0136	下来他~了	下来 ʑia²⁴ lɛ²¹
0137	进去他~了	进去 tɕʰin²¹ tɕʰy²⁴
0138	出来他~了	出来 tɕʰy⁴⁴ lɛ²¹
0139	出去他~了	出去 tɕʰy⁴⁴ tɕʰy²⁴
0140	回来他~了	回来 ue²¹ lɛ²⁴
0141	起来天冷~了	起来 tɕʰi⁴⁴ lɛ²¹

三、植　物

编号	词条	发音
0142	树	树 ʑy¹³
0143	木头	木头 məʔ² dɵ²²
0144	松树统称	松树 soŋ⁴⁴ ʑy²⁴
0145	柏树统称	柏树 paʔ⁵ ʑy²⁴

续表

编号	词条	发音
0146	杉树	杉树 sã⁴⁴ʑy²⁴
0147	柳树	柳树 liɵ²¹ʑy²⁴
0148	竹子统称	竹 tsuaʔ⁵
0149	笋	笋 sən⁵³
0150	叶子	叶 iəʔ¹²
0151	花	花 xua⁴⁴
0152	花蕾花骨朵	花苞 xua⁴⁴bu²²
0153	梅花	梅花 me²¹xua⁴⁴
0154	牡丹	牡丹 me⁴⁴tã³³
0155	荷花	藕花 ɵ⁴⁴xua³³
0156	草	草 tsʰɔ⁵³
0157	藤	藤 dən²²
0158	刺名词	刺 tsʰɿ²⁴
0159	水果	水果 sue⁴⁴ko⁵³
0160	苹果	苹果 bin²¹ko⁵⁵
0161	桃子	桃子 dɔ²¹tsɿ⁰
0162	梨	梨头 li²¹dɵ²⁴
0163	李子	李子 li⁴⁴tsɿ⁰
0164	杏	杏子 ã²¹tsɿ⁰
0165	橘子	橘子 tɕyəʔ⁵tsɿ⁰
0166	柚子	柚子 iɵ²¹tsɿ⁰
0167	柿子	柿子 zɿ²¹tsɿ⁰
0168	石榴	石头 zəʔ¹²dɵ²²
0169	枣	枣子 tsɔ⁴⁴tsɿ⁰

续表

编号	词条	发音
0170	栗子	栗 liəʔ¹²
0171	核桃	核桃 xaʔ¹² dɔ²⁴
0172	银杏白果	白果子 bəʔ¹² ko⁴⁴ tsɿ⁰
0173	甘蔗	甘蔗 kã⁴⁴ tsa²⁴
0174	木耳	木耳 məʔ¹² ɵ⁵³
0175	蘑菇野生的	蘑菇 mo²¹ ku⁴⁴
0176	香菇	香菇 ɕiã⁴⁴ ku²²
0177	稻子指植物	稻子 dɔ²¹ tsɿ⁰
0178	稻谷指籽实（脱粒后是大米）	稻谷 dɔ²¹ kuəʔ⁵
0179	稻草脱粒后的	稻草 dɔ²¹ tshɔ⁵³
0180	大麦指植物	大麦 da²⁴ maʔ¹²
0181	小麦指植物	小麦 ɕiɔ⁴⁴ maʔ¹²
0182	麦秸脱粒后的	麦草 maʔ¹² tshɔ⁴⁴
0183	谷子指植物（籽实脱粒后是小米）	黄粟 uã²¹ suəʔ⁵
0184	高粱指植物	芦稷 lu²¹ tɕiəʔ⁵
0185	玉米指成株的植物	苞芦 pɔ⁴⁴ lu²¹
0186	棉花指植物	棉花 miɛ̃²¹ xua⁴⁴
0187	油菜油料作物,不是蔬菜	油菜 iɵ²¹ tshɛ²⁴
0188	芝麻	油麻 iɵ²¹ ma²⁴
0189	向日葵指植物	葵花 gue²¹ xua⁴⁴
0190	蚕豆	蚕豆 suə̃²¹ dɵ²⁴
0191	豌豆	圆眼豆 yɛ²¹ ŋã⁵³ dɵ²⁴
0192	花生指果实	花生 xua⁴⁴ sən⁴⁴
0193	黄豆	黄豆 uã²¹ dɵ²⁴

续表

编号	词条	发音
0194	绿豆	绿豆 lə$ʔ^{12}$dɵ^{24}
0195	豇豆_{长条形的}	长豇豆 tsʰ$ã^{21}$k$ã^{44}$dɵ^{24}
0196	大白菜_{东北~}	大白菜 da^{21}bə$ʔ^{12}$tsʰɛ^{24}
0197	包心菜_{卷心菜，圆白菜，球形的}	包心菜 po^{44}ɕin^{44}tsʰɛ^{24}
0198	菠菜	菠菜 po^{44}tsʰɛ^{24}
0199	芹菜	芹菜 dʑin^{21}tsʰɛ^{24}
0200	莴笋	乌龟菜梗 u^{44}kue^{44}tsʰɛ^{21}ku$ã^{44}$
0201	韭菜	韭菜 tɕiɵ^{44}tsʰɛ^{24}
0202	香菜_{芫荽}	香菜 ɕi$ã^{44}$tsʰɛ^{24}
0203	葱	葱 tsʰoŋ^{44}
0204	蒜	大蒜 da^{24}su$ə̃^{24}$
0205	姜	生姜 sən^{44}tɕi$ã^{44}$
0206	洋葱	洋葱 i$ã^{21}$tsʰoŋ^{44}
0207	辣椒_{统称}	辣椒 la$ʔ^{12}$tɕiɔ^{44}
0208	茄子_{统称}	落苏 la$ʔ^{12}$su^{44}
0209	西红柿	番茄 f$ã^{44}$dʑia^{21}
0210	萝卜_{统称}	萝卜 lo^{21}po^{24}
0211	胡萝卜	红萝卜 xoŋ^{21}lo^{21}po^{24}
0212	黄瓜	黄瓜 xu$ã^{21}$kua^{44}
0213	丝瓜_{无棱的}	丝瓜 sʅ^{44}kua^{44}
0214	南瓜_{扁圆形或梨形，成熟时赤褐色}	香瓜 ɕi$ã^{44}$kua^{44}
0215	荸荠	蒲荠 bu^{21}i^{24}
0216	红薯_{统称}	番芋 f$ã^{44}$y^{24}
0217	马铃薯	洋芋头 i$ã^{21}$y^{24}dɵ^{21}

续表

编号	词条	发音
0218	芋头	芋头 y²⁴ dɵ²¹
0219	山药圆柱形的	山药 sã⁴⁴ iəʔ¹²
0220	藕	藕 ŋɵ⁵³

四、动　物

编号	词条	发音
0221	老虎	老虎 lɔ⁴⁴ xu⁵³
0222	猴子	猴孙 xɵ²¹ sən⁴⁴
0223	蛇统称	蛇 za²²
0224	老鼠家里的	老鼠 lɔ⁴⁴ tɕʰy⁵³
0225	蝙蝠	蝙蝠 piɛ̃⁴⁴ xu⁵⁵
0226	鸟儿飞鸟，统称	鸟 ȵiə⁵³
0227	麻雀	麻叼 ma²¹ tiə⁴⁴
0228	喜鹊	喜鹊 ɕi⁴⁴ tɕʰiəʔ⁵
0229	乌鸦	乌老鸦 u⁴⁴ lɔ⁵⁵ ua⁰
0230	鸽子	鸽子 kəʔ⁵ tsɹ⁰
0231	翅膀鸟的，统称	翼膀 iəʔ¹² pʰã̃⁵³ "膀"声殊
0232	爪子鸟的，统称	脚爪 tɕiəʔ⁵ tsɔ⁵³
0233	尾巴	尾巴 mi⁴⁴ pa⁰
0234	窝鸟的	窠 kʰo⁴⁴
0235	虫子统称	虫 dzoŋ²²
0236	蝴蝶统称	蝴蝶 u²² tiəʔ⁵

续表

编号	词条	发音
0237	蜻蜓统称	蜻蜓 tɕʰin⁴⁴din²⁴
0238	蜜蜂	蜜蜂 miəʔ¹²fən⁴⁴
0239	蜂蜜	蜂糖 fən⁴⁴dã²¹
0240	知了	知了 tsʅ⁴⁴iɔ²⁴
0241	蚂蚁	蚂蚁 ma²¹ȵi⁵⁵
0242	蚯蚓	蛐蟮 tsʰuəʔ⁵tsuə̃²⁴
0243	蚕	蚕 zuə̃²²
0244	蜘蛛会结网的	蛛蛛 tɕy⁴⁴tɕy⁴⁴
0245	蚊子统称	蚊虫 mən²¹dzoŋ²⁴
0246	苍蝇统称	苍蝇 tsʰã⁴⁴ɕin²²
0247	跳蚤咬人的	屹蚤 kəʔ⁵tsɔ⁰
0248	虱子	虱子 sʅ⁴⁴tsʅ⁰
0249	鱼	鱼 y²²
0250	鲤鱼	鲤鱼 li⁴⁴y²¹
0251	鳙鱼胖头鱼	胖头 pʰã²⁴dǝ²¹
0252	鲫鱼	鲫鱼壳 tɕi⁴⁴y²¹kʰəʔ⁵
0253	甲鱼	鳖 piəʔ⁵
0254	鳞鱼的	厣 ie⁵³
0255	虾统称	虾公 xa⁴⁴koŋ⁴⁴
0256	螃蟹统称	毛蟹 mɔ²¹xɛ²⁴
0257	青蛙统称	蛤蟆 kaʔ⁵ma⁰
0258	癞蛤蟆表皮多疙瘩	癞子蛤包 lɛ²¹tsʅ⁰kaʔ⁵pɔ⁴⁴
0259	马	马 ma⁵³
0260	驴	（无）

续表

编号	词条	发音
0261	骡	（无）
0262	牛	牛 ȵiɵ²²
0263	公牛_{统称}	雄牛 ioŋ²¹ ȵiɵ²⁴ 种牛 tsoŋ⁴⁴ ȵiɵ²¹
0264	母牛_{统称}	雌牛 tsʰ ɿ⁴⁴ ȵiɵ²¹ 牛婆 ȵiɵ²¹ bo²⁴
0265	放牛	看牛 kʰ ã²⁴ ȵiɵ²¹
0266	羊	羊 i ã²²
0267	猪	猪 tɕy⁴⁴
0268	种猪_{配种用的公猪}	调꞊猪 diɔ²¹ tɕy⁴⁴
0269	公猪_{成年的,已阉的}	雄猪 ioŋ²¹ tɕy⁴⁴
0270	母猪_{成年的,未阉的}	猪婆 tɕy⁴⁴ bo²¹ 雌猪 tsʰ ɿ⁴⁴ tɕy⁴⁴
0271	猪崽	仔猪 tsɿ⁴⁴ tɕy³³
0272	猪圈	猪栏 tɕy⁴⁴ l ã²¹
0273	养猪	饲猪 sɿ²¹ tɕy⁴⁴
0274	猫	猫 mɔ⁴⁴
0275	公猫	雄猫 ioŋ²¹ mɔ⁴⁴
0276	母猫	雌猫 tsʰ ɿ⁴⁴ mɔ⁴⁴
0277	狗_{统称}	狗 kɵ⁵³
0278	公狗	雄狗 ioŋ²¹ kɵ⁵⁵
0279	母狗	狗婆 kɵ⁴⁴ bo²¹ 雌狗 tsʰ ɿ⁴⁴ kɵ⁵⁵
0280	叫_{狗~}	叫 tɕiɔ²⁴
0281	兔子	毛兔 mɔ²¹ tʰu²⁴

续表

编号	词条	发音
0282	鸡	鸡 tɕi^{44}
0283	公鸡成年的，未阉的	雄鸡 ioŋ^{21} tɕi^{44}
0284	母鸡已开始下蛋的	鸡婆 tɕi^{44} bo^{21}
0285	叫公鸡~（即打鸣儿）	叫 tɕiɔ^{24}
0286	下鸡~蛋	生 sən^{44}
0287	孵~小鸡	伏 bu^{13}
0288	鸭	鸭 aʔ^{5}
0289	鹅	鹅 ŋo^{22}
0290	阉~公的猪	羯 tɕiəʔ^{5}
0291	阉~母的猪	羯 tɕiəʔ^{5}
0292	阉~鸡	鐩 ɕiɛ̃^{24}
0293	喂~猪	饲 zɿ^{13}
0294	杀猪统称	杀猪 saʔ^{5} tɕy^{44}
0295	杀~鱼	破 pʰo^{24}

五、房舍器具

编号	词条	发音
0296	村庄一个~	村 tsʰən^{44}
0297	胡同统称：一条~	弄堂 loŋ^{24} dã^{21}
0298	街道	大街 da^{24} kɛ^{44}
0299	盖房子	造房子 dzɔ^{24} vã^{21} tsɿ^{0}
0300	房子整座的，不包括院子	房子 vã^{21} tsɿ^{0}

续表

编号	词条	发音
0301	屋子房子里分隔而成的，统称	房间 va²¹ kã⁴⁴
0302	卧室	房间 va²¹ kã⁴⁴
0303	茅屋茅草等盖的	茅棚 mɔ²¹ bən²⁴
0304	厨房	灶间 tsɔ²⁴ kã⁴⁴
0305	灶统称	灶头 tsɔ²⁴ də²¹
0306	锅统称	镬子 xo²⁴ tsɿ⁰
0307	饭锅煮饭的	镬子 xo²⁴ tsɿ⁰
0308	菜锅炒菜的	镬子 xo²⁴ tsɿ⁰
0309	厕所旧式的，统称	茅坑 mɔ²¹ kʰã⁴⁴
0310	檩左右方向的	桁条 ã²¹ diɔ²⁴
0311	柱子	柱头 dʑy²⁴ də²¹
0312	大门	大门 da²⁴ mən²¹
0313	门槛儿	门槛 mən²¹ kʰã⁵⁵
0314	窗旧式的	窗 tsʰuã⁴⁴
0315	梯子可移动的	扶梯 xu²¹ tʰi⁴⁴
0316	扫帚统称	扫帚 sɔ²⁴ tsɵ⁰
0317	扫地	扫地 sɔ⁴⁴ di²⁴
0318	垃圾	垃圾 ləʔ¹² səʔ⁵
0319	家具统称	家具 tɕia⁴⁴ dʑy²⁴
0320	东西我的～	东西 toŋ⁴⁴ ɕi⁴⁴
0321	炕土、砖砌的，睡觉用	（无）
0322	床木制的，睡觉用	床铺 dzuã²¹ pʰu²⁴
0323	枕头	枕头 tsən⁴⁴ də²¹
0324	被子	被屋 bi²⁴ uəʔ⁵

编号	词条	发音
0325	棉絮	棉花絮 mi ɛ̃²¹ xua⁴⁴ ɕy⁰
0326	床单	毯子 tʰã⁵³ tsʅ⁰
0327	褥子	垫被 di ɛ̃²⁴ bi²¹
0328	席子	草席 tsʰɔ⁴⁴ ziəʔ¹² 篾席 miəʔ¹² ziəʔ¹²
0329	蚊帐	帐子 tsã²⁴ tsʅ⁰
0330	桌子统称	台子 dɛ²¹ tsʅ⁰
0331	柜子统称	柜 dʑy¹³
0332	抽屉桌子的	抽斗 tsʰɵ⁴⁴ dɵ²⁴
0333	案子长条形的	茶几 dza²¹ tɕi⁴⁴
0334	椅子统称	椅子 i⁴⁴ tsʅ⁰
0335	凳子统称	板凳 pã⁴⁴ dən²⁴
0336	马桶有盖的	马桶 ma⁴⁴ tʰoŋ⁵³
0337	菜刀	把刀 pa⁴⁴ tɔ³³
0338	瓢舀水的	瓢 biɔ²²
0339	缸装酒的～	缸 kã⁴⁴
0340	坛子装酒的～	酒坛 tɕiɵ⁴⁴ du ə̃²¹
0341	瓶子	瓶 bin²²
0342	盖子杯子的～	盖子 kɛ²⁴ tsʅ⁰
0343	碗统称	碗 u ã⁵³
0344	筷子	筷子 kʰuɛ²⁴ tsʅ⁰
0345	汤匙	瓢羹 biɔ²¹ kən⁴⁴
0346	柴火统称	柴火 zɛ²¹ xu⁵⁵
0347	火柴	洋火 i ã²¹ xu⁵⁵

续表

编号	词条	发音
0348	锁	锁 su⁵³
0349	钥匙	钥匙 iaʔ¹² zʅ¹³
0350	暖水瓶	热水壶 n̠iəʔ¹² sue⁵³ u²¹
0351	脸盆	面盆 mi ɛ̃²⁴ bən²¹
0352	洗脸水	洗面水 ɕi⁴⁴ mi ɛ̃²¹ sue⁵³
0353	毛巾_{洗脸用}	面布 mi ɛ̃²⁴ pu²⁴
0354	手绢	手巾 sɵ⁴⁴ tɕin³³
0355	肥皂_{洗衣服用}	洋肥皂 i ã²¹ vi²⁴ dzɔ²⁴
0356	梳子_{旧式的,不是篦子}	头梳 dɵ²¹ su⁴⁴
0357	缝衣针	捻=线 n̠i²¹ ɕi ɛ̃²⁴
0358	剪子	剪刀 tɕi ɛ̃⁴⁴ tɔ³³
0359	蜡烛	洋蜡烛 i ã²¹ laʔ¹² tsuəʔ⁵
0360	手电筒	电筒 di ɛ̃²⁴ doŋ²⁴
0361	雨伞_{挡雨的,统称}	雨伞 y⁴⁴ sã⁵³
0362	自行车	脚踏车 tɕiəʔ⁵ tʰaʔ⁵ tsʰa⁴⁴

六、服饰饮食

编号	词条	发音
0363	衣服_{统称}	衣裳 zʅ⁴⁴ zã²⁴
0364	穿_{~衣服}	穿 tɕʰy ɛ̃⁴⁴
0365	脱_{~衣服}	脱 tʰo⁴⁴
0366	系_{~鞋带}	系 tɕi²⁴

续表

编号	词条	发音
0367	衬衫	衬衫 tsʰən²⁴sã⁴⁴
0368	背心带两条杠的,内衣	汗背心 xã²⁴be²⁴ɕin⁴⁴
0369	毛衣	毛线衣 mɔ²¹ɕiɛ̃²⁴i⁴⁴
0370	棉衣	棉袄 miɛ̃²¹ɔ⁵⁵
0371	袖子	袖子 ʑiɵ¹³tsɹ⁰
0372	口袋衣服上的	袋 dɛ¹³
0373	裤子	裤子 kʰu²⁴tsɹ⁰
0374	短裤外穿的	短裤 tuɔ̃⁴⁴kʰu²⁴
0375	裤腿	裤脚 kʰu²¹tɕiɵʔ⁵
0376	帽子统称	帽子 mɔ¹³tsɹ⁰
0377	鞋子	鞋子 xɛ²¹tsɹ⁰
0378	袜子	洋袜 iã̃²¹ma²⁴
0379	围巾	围巾 ue²¹tɕin⁴⁴
0380	围裙	围腰布 y²¹iɔ⁴⁴pu²⁴
0381	尿布	尿片 ɕi⁴⁴pʰiɛ̃²⁴ 粪片 fən²⁴pʰiɛ̃²⁴
0382	扣子	纽扣 ȵiɵ⁴⁴kʰɵ²⁴
0383	扣~扣子	扣 kʰɵ²⁴
0384	戒指	戒指 kɛ²⁴tsɹ⁰
0385	手镯	手镯 sɵ⁴⁴zuɵʔ¹²
0386	理发	剃头 tʰi²⁴dɵ²¹
0387	梳头	梳头 sɹ⁴⁴dɵ²¹
0388	米饭	饭 vã̃¹³
0389	稀饭用米熬的,统称	粥 tsuɵʔ⁵

续表

编号	词条	发音
0390	面粉_{麦子磨的,统称}	麦粉 maʔ¹² fən⁴⁴
0391	面条_{统称}	面条 miɛ̃²⁴ diɔ²¹
0392	面儿_{玉米～,辣椒～}	面 miɛ̃¹³
0393	馒头_{无馅的,统称}	面包 miɛ̃²⁴ pɔ⁴⁴
0394	包子	包子 pɔ⁴⁴ tsʅ⁰
0395	饺子	水饺 sue⁴⁴ tɕiɔ⁵³
0396	馄饨	馄饨 xuən²¹ dən²⁴
0397	馅儿	馅 iɛ̃¹³
0398	油条_{长条形的,旧称}	油条 iθ²¹ diɔ²⁴
0399	豆浆	浆 tɕiã̃⁴⁴
0400	豆腐脑	豆腐脑 dθ²¹ u⁰ nɔ⁴⁴
0401	元宵_{食品}	汤团 tʰã̃⁴⁴ duə̃²¹
0402	粽子	粽子 tsoŋ²⁴ tsʅ⁰
0403	年糕_{用黏性大的米或米粉做的}	年糕 ȵiɛ̃²¹ kɔ⁴⁴
0404	点心_{统称}	点心 tiɛ̃⁴⁴ ɕin³³
0405	菜_{吃饭时吃的,统称}	菜 tsʰɛ²⁴
0406	干菜_{统称}	盐干菜 iɛ̃²¹ kã̃⁴⁴ tsʰɛ²¹
0407	豆腐	豆腐 dθ²¹ u⁰
0408	猪血_{当菜的}	猪血 tɕy⁴⁴ ɕiəʔ⁵
0409	猪蹄_{当菜的}	猪脚 tɕy⁴⁴ tɕiəʔ⁵
0410	猪舌头_{当菜的}	猪舌头 tɕy⁴⁴ ziəʔ¹² dθ²⁴
0411	猪肝_{当菜的}	猪肝 tɕy⁴⁴ kã̃⁴⁴
0412	下水_{猪牛羊的内脏}	肚里货 du²⁴ li⁴⁴ xu²⁴
0413	鸡蛋	鸡子 tɕi⁴⁴ tsʅ⁰

编号	词条	发音
0414	松花蛋	皮蛋 bi²¹dã²⁴
0415	猪油	猪油 tɕy⁴⁴iɵ²¹
0416	香油	麻油 ma²¹iɵ²⁴
0417	酱油	酱油 tɕiã²⁴iɵ²¹
0418	盐名词	咸盐 xã²¹ie²⁴
0419	醋	酸醋 suə̃⁴⁴tsʰu²⁴
0420	香烟	香烟 ɕiã⁴⁴iã⁴⁴
0421	旱烟	旱烟 xã²⁴iɛ̃⁴⁴
0422	白酒	白酒 bəʔ¹²tɕiɵ⁵³
0423	黄酒	老酒 lɔ⁴⁴tɕiɵ⁵³
0424	江米酒酒酿，醪糟	米酒 mi⁴⁴tɕiɵ⁵³
0425	茶叶	茶叶 dza²¹iəʔ¹²
0426	沏～茶	泡 pʰɔ²⁴
0427	冰棍儿	棒冰 bã²⁴pin⁴⁴
0428	做饭统称	烧饭 sɔ⁴⁴vã²⁴
0429	炒菜统称，和做饭相对	烧菜 sɔ⁴⁴tsʰɛ²⁴
0430	煮～带壳的鸡蛋	煮 tɕy⁵³
0431	煎～鸡蛋	煎 tɕiɛ̃⁴⁴
0432	炸～油条	飞 fi⁴⁴
0433	蒸～鱼	蒸 tsən⁴⁴
0434	揉～面做馒头等	揉 n̠ʑyaʔ⁵
0435	擀～面，～皮儿	勯 le¹³
0436	吃早饭	吃早饭 tɕʰiəʔ⁵tsɔ⁴⁴vã̃²¹³
0437	吃午饭	吃中饭 tɕʰiəʔ⁵tsoŋ⁴⁴vã̃²¹³

续表

编号	词条	发音
0438	吃晚饭	吃夜饭 tɕʰiəʔ⁵ie²⁴vã̱²¹
0439	吃～饭	吃 tɕʰiəʔ⁵
0440	喝～酒	吃 tɕʰiəʔ⁵
0441	喝～茶	吃 tɕʰiəʔ⁵
0442	抽～烟	吃 tɕʰiəʔ⁵
0443	盛～饭	盛 sən¹³
0444	夹用筷子～菜	夹 kaʔ⁵ 搛 tɕiɛ̃⁴⁴
0445	斟～酒	倒 tɔ⁴⁴
0446	渴口～	燥 sɔ²⁴
0447	饿肚子～	饿 ŋo¹³
0448	噎吃饭～住了	噎 iəʔ⁵

七、身体医疗

编号	词条	发音
0449	头人的，统称	头 də²²
0450	头发	头发 də²¹faʔ⁵
0451	辫子	辫子 biɛ̃¹³tsɿ⁰
0452	旋	旋 ɕiɛ̃¹³
0453	额头	额格＝头 ŋəʔ¹²kəʔ⁵də²¹
0454	相貌	模样 mo²¹iã²⁴
0455	脸洗～	面 miɛ̃¹³

编号	词条	发音
0456	眼睛	眼睛 ŋã⁴⁴tɕin⁰
0457	眼珠统称	眼乌珠 ŋã⁴⁴u³³tɕy³³
0458	眼泪哭的时候流出来的	眼泪水 ŋã⁴⁴le²¹sue⁴⁴
0459	眉毛	眉毛 mi²¹mɔ²⁴
0460	耳朵	耳朵 ɵ⁴⁴to⁰
0461	鼻子	鼻头 biəʔ¹²dɵ²⁴
0462	鼻涕统称	鼻涕 biəʔ¹²¹tʰi²⁴
0463	擤~鼻涕	哼 xən⁴⁴
0464	嘴巴人的,统称	口巴 kʰɵ⁴⁴pa⁰ 嘴巴 tsue⁴⁴pa⁰
0465	嘴唇	嘴唇 tsue⁴⁴dzən²¹
0466	口水~流出来	口帐 kʰɵ⁴⁴tsã²¹
0467	舌头	舌条 ɕiəʔ¹²diɔ²⁴
0468	牙齿	牙子 ŋa²¹tsʅ⁰
0469	下巴	下巴 ɕia²⁴pa⁰
0470	胡子嘴周围的	胡子 u²¹tsʅ⁰
0471	脖子	头颈 dɵ²¹tɕin²⁴
0472	喉咙	喉咙 xɵ²¹loŋ⁰
0473	肩膀	肩膀 tɕiɛ̃⁴⁴pã⁵⁵
0474	胳膊	手梗 sɵ⁴⁴kuã⁵³
0475	手他的~摔断了	手 sɵ⁵³包括臂
0476	左手	反手 fã⁴⁴sɵ⁵³
0477	右手	顺手 ɕyn²¹sɵ⁴⁴
0478	拳头	拳头 dʑyɛ̃²¹dɵ²⁴

续表

编号	词条	发音
0479	手指	手指头 sɵ⁴⁴tsʅ⁴⁴dɵ⁰
0480	大拇指	大拇指 da²²ma⁵³tsʅ⁰
0481	食指	食指 zəʔ¹²tsʅ⁰
0482	中指	中指 tsoŋ⁴⁴tsʅ⁰
0483	无名指	无名指 u²²min²¹tsʅ⁰
0484	小拇指	小拇指 ɕiɔ⁴⁴ma⁵³tsʅ⁰
0485	指甲	指掐= tsʅ⁴⁴kʰəʔ⁵
0486	腿	脚梗儿 tɕiəʔ⁵kuɔ̃⁵³
0487	脚他的~压断了	脚 tɕiəʔ⁵包括小腿和大腿
0488	膝盖指部位	脚盖头 tɕiəʔ⁵kəʔ⁵dɵ⁰
0489	背名词	背脊 pe²¹tɕiəʔ⁵
0490	肚子腹部	肚皮 du²⁴bi²¹
0491	肚脐	肚脐眼 du²⁴dʑi²¹ŋã⁵³
0492	乳房女性的	奶奶 nɛ⁴⁴nɛ⁴⁴
0493	屁股	屁股 pʰi²¹ku⁴⁴
0494	肛门	恭门 koŋ⁴⁴mən²¹
0495	阴茎成人的	巴鸟 pa⁴⁴tiɔ⁵⁵
0496	女阴成人的	丫屄 o⁴⁴pi⁴⁴
0497	肏动词	入 zəʔ¹²
0498	精液	屎 soŋ⁴⁴
0499	来月经	老滑头 lɔ⁴⁴xua²¹dɵ²¹
0500	拉屎	射溂 dzɛ²⁴u⁴⁴
0501	撒尿	射尿 dzɛ²⁴ɕi⁴⁴

续表

编号	词条	发音
0502	放屁	射屁 dzε^{24} p^{h}i^{24}
0503	相当于“他妈的”的口头禅	入你娘 zəʔ^{125} ȵi^{44} ȵiã^{21}
0504	病了	生病 sən^{44} bin^{213}
0505	着凉	冻坏 toŋ^{24} xuε^{24}
0506	咳嗽	呛 tɕ^{h}iã^{13}
0507	发烧	发热 faʔ^{5} ȵiəʔ^{12}
0508	发抖	发抖 faʔ^{5} tɵ^{53}
0509	肚子疼	肚皮疼 du^{24} bi^{21} t^{h}oŋ^{24}
0510	拉肚子	肚皮射 du^{24} bi^{21} dzε^{24}
0511	患疟疾	疟疾病 ȵiəʔ^{12} dʑiəʔ^{12} bin^{24}
0512	中暑	热坏 ȵiəʔ^{12} uε^{13}
0513	肿	肿 tsoŋ^{53}
0514	化脓	肒脓 guã^{24} noŋ^{21}
0515	疤好了的	疤 pa^{44}
0516	癣	藓 iε̃^{53}
0517	痣	痣 tsɿ^{53}
0518	疙瘩蚊子咬后形成的	块 k^{h}uε^{24}
0519	狐臭	老鸦臭 lɔ^{44} ua^{44} ts^{h}ɵ^{21}
0520	看病	看病 k^{h}ã^{24} bin^{24}
0521	诊脉	搭脉 taʔ^{5} maʔ^{12}
0522	针灸	针灸 tsən^{44} tɕiɵ^{24}
0523	打针	打针 ta^{44} tsən^{33}
0524	打吊针	挂吊针 kua^{24} tiɔ^{21} tsən^{44}
0525	吃药统称	吃药 tɕ^{h}iəʔ^{5} iəʔ^{12}

续表

编号	词条	发音
0526	汤药	汤药 tʰã⁴⁴iəʔ¹²
0527	病轻了	病好多了 bin²⁴xɔ⁵³to⁴⁴la⁰

八、婚丧信仰

编号	词条	发音
0528	说媒	做媒 tso²⁴me²¹
0529	媒人	媒婆 me²¹bo²⁴女性 媒公 me²¹koŋ⁴⁴男性
0530	相亲	见面 tɕiɛ̃²⁴miɛ̃²⁴
0531	订婚	定亲 din¹³tɕʰin⁴⁴
0532	嫁妆	陪嫁 be²¹tɕia²⁴
0533	结婚统称	结婚 tɕiəʔ⁵xuən⁴⁴
0534	娶妻子男子～,动宾	讨老婆 tʰɔ²¹lɔ⁵³bo²¹
0535	出嫁女子～	出嫁 tɕʰy⁴⁴tɕia²⁴
0536	拜堂	拜天地 pɛ²⁴tʰiɛ̃⁴⁴di²⁴ 拜堂 pɛ²⁴dã²¹
0537	新郎	新郎官 ɕin⁴⁴lã²¹kuã⁴⁴
0538	新娘子	新娘子 ɕin⁴⁴ȵiã²¹tsɿ⁰
0539	孕妇	大肚皮 da²⁴du²⁴bi²¹
0540	怀孕	带起来 tɛ²¹tɕʰi⁴⁴lɛ²¹
0541	害喜妊娠反应	吐 tʰu²⁴
0542	分娩	做产 tso²¹tsʰã⁴⁴
0543	流产	流产 liɵ²¹tsʰã⁴⁴

续表

编号	词条	发音
0544	双胞胎	双胞胎 ɕyã⁴⁴pɔ⁴⁴tʰe⁴⁴
0545	坐月子	坐月子 dzo²⁴yəʔ¹²tsʅ⁰
0546	吃奶	吃奶 tɕʰiəʔ⁵nɛ⁵³
0547	断奶	断奶 tuə̃²¹nɛ⁴⁴
0548	满月	满月 mã⁴⁴yəʔ¹²
0549	生日统称	生日 sən⁴⁴ȵiəʔ¹²
0550	做寿	做寿 tso²¹zə¹³
0551	死统称	死掉 sʅ⁴⁴diɔ²⁴
0552	死婉称,最常用的几种,指老人:他~了	过世 ku²⁴sʅ²⁴ 走掉 tsə⁴⁴diɔ²⁴
0553	自杀	自尽 dzʅ²⁴tɕin²⁴吊死 自杀 dzʅ²⁴sa⁴⁴
0554	咽气	断气 tuə̃²⁴tɕʰi²¹
0555	入殓	入棺 zəʔ¹²kuã⁴⁴
0556	棺材	棺材 kuã⁴⁴dzɛ²¹
0557	出殡	送上山 soŋ²⁴zã²⁴sã⁴⁴
0558	灵位	灵牌 lin²¹bɛ²⁴
0559	坟墓单个的,老人的	坟头 vən²¹də²⁴
0560	上坟	上坟 zã²⁴vən²¹
0561	纸钱	锡箔 ɕiəʔ⁵bəʔ¹²
0562	老天爷	老天爷 lɔ⁴⁴tʰiɛ̃³³ie⁰
0563	菩萨统称	菩萨 bu²¹saʔ⁵
0564	观音	观音 kuã⁴⁴in⁴⁴
0565	灶神口头的叫法	灶司菩萨 tsɔ²⁴sʅ²²bu²²saʔ⁵

续表

编号	词条	发音
0566	寺庙	庙 miɔ¹³
0567	祠堂	祠堂 zɿ²¹ dã²⁴
0568	和尚	和尚 xo²¹ zã̃²⁴
0569	尼姑	尼姑 ȵi²¹ ku⁴⁴
0570	道士	道士 dɔ²⁴ zɿ⁰
0571	算命统称	算命 suə̃²⁴ min²⁴
0572	运气	运道 yn²⁴ dɔ²⁴
0573	保佑	保佑 pɔ⁴⁴ y¹³

九、人品称谓

编号	词条	发音
0574	人一个~	人 ȵin²²
0575	男人成年的,统称	男人 nã²¹ ȵin²⁴
0576	女人三四十岁已婚的,统称	女人 ȵy⁴⁴ ȵin²¹
0577	单身汉	光棍佬 kuã⁴⁴ kuən²¹ lɔ⁴⁴
0578	老姑娘	老大姑娘 lɔ⁴⁴ da²¹ ku⁴⁴ ȵiã̃⁰
0579	婴儿	毛呼=头 mɔ²¹ xu⁴⁴ dθ²¹
0580	小孩三四岁的,统称	小鬼头 ɕiɔ⁴⁴ kue⁴⁴ dθ²¹
0581	男孩统称:外面有个~在哭	小鬼头 ɕiɔ⁴⁴ kue⁴⁴ dθ²¹
0582	女孩统称:外面有个~在哭	女娃子 ȵy⁴⁴ ua²¹ tsɿ⁰
0583	老人七八十岁的,统称	老头子 lɔ⁴⁴ dθ²¹ tsɿ⁰ 老太婆 lɔ⁴⁴ tʰɛ²⁴ bo²¹
0584	亲戚统称	亲戚 tɕʰin⁴⁴ tɕʰiɑʔ⁵

续表

编号	词条	发音
0585	朋友统称	朋友 ben²¹iə⁰
0586	邻居统称	隔壁邻舍 kəʔ⁵piəʔ⁵lən²¹saʔ⁵
0587	客人	客人 kʰəʔ⁵zən²¹
0588	农民	农民 loŋ²¹min²⁴
0589	商人	生意人 sən⁴⁴i²⁴n̠in²⁴
0590	手艺人统称	手艺人 se⁴⁴iəʔ⁵n̠in²¹
0591	泥水匠	砖匠 tɕyɛ̃⁴⁴iã²⁴
0592	木匠	木匠 məʔ¹²iã²⁴
0593	裁缝	裁缝 zɛ²¹voŋ²⁴
0594	理发师	剃头佬 tʰi²⁴də²¹lɔ⁴⁴
0595	厨师	厨师 dʐy²¹sʅ⁴⁴
0596	师傅	师父 sʅ⁴⁴vu¹³
0597	徒弟	徒弟 du²¹di²⁴
0598	乞丐统称,非贬称	讨饭佬 tʰɔ⁴⁴vã²¹lɔ⁴⁴
0599	妓女	婊子 piɔ⁴⁴tsʅ⁰
0600	流氓	流氓 liə²¹mã̃⁵⁵
0601	贼	贼骨头 zəʔ¹²kuəʔ⁵də²¹
0602	瞎子统称,非贬称	瞎子 xaʔ⁵tsʅ⁰
0603	聋子统称,非贬称	聋子 loŋ²¹tsʅ⁰
0604	哑巴统称,非贬称	哑巴子 aʔ⁵pa⁰tsʅ⁰
0605	驼子统称,非贬称	驼背啊 do²¹pe²⁴a⁰
0606	瘸子统称,非贬称	瘸子 tɕʰiɔ²¹tsʅ⁰
0607	疯子统称,非贬称	痴子 tsʰʅ⁴⁴tsʅ⁰

续表

编号	词条	发音
0608	傻子 统称，非贬称	傻子 sa^{53}tsɿ^{0} 痴子 tsʰɿ^{44}tsɿ^{0}
0609	笨蛋 蠢的人	木头 məʔ^{12}dө^{22}
0610	爷爷 呼称，最通用的	阿公 a^{44}koŋ^{44}
0611	奶奶 呼称，最通用的	阿婆 a^{44}bo^{21}
0612	外祖父 叙称	外公 uɛ^{24}koŋ^{44}
0613	外祖母 叙称	外婆 uɛ^{24}bo^{21}
0614	父母 合称	娘亲老子 ɳia̰^{21}tɕʰin^{44}lɔ^{44}tsɿ^{0}
0615	父亲 叙称	老子 lɔ^{44}tsɿ^{0}
0616	母亲 叙称	娘亲 ɳia̰^{21}tɕʰin^{44}
0617	爸爸 呼称，最通用的	阿爸 a^{44}pa^{0}
0618	妈妈 呼称，最通用的	姆妈 m^{53}ma^{0}
0619	继父 叙称	晚老子 ma̰^{44}lɔ^{44}tsɿ^{0} 后老子 xө^{24}lɔ^{44}tsɿ^{0}
0620	继母 叙称	晚娘 ma̰^{44}ɳia̰^{21} 后娘 xө^{24}ɳia̰^{21}
0621	岳父 叙称	丈人佬 tsa̰^{24}ɳin^{21}lɔ^{0}
0622	岳母 叙称	丈母娘 tsa̰^{21}mu^{44}ɳia̰^{21}
0623	公公 叙称	阿公老头 a^{44}koŋ^{44}lɔ^{53}dө^{21}
0624	婆婆 叙称	阿婆 a^{44}bo^{22}
0625	伯父 呼称，统称	伯伯 puəʔ^{5}puəʔ^{5}
0626	伯母 呼称，统称	大妈 da^{24}ma^{44}
0627	叔父 呼称，统称	叔叔 suəʔ^{5}suəʔ^{5}
0628	排行最小的叔父 呼称，如"幺叔"	小叔 ɕiɔ^{44}suəʔ^{5}
0629	叔母 呼称，统称	婶婶 sən^{44}sən^{0}

续表

编号	词条	发音
0630	姑呼称,统称	娘娘 $n_ia^{22}n_ia^0$
0631	姑父呼称,统称	姑夫 $ku^{44}fu^{24}$
0632	舅舅呼称	娘舅 $n_ia^{21}dzie^{24}$
0633	舅妈呼称	舅母 $dzie^{21}mu^{53}$
0634	姨呼称,统称	阿姨 $a^{44}i^{21}$
0635	姨父呼称,统称	姨夫 $i^{21}fu^{24}$
0636	弟兄合称	弟兄 $di^{24}\varsigma ion^{44}$
0637	姊妹合称	姊妹 $t\varsigma i^{44}me^{24}$不包括男性
0638	哥哥呼称,统称	阿哥 $a^{44}ko^{44}$ 哥哥 $ka^{44}ka^0$
0639	嫂子呼称,统称	嫂子 $so^{44}ts\gamma^0$
0640	弟弟叙称	弟郎 $di^{24}la^{21}$
0641	弟媳叙称	弟媳妇 $di^{24}\varsigma i^{21}u^{24}$
0642	姐姐呼称,统称	阿姊 $a^{44}t\varsigma i^{53}$
0643	姐夫呼称	姊夫 $t\varsigma i^{44}fu^0$
0644	妹妹叙称	妹子 $me^{24}ts\gamma^0$
0645	妹夫叙称	妹夫 $me^{24}fu^0$
0646	堂兄弟叙称,统称	堂兄弟 $da^{21}\varsigma ion^{44}di^{24}$
0647	表兄弟叙称,统称	表兄弟 $pio^{53}\varsigma ion^{44}di^{24}$
0648	妯娌弟兄妻子的合称	叔伯母 $sue?^5pue?^5mu^{53}$
0649	连襟姊妹丈夫的关系,叙称	姨夫佬 $i^{21}fu^{22}lo^0$
0650	儿子叙称:我的～	儿子 $e^{21}ts\gamma^0$
0651	儿媳妇叙称:我的～	儿媳妇 $e^{21}\varsigma ie?^5vu^{13}$
0652	女儿叙称:我的～	女娃子 $n_y^{44}ua^{21}ts\gamma^0$

续表

编号	词条	发音
0653	女婿_{叙称:我的~}	女婿 n̠y⁴⁴ɕi²¹³
0654	孙子_{儿子之子}	孙子 sən⁴⁴tsɿ⁰
0655	重孙子_{儿子之孙}	玄孙子 yɛ̃²¹ sən⁴⁴ tsɿ⁰
0656	侄子_{弟兄之子}	侄郎 dzəʔ⁵ lã̃²²
0657	外甥_{姐妹之子}	外甥 uɛ²⁴ sən⁴⁴
0658	外孙_{女儿之子}	外甥 uɛ²⁴ sən⁴⁴
0659	夫妻_{合称}	两老婆 liã̃⁴⁴ lɔ⁴⁴ bo²¹
0660	丈夫_{叙称,最通用的,非贬称:她的~}	家里 tɕia⁴⁴ li⁰ 老公 lɔ⁴⁴ koŋ³³
0661	妻子_{叙称,最通用的,非贬称:他的~}	家里 tɕia⁴⁴ li⁰ 老婆 lɔ⁴⁴ bo²¹
0662	名字	名字 min²¹ zɿ²⁴
0663	绰号	绰号 tsʰaʔ⁵ ɔ²⁴

十、农工商文

编号	词条	发音
0664	干活儿_{统称:在地里~}	做生活 tso²¹ sen⁴⁴ uaʔ⁵
0665	事情_{一件~}	事体 zɿ²¹ tʰi⁴⁴
0666	插秧	种田 tsoŋ²⁴ diɛ̃²¹
0667	割稻	割稻 kuəʔ⁵ dɔ¹³
0668	种菜	种菜 tsoŋ²⁴ tsʰɛ²⁴
0669	犁_{名词}	犁 li²²
0670	锄头	锄头 zɿ²¹ dɵ²⁴

续表

编号	词条	发音
0671	镰刀	钐镖刀 sa⁴⁴tɕiəʔ⁵tɔ⁴⁴ 镰刀 liɛ̃²¹tɔ⁴⁴
0672	把儿刀~	柄 pən²⁴
0673	扁担	扁挑 piɛ̃⁴⁴tʰiɔ³³
0674	箩筐	箩筐 lo²¹kʰã⁴⁴
0675	筛子统称	筛 sʅ⁴⁴
0676	簸箕农具,有梁的	畚斗 pən⁴⁴tɵ⁵³
0677	簸箕簸米用	畚斗 pən⁴⁴tɵ⁵³
0678	独轮车	独轮车 dəʔ¹²lən²²tsʰa⁴⁴
0679	轮子旧式的,如独轮车上的	轮胎 lən²¹tʰe⁴⁴
0680	碓整体	碓 te²⁴
0681	臼	臼 dʑiɵ¹³
0682	磨名词	磨 mo¹³
0683	年成	年岁 ȵiɛ̃²¹sue²⁴
0684	走江湖统称	跑江湖 bɔ²¹tɕiã⁴⁴u²¹
0685	打工	做工 tsuo²⁴koŋ⁴⁴
0686	斧子	斧头 u⁴⁴dɵ²¹
0687	钳子	钳子 tɕʰiɛ̃²¹tsʅ⁰
0688	螺丝刀	起子 tɕʰi⁵³tsʅ⁰
0689	锤子	榔头 lã²¹dɵ²⁴
0690	钉子	洋钉 iã²¹tin⁴⁴
0691	绳子	绳子 zən²¹tsʅ⁰
0692	棍子	棍 kuən²⁴
0693	做买卖	做生意 tsɔ²¹sən⁴⁴i²⁴

续表

编号	词条	发音
0694	商店	店 tiɛ̃²⁴
0695	饭馆	饭店 vã²⁴tiɛ̃²⁴
0696	旅馆_{旧称}	客栈 kʰəʔ⁵dzã̃¹³
0697	贵	贵 kue²⁴
0698	便宜	便宜 biɛ̃²¹i²⁴
0699	合算	合算 kəʔ⁵suə̃²⁴
0700	折扣	打折 ta⁴⁴tsəʔ⁵
0701	亏本	折本 zəʔ¹²pən⁵³
0702	钱_{统称}	钞票 tsʰɔ⁴⁴pʰiɔ²⁴
0703	零钱	散票 sã⁴⁴pʰiɔ²⁴
0704	硬币	钢角子 kã⁴⁴kəʔ⁵tsɿ⁰
0705	本钱	本钱 pən⁴⁴dziɛ̃²¹
0706	工钱	工钱 koŋ⁴⁴dziɛ̃²¹
0707	路费	盘缠 bo²¹yɛ̃²⁴
0708	花~钱	用 ioŋ¹³
0709	赚_{卖一斤能~一毛钱}	赚 dzã̃¹³
0710	挣_{打工~了一千块钱}	挣 tsən²⁴
0711	欠_{~他十块钱}	欠 tɕʰiɛ̃²⁴
0712	算盘	算盘 suə̃²⁴bã²¹
0713	秤_{统称}	秤 tsʰən²⁴
0714	称_{用秆秤~}	称 tsʰən⁴⁴
0715	赶集	赶集 kã⁵³dziəʔ¹²
0716	集市	集市 dziəʔ¹²zɿ¹³
0717	庙会	庙会 miɔ²⁴ue²⁴

编号	词条	发音
0718	学校	学校 iəʔ¹² iɔ¹³
0719	教室	教室 tɕiɔ²¹ səʔ⁵
0720	上学	上学 zã̃¹³ iəʔ¹²
0721	放学	放学 fã̃²⁴ iəʔ¹²
0722	考试	考试 kʰɔ⁴⁴ sʅ²¹
0723	书包	书包 ɕy⁴⁴ pɔ⁴⁴
0724	本子	簿子 bo¹³ tsʅ⁰
0725	铅笔	铅笔 tɕʰiɛ̃⁴⁴ piəʔ⁵
0726	钢笔	钢笔 kã̃⁴⁴ piəʔ⁵
0727	圆珠笔	圆珠笔 yɛ̃²¹ tɕy⁴⁴ piəʔ⁵
0728	毛笔	毛笔 mɔ²¹ piəʔ⁵
0729	墨	墨 mɔ¹³
0730	砚台	□ ma²⁴
0731	信—封~	信 ɕin¹³
0732	连环画	连环画 liɛ̃²⁴ xuã̃²¹ xua²⁴ 图画书 du²¹ ua²⁴ ɕy⁴⁴
0733	捉迷藏	躲猫 to⁴⁴ mɔ³³
0734	跳绳	跳绳 tʰiɔ²⁴ zən²¹
0735	毽子	毽子 tɕiɛ̃²⁴ tsʅ⁰
0736	风筝	风筝 foŋ⁴⁴ tsən⁴⁴
0737	舞狮	跳狮子 tʰiɔ²⁴ sʅ⁴⁴ tsʅ⁰
0738	鞭炮统称	鞭炮 piɛ̃⁴⁴ pʰɔ²⁴
0739	唱歌	唱歌 tsʰã̃²⁴ ko⁴⁴
0740	演戏	做戏 tso²⁴ ɕi²⁴

续表

编号	词条	发音
0741	锣鼓 统称	锣鼓 lo²¹ ku⁵⁵
0742	二胡	二胡 ɵ²⁴ u²¹
0743	笛子	笛子 diəʔ¹² tsɿ⁰
0744	划拳	发拳 faʔ⁵ dʑyɛ̃²⁴
0745	下棋	走棋 tsɵ⁴⁴ dʑi²¹
0746	打扑克	打老 ta⁴⁴ lɔ³³ kʰɛ⁴⁴
0747	打麻将	叉麻将 tsʰa⁴⁴ ma²¹ tɕiã̃²⁴
0748	变魔术	变魔术 piɛ̃²⁴ mo²¹ zaʔ¹²
0749	讲故事	讲故事 tɕiã̃⁴⁴ ku²⁴ zɿ²⁴
0750	猜谜语	吹谜 tsʰue⁴⁴ mi²¹
0751	玩儿 游玩：到城里～	嬉 ɕi⁴⁴
0752	串门儿	走门 tsɵ⁴⁴ mən²¹
0753	走亲戚	做客人 tso²¹ kəʔ⁵ n̦in²¹

十一、动作行为

编号	词条	发音
0754	看～电视	看 kʰã̃²⁴
0755	听用耳朵～	听 tʰin⁴⁴
0756	闻嗅：用鼻子～	闻 vən²²
0757	吸～气	吸 ɕiəʔ⁵
0758	睁～眼	睁 tsən⁴⁴
0759	闭～眼	闭 pi²⁴

编号	词条	发音
0760	眨~眼	睞 kaʔ⁵
0761	张~嘴	张 tsã⁴⁴
0762	闭~嘴	闭 pi²⁴
0763	咬狗~人	咬 ŋɔ⁵³
0764	嚼把肉~碎	嚼 dʑia²²
0765	咽~下去	吞 tʰən⁴⁴
0766	舔人用舌头~	舔 tʰiɛ̃²²
0767	含~在嘴里	含 ã²²
0768	亲嘴	亲嘴 tɕʰin⁴⁴tsue⁵⁵
0769	吮吸用嘴唇聚拢吸取液体,如吃奶时	吸 ɕiəʔ⁵
0770	吐上声,把果核儿~掉	吐 tʰu⁵³
0771	吐去声,呕吐:喝酒喝~了	吐 tʰu⁵³
0772	打喷嚏	打阿嚏 da⁴⁴a³³tʰi⁰
0773	拿用手把苹果~过来	拿 na²²
0774	给他~我一个苹果	拨 pəʔ⁵
0775	摸~头	摸 mo⁴⁴
0776	伸~手	伸 sən⁴⁴
0777	挠~痒痒	抓 tsɔ⁴⁴
0778	掐用拇指和食指的指甲~皮肉	掐 tiəʔ⁵
0779	拧~螺丝	捏 ɲiəʔ⁵
0780	拧~毛巾	绞 kɔ⁵³
0781	捻用拇指和食指来回~碎	搣 miəʔ⁵
0782	掰把橘子~开,把馒头~开	掰 pʰaʔ⁵
0783	剥~花生	剥 pəʔ⁵

续表

编号	词条	发音
0784	撕把纸~了	撕 $tsʰ\mathbf{1}^{53}$
0785	折把树枝~断	拗 $ɔ^{53}$
0786	拔~萝卜	拔 $bəʔ^{12}$
0787	摘~花	摘 $tsəʔ^{5}$
0788	站站立:~起来	站 $tsã^{24}$
0789	倚斜靠:~在墙上	靠 $kʰɔ^{24}$
0790	蹲~下	跍 gu^{22}
0791	坐~下	坐 dzo^{13}
0792	跳青蛙~起来	跳 $tʰiɔ^{24}$
0793	迈跨过高物:从门槛上~过去	跨 $kʰua^{44}$
0794	踩脚~在牛粪上	踩 $tsʰɛ^{53}$
0795	翘~腿	绞 ꞊$gɔ^{13}$
0796	弯~腰	弯 $uã^{44}$
0797	挺~胸	挺 $tʰin^{22}$
0798	趴~着睡	趴 $pʰa^{22}$
0799	爬小孩在地上~	爬 ba^{22}
0800	走慢慢儿~	走 $tsɵ^{53}$
0801	跑慢慢儿~,别跑	跑 $bɔ^{22}$
0802	逃逃跑:小偷~走了	逃 $dɔ^{22}$
0803	追追赶:~小偷	追 $tsue^{44}$
0804	抓~小偷	搿 $kʰua^{24}$
0805	抱把小孩~在怀里	抱 $bɔ^{13}$
0806	背~孩子	背 pe^{24}
0807	搀~老人	搀 $tsʰã^{44}$

续表

编号	词条	发音
0808	推几个人一起~汽车	推 tʰe⁴⁴
0809	摔跌:小孩~倒了	跌 tiə̃ʔ⁵
0810	撞人~到电线杆上	撞 dʑỹã¹³
0811	挡你~住我了,我看不见	挡 tã⁵³
0812	躲躲藏:他~在床底下	躲 tuo⁵³
0813	藏藏放,收藏:钱~在枕头下面	囥 kʰoŋ²⁴
0814	放把碗~在桌子上	放 fã²⁴
0815	摞把砖~起来	卷 dʑỹɛ̃¹³
0816	埋~在地下	葬 tsã²⁴
0817	盖把茶杯~上	盖 kɛ²⁴
0818	压用石头~住	压 aʔ⁵
0819	摁用手指按:~图钉	揿 tɕʰin²⁴
0820	捅用棍子~鸟窝	捅 tʰoŋ⁵³
0821	插把香~到香炉里	插 tsʰaʔ⁵
0822	戳~个洞	殺 təʔ⁵
0823	砍~树	砍 kʰã⁵³
0824	剁把肉~碎做馅	斩 tsã⁴⁴ 调殊
0825	削~苹果	剥 pəʔ⁵
0826	裂木板~开了	裂 liəʔ¹²
0827	皱皮~起来	皱 tsɵ²⁴
0828	腐烂死鱼~了	霉烂 me²¹lã²⁴
0829	擦用毛巾~手	擦 tsʰaʔ⁵
0830	倒把碗里的剩饭~掉	倒 tɔ⁵³
0831	扔丢弃:这个东西坏了,~了它	摔 ɕyəʔ⁵

续表

编号	词条	发音
0832	扔投掷:比一比谁~得远	顿⁼ tən²⁴
0833	掉掉落,坠落:树上~下一个梨	跌 tiəʔ⁵
0834	滴水~下来	滴 tiəʔ⁵
0835	丢丢失:钥匙~	丢 tiɵ⁴⁴
0836	找寻找:钥匙~到	寻 ʑin²²
0837	捡~到十块钱	捡 tɕiɛ̃⁵³
0838	提用手把篮子~起来	拎 lin²²
0839	挑~担	挑 tʰiɔ⁴⁴
0840	扛把锄头~在肩上	背 pe⁴⁴
0841	抬~轿	抬 dɛ²²
0842	举~旗子	举 tɕy²¹³
0843	撑~伞	撑 tsʰã⁴⁴
0844	撬把门~开	挢 tɕʰiɔ⁵³
0845	挑挑选,选择:你自己~一个	挑 tʰiɔ⁴⁴
0846	收拾~东西	理 li⁵³
0847	挽~袖子	巧⁼ tɕʰiɔ⁵³
0848	涮把杯子~一下	荡 dã¹³
0849	洗~衣服	洗 ɕi⁵³
0850	捞~鱼	搭 kʰua²⁴
0851	拴~牛	吊 tiɔ²⁴
0852	捆~起来	捆 kʰuən⁵³
0853	解~绳子	解 kɛ⁵³
0854	挪~桌子	移 i²²
0855	端~碗	捧 pʰən⁵³

续表

编号	词条	发音
0856	摔碗~碎了	打 ta⁵³
0857	掺~水	掺 tsʰã⁴⁴
0858	烧~柴	烧 sɔ⁴⁴
0859	拆~房子	拆 tsʰəʔ⁵
0860	转~圈儿	转 tɕyɛ̃⁵³
0861	捶用拳头~	捶 dzue²²
0862	打统称:他~了我一下	敲 kʰɔ⁴⁴
0863	打架动手:两个人在~	打架 ta⁴⁴tɕia²⁴
0864	休息	歇 ɕiəʔ⁵
0865	打哈欠	打哈哈 ta⁴⁴xa⁰xa⁰
0866	打瞌睡	打瞌睡 ta⁴⁴kʰəʔ⁵sue²⁴
0867	睡他已经~了	睏觉 kʰuən²¹kɔ²⁴
0868	打呼噜	打呼呼 ta⁴⁴xu⁰xu⁰
0869	做梦	做梦 tso²⁴moŋ¹³
0870	起床	爬起来 ba²¹tɕi⁴⁴lɛ²¹
0871	刷牙	洗牙齿 sɿ⁵³ŋa²¹tsɿ⁰
0872	洗澡	洗澡 sɿ⁴⁴tsɔ⁵³
0873	想思索:让我~一下	想 ɕiã⁵³
0874	想想念:我很~他	想 ɕiã⁵³
0875	打算我~开个店	打算 ta⁴⁴suə²⁴
0876	记得	记得 tɕi²¹təʔ⁵
0877	忘记	忘记 mã²⁴tɕi²⁴
0878	怕害怕:你别~	怕 pʰa²⁴
0879	相信我~你	相信 ɕiã⁴⁴ɕin²⁴

续表

编号	词条	发音
0880	发愁	愁 dzɵ²²
0881	小心过马路要~	当心 tã⁴⁴ɕin⁴⁴
0882	喜欢~看电视	欢喜 xuã⁴⁴ɕi⁴⁴
0883	讨厌~这个人	讨厌 tʰɔ²¹iəʔ¹²
0884	舒服凉风吹来很~	好味道 xɔ⁵³vi²⁴dɔ²⁴
0885	难受生理的	难受 nã²¹zɵ²⁴
0886	难过生理的	难过 nã²¹ko²⁴
0887	高兴	开心 kʰɛ⁴⁴ɕin⁴⁴
0888	生气	生气 sən⁴⁴tɕʰi²⁴
0889	责怪	骂 ma¹³
0890	后悔	后悔 xɵ²⁴xue²⁴
0891	忌妒	眼红 iɛ̃⁴⁴xoŋ²¹
0892	害羞	难为情 nã²¹ue²⁴dʑin²¹
0893	丢脸	丢脸 dɵ²¹liɛ̃⁴⁴
0894	欺负	欺负 tɕʰi⁴⁴u⁰
0895	装~病	装 tsuã⁴⁴
0896	疼~小孩儿	心疼 ɕin⁴⁴tʰoŋ²⁴
0897	要我~这个	要 iɔ²⁴
0898	有我~一个孩子	有 iɵ⁵³
0899	没有他~孩子	没有 məʔ¹²iɵ⁵³
0900	是我~老师	是 zʅ¹³
0901	不是他~老师	不是 pəʔ⁵zʅ¹³
0902	在他~家	在 dzɛ¹³
0903	不在他~家	不在 pəʔ⁵dzɛ¹³

编号	词条	发音
0904	知道我~这件事	晓得 ɕiɔ⁴⁴təʔ⁵
0905	不知道我~这件事	不晓得 pəʔ⁵ɕiɔ⁴⁴təʔ⁵
0906	懂我~英语	懂 toŋ⁵³
0907	不懂我~英语	不懂 pəʔ⁵toŋ⁵³
0908	会我~开车	会 ue²⁴
0909	不会我~开车	不会 pəʔ⁵ue²⁴
0910	认识我~他	认到 n̠in²⁴tɔ²⁴
0911	不认识我~他	认不到 n̠in²⁴pəʔ⁵tɔ²⁴ 不认到 pəʔ⁵n̠in²⁴tɔ²⁴
0912	行应答语	好 xɔ⁵³
0913	不行应答语	不好 pəʔ⁵xɔ⁵³
0914	肯~来	肯 kʰən⁵³
0915	应该~去	应当 in⁴⁴tã⁴⁴
0916	可以~去	好 xɔ⁵³
0917	说~话	讲 kã⁵³
0918	话~话	话 ua²⁴
0919	聊天儿	聊天 liɔ²²tʰiɛ̃⁴⁴
0920	叫~他一声儿	喊 xã⁵³
0921	吆喝大声喊	喊 xã⁵³
0922	哭小孩~	哭 kʰuəʔ⁵
0923	骂当面~人	骂 ma¹³
0924	吵架动嘴;两个人在~	吵架 tsʰɔ⁴⁴tɕia²⁴
0925	骗~人	骗 pʰiɛ̃²⁴
0926	哄~小孩	哄 xoŋ⁵³

续表

编号	词条	发音
0927	撒谎	讲谎话 ka‿^{53} xua‿^{44} ua^{24}
0928	吹牛	吹牛 tsʰue^{44} ȵiɵ^{21}
0929	拍马屁	拍马屁 pʰəʔ^5 ma^{44} pʰi^{21}
0930	开玩笑	开玩笑 kʰɛ^{44} ua‿^{22} ɕiɔ^{24}
0931	告诉～他	告诉 kɔ^{24} su^{21}
0932	谢谢致谢语	谢谢 ʑia^{13} ʑia^0
0933	对不起致歉语	对不起 te^{21} pəʔ^5 tɕʰi^{53}
0934	再见告别语	再会 tsɛ^{24} ue^{24}

十二、性质状态

编号	词条	发音
0935	大苹果～	大 da^{13}
0936	小苹果～	小 ɕiɔ^{53}
0937	粗绳子～	粗 tsʰu^{44}
0938	细绳子～	细 ɕi^{24}
0939	长线～	长 dza‿^{22}
0940	短线～	短 tua‿^{53}
0941	长时间～	长 dza‿^{22}
0942	短时间～	短 tua‿^{53}
0943	宽路～	阔 kʰuəʔ^5
0944	宽敞房子～	宽敞 kʰua‿^{44} tsʰa‿^{53}
0945	窄路～	狭 aʔ^{12}

续表

编号	词条	发音
0946	高飞机飞得~	高 kɔ⁴⁴
0947	低鸟飞得~	低 ti⁴⁴
0948	高他比我~	长 dzã²²
0949	矮他比我~	矮 ɛ⁵³
0950	远路~	远 yɛ̃⁵³
0951	近路~	近 dʑin¹³
0952	深水~	深 sən⁴⁴
0953	浅水~	浅 tɕʰiɛ̃⁵³
0954	清水~	清 tɕʰin⁴⁴
0955	浑水~	浑 uən²²
0956	圆	圆 yɛ̃²²
0957	扁	扁 piɛ̃⁵³
0958	方	方 fã⁴⁴
0959	尖	尖 tɕiɛ̃⁴⁴
0960	平	平 bin²²
0961	肥~肉	肥 vi²²
0962	瘦~肉	瘦 sθ²⁴
0963	肥形容猪等动物	壮 tɕyã²⁴
0964	胖形容人	壮 tɕyã²⁴
0965	瘦形容人、动物	瘦 sθ²⁴
0966	黑黑板的颜色	黑 xaʔ⁵
0967	白雪的颜色	白 bəʔ¹²
0968	红国旗的主颜色,统称	红 xoŋ²²
0969	黄国旗上五星的颜色	黄 uã²²

续表

编号	词条	发音
0970	蓝 蓝天的颜色	蓝 lã²²
0971	绿 绿叶的颜色	绿 ləʔ¹²
0972	紫 紫药水的颜色	紫 tsɿ⁵³
0973	灰 草木灰的颜色	灰 xue⁴⁴
0974	多 东西～	多 tuo⁴⁴
0975	少 东西～	少 sɔ⁵³
0976	重 担子～	重 dzoŋ¹³
0977	轻 担子～	轻 tɕʰin⁴⁴
0978	直 线～	直 dzəʔ¹²
0979	陡 坡～,楼梯～	险 ɕiɛ̃⁵³
0980	弯 弯曲:这条路是～的	弯 uã⁴⁴
0981	歪 帽子戴～了	歪 uɛ⁴⁴
0982	厚 木板～	厚 gɵ¹³
0983	薄 木板～	薄 bəʔ¹²
0984	稠 稀饭～	厚 gɵ¹³
0985	稀 稀饭～	薄 bəʔ¹²
0986	密 菜种得～	密 miəʔ¹²
0987	稀 稀疏:菜种得～	稀 ɕi⁴⁴
0988	亮 指光线,明亮	亮 liã¹³
0989	黑 指光线,完全看不见	黑 xaʔ⁵
0990	热 天气	热 ȵiəʔ¹²
0991	暖和 天气	暖和 nuã⁴⁴ u⁰
0992	凉 天气	冷 lən⁵³
0993	冷 天气	冷 lən⁵³

编号	词条	发音
0994	热水	热 ȵiəʔ¹²
0995	凉水	冷 lən⁵³
0996	干干燥:衣服晒～了	干 kã⁴⁴
0997	湿潮湿:衣服淋～了	测⁼ tsʰəʔ⁵
0998	干净衣服～	干净 kã⁴⁴tɕin²⁴
0999	脏肮脏,不干净,统称:衣服～	邋遢 ləʔ¹²tʰaʔ⁵
1000	快锋利:刀子～	快 kʰuɛ²⁴
1001	钝刀～	钝 dən¹³
1002	快坐车比走路～	快 kʰuɛ²⁴
1003	慢走路比坐车～	慢 mã¹³
1004	早来得～	早 tsɔ⁵³
1005	晚来～了	迟 dzʅ²²
1006	晚天色～	夜 ie¹³
1007	松捆得～	宽 kʰuã⁴⁴
1008	紧捆得～	紧 tɕin⁵³
1009	容易这道题～	简单 tɕiɛ̃⁴⁴tã³³
1010	难这道题～	难 nã²²
1011	新衣服～	新 ɕin⁴⁴
1012	旧衣服～	旧 dʑiɵ¹³
1013	老人～	老 lɔ⁵³
1014	年轻人～	年纪轻 ȵiɛ̃²²tɕi²⁴tɕʰin⁴⁴
1015	软糖～	软 ȵyɛ̃⁵³
1016	硬骨头～	硬 ŋən¹³
1017	烂肉煮得～	□ suə̃²⁴

续表

编号	词条	发音
1018	糊饭烧~了	焦 tɕiɔ⁴⁴
1019	结实家具~	扎制= tsəʔ⁵tsʅ⁰
1020	破衣服~	破 pʰo²⁴
1021	富他家很~	富 fu²⁴
1022	穷他家很~	穷 dzioŋ²²
1023	忙最近很~	忙 mã²²
1024	闲最近比较~	空 kʰoŋ²⁴
1025	累走路走得很~	吃力 tɕʰiəʔ⁵liəʔ¹²
1026	疼摔~了	痛 tʰoŋ²⁴
1027	痒皮肤~	痒 iã⁵³
1028	热闹看戏的地方很~	闹热 nɔ²⁴n̠iəʔ¹²
1029	熟悉这个地方我很~	熟悉 zuəʔ¹²ɕiəʔ⁵
1030	陌生这个地方我很~	陌生 maʔ¹²sən⁴⁴
1031	味道尝尝~	味道 vi²⁴dɔ²⁴
1032	气味闻闻~	气子 tɕʰi²¹tsʅ⁰
1033	咸菜~	咸 ã²²
1034	淡菜~	淡 dã¹³
1035	酸	酸 suə̃⁴⁴
1036	甜	甜 diɛ̃²²
1037	苦	苦 kʰu⁵³
1038	辣	辣 laʔ¹²
1039	鲜鱼汤~	鲜 ɕiɛ̃⁴⁴
1040	香	香 ɕiã⁴⁴
1041	臭	臭 tsʰɵ²⁴

编号	词条	发音
1042	馊_{饭~}	馊 sɵ⁴⁴
1043	腥_{鱼~}	腥 ɕin⁴⁴
1044	好_{人~}	好 xɔ⁵³
1045	坏_{人~}	坏 uɛ¹³
1046	差_{东西质量~}	差 tsʰa⁴⁴
1047	对_{账算~了}	对 te²⁴
1048	错_{账算~了}	错 tsʰuo²⁴
1049	漂亮_{形容年轻女性的长相:她很~}	标致 piɔ⁴⁴tsʅ⁰
1050	丑_{形容人的长相:猪八戒很~}	难看 nã²¹kʰã²⁴
1051	勤快	勤快 dʑin²¹kʰuɛ²⁴
1052	懒	懒 lã⁵³
1053	乖	乖 kuɛ⁴⁴
1054	顽皮	顽皮 uã²⁴bi²¹
1055	老实	老实 lɔ⁵³zəʔ¹²
1056	傻_{痴呆}	痴 tsʰʅ⁴⁴
1057	笨_蠢	笨 bən¹³
1058	大方_{不吝啬}	大方 da²⁴fã⁴⁴
1059	小气_{吝啬}	精 tɕin⁵³
1060	直爽_{性格~}	直爽 dzəʔ¹²ɕyã⁵³
1061	犟_{脾气~}	犟 dʑiã¹³

十三、数　量

编号	词条	发音
1062	一～二三四五……，下同	一 iəʔ⁵
1063	二	二 ɵ¹³
1064	三	三 sã⁴⁴
1065	四	四 sʅ²⁴
1066	五	五 u⁵³
1067	六	六 ləʔ¹²
1068	七	七 tɕʰiəʔ⁵
1069	八	八 paʔ⁵
1070	九	九 tɕiɵ⁵³
1071	十	十 zəʔ¹²
1072	二十有无合音	廿 ɳiɛ̃¹³ 二十 ɵ²⁴zəʔ¹²
1073	三十有无合音	三十 sã⁴⁴zəʔ¹²
1074	一百	一百 iəʔ⁵pəʔ⁵
1075	一千	一千 iəʔ⁵tɕʰiɛ̃⁴⁴
1076	一万	一万 iəʔ⁵vã¹³
1077	一百零五	一百零五 iəʔ⁵pəʔ⁵lin²¹u⁵³
1078	一百五十	一百五十 iəʔ⁵pəʔ⁵u⁵³zəʔ¹²
1079	第一～,第二	第一 di²iəʔ⁵
1080	二两重量	二两 ɵ²¹liã⁵³
1081	几个你有～孩子?	几个 tɕi⁴⁴ko²⁴
1082	俩你们～	两个 liã⁴⁴ko²⁴

编号	词条	发音
1083	仁 你们~	三个 sã⁴⁴ ko²⁴
1084	个把	个把 ko²¹ pa⁴⁴
1085	个 一~人	个 ko²⁴
1086	匹 一~马	只 tsəʔ⁵
1087	头 一~牛	只 tsəʔ⁵
1088	头 一~猪	只 tsəʔ⁵
1089	只 一~狗	只 tsəʔ⁵
1090	只 一~鸡	只 tsəʔ⁵
1091	只 一~蚊子	口 kʰɵ⁵³
1092	条 一~鱼	梗 kuã⁵³
1093	条 一~蛇	根 kən⁴⁴
1094	张 一~嘴	张 tsã⁴⁴
1095	张 一~桌子	张 tsã⁴⁴
1096	床 一~被子	床 dzuã²²
1097	领 一~席子	张 tsã⁴⁴
1098	双 一~鞋	双 ɕyã⁴⁴
1099	把 一~刀	把 pa⁵³
1100	把 一~锁	把 pa⁵³
1101	根 一~绳子	根 kən⁴⁴
1102	支 一~毛笔	支 tsʅ⁴⁴
1103	副 一~眼镜	副 fu²⁴
1104	面 一~镜子	面 miɛ̃¹³
1105	块 一~香皂	块 kʰuɛ²⁴
1106	辆 一~车	部 bu¹³

续表

编号	词条	发音
1107	座一~房子	堂 dã²²
1108	座一~桥	墩 tən⁴⁴
1109	条一~河	条 diɔ²²
1110	条一~路	条 diɔ²²
1111	棵一~树	根 kən⁴⁴
1112	朵一~花	朵 to⁵³
1113	颗一~珠子	个 ko²⁴
1114	粒一~米	粒 liaʔ¹²
1115	顿一~饭	餐 tsʰã⁴⁴
1116	剂一~中药	帖 tʰiəʔ⁵
1117	股一~香味	股 ku⁵³
1118	行一~字	行 xən²²
1119	块一~钱	块 kʰuɛ²⁴
1120	毛角:一~钱	角 kuəʔ⁵
1121	件一~事情	样 iã¹³
1122	点儿一~东西	点 tiɛ̃⁵³
1123	些一~东西	撒 saʔ⁵
1124	下打一~,动量词,不是时量词	记 tɕi⁵³
1125	会儿坐了一~	下 ɕia¹³
1126	顿打一~	顿 tən⁵³
1127	阵下了一~雨	阵 dzən¹³
1128	趟去了一~	趟 tʰã⁵³

十四、代副介连词

编号	词条	发音
1129	我～姓王	我 ŋo⁵³
1130	你～也姓王	你 n̠i⁵³
1131	您尊称	（无）
1132	他～姓张	他 tʰa⁴⁴
1133	我们不包括听话人：你们别去，～去	我们 ŋo⁴⁴ mən²¹
1134	咱们包括听话人：他们不去，～去吧	我们 ŋo⁴⁴ mən²¹
1135	你们～去	你们 n̠i⁴⁴ mən²¹
1136	他们～去	他们 tʰa⁴⁴ mən²²
1137	大家～一起干	大家 da²¹ tɕia⁴⁴
1138	自己我～做的	自家 dzɿ²⁴ tɕia⁴⁴
1139	别人这是～的	别人 biəʔ¹² zən²⁴
1140	我爸～今年八十岁	我老子 ŋo⁵³ lɔ⁴⁴ tsɿ⁰
1141	你爸～在家吗？	你老子 n̠i⁵³ lɔ⁴⁴ tsɿ⁰
1142	他爸～去世了	他老子 tʰa⁴⁴ lɔ⁴⁴ tsɿ⁰
1143	这个我要～，不要那个	即个 tɕiəʔ⁵ kəʔ⁵
1144	那个我要这个，不要～	那个 na²¹ kəʔ⁵
1145	哪个你要～杯子？	哪个 na²¹ ko²⁴
1146	谁你找～？	谁 ze²²
1147	这里在～，不在那里	葛里 kəʔ⁵ li⁵³
1148	那里在这里，不在～	那里 na²¹ li⁵³
1149	哪里你到～去？	哪里 na⁴⁴ li⁵³

续表

编号	词条	发音
1150	这样事情是~的,不是那样的	介样 tɕiɛ²⁴ ia̱²⁴
1151	那样事情是这样的,不是~的	那样 na²⁴ ia̱²⁴
1152	怎样什么样:你要~的?	怎样 tsən⁴⁴ ia̱²⁴
1153	这么~贵啊	介样 tɕiɛ²⁴ ia̱²⁴
1154	怎么这个字~写?	怎样 tsən⁴⁴ ia̱²⁴
1155	什么这个是~字?	什么 zəʔ¹² ma⁴⁴
1156	什么你找~?	什么 zəʔ¹² ma⁴⁴
1157	为什么你~不去?	为什么 ue²⁴ zəʔ¹² ma⁴⁴
1158	干什么你在~?	做什么 tsuo²⁴ zəʔ¹² ma⁴⁴
1159	多少这个村有~人?	多少 tuo⁴⁴ sɔ⁵⁵
1160	很今天~热	蛮 ma̱²²
1161	非常比上条程度深:今天~热	好 xɔ⁵³
1162	更今天比昨天~热	还要 a̱²² iɔ²⁴
1163	太这个东西~贵,买不起	太 tʰɛ²¹³
1164	最弟兄三个中他~高	顶 tin⁵³
1165	都大家~来了	都 tu⁵³
1166	一共~多少钱?	一起 iəʔ⁵ tɕʰi⁵³
1167	一起我和你~去	一道 iəʔ⁵ dɔ¹³
1168	只我~去过一趟	只 tsəʔ⁵
1169	刚这双鞋我穿着~好	刚刚 ka̱⁴⁴ ka̱⁴⁴
1170	刚我~到	刚 ka̱⁴⁴
1171	才你怎么~来啊?	才 dzɛ²²
1172	就我吃了饭~去	就 dzɵ¹³
1173	经常我~去	尽管 tɕin⁴⁴ kua̱⁵³

续表

编号	词条	发音
1174	又他～来了	又 iɵ¹³
1175	还他～没回家	还 uã²²
1176	再你明天～来	再 tsɛ²⁴
1177	也我～去；我～是老师	也 iɛ¹³
1178	反正不用急，～还来得及	反正 fã⁴⁴tsən²⁴
1179	没有昨天我～去	没有 məʔ¹²iɵ⁵³
1180	不明天我～去	不 pəʔ⁵
1181	别你～去	不要 pəʔ⁵iɔ²⁴
1182	甭不用，不必；你～客气	不要 pəʔ⁵iɔ²⁴
1183	快天～亮了	就要 dʑiɵ²⁴iɔ²⁴
1184	差点儿～摔倒了	推扳一点 tʰe⁴⁴pã⁵⁵iəʔ⁵tiɛ̃⁵³
1185	宁可～买贵的	情愿 dʑin²¹yɛ̃²⁴
1186	故意～打破的	有意 iɵ⁴⁴i²¹
1187	随便～弄一下	随便 zue²¹biɛ̃²⁴
1188	白～跑一趟	冤枉 yɛ̃⁴⁴uã⁵⁵
1189	肯定～是他干的	一定 iəʔ⁵din¹³
1190	可能～是他干的	可能 kʰo⁴⁴lən²¹
1191	一边～走，～说	一边 iəʔ⁵piɛ̃⁴⁴ 边 piɛ̃⁴⁴
1192	和我～他都姓王	跟 kən⁴⁴
1193	和我昨天～他去城里了	跟 kən⁴⁴
1194	对他～我很好	对 te²⁴
1195	往～东走	朝 dʑɔ²²
1196	向～他借一本书	问 uən¹³

续表

编号	词条	发音
1197	按~他的要求做	跟 kən⁴⁴
1198	替~他写信	帮 pã⁴⁴
1199	如果~忙你就别来了	如果 lu²¹ ko⁵³
1200	不管~怎么劝他都不听	不管 pəʔ⁵ kuã⁵³

第四章 语 法

0001 小张昨天钓了一条大鱼，我没有钓到鱼。

小张昨天钓了一梗毛老大咯鱼，我没有钓到。

ɕio⁵³tsã³³dzuəʔ¹²tʰiɛ̃⁴⁴tiɔ²⁴lə⁰iəʔ⁵kuã⁵³mɔ²¹lɔ⁴⁴da²¹kəʔ⁵y²¹，ŋo⁴⁴
me²¹iθ⁴⁴tiɔ²¹tɔ⁰。

0002 a. 你平时抽烟吗？ b. 不，我不抽烟。

a. 你平常吃不吃烟？ b. 我不吃。

a. ȵi⁵³bin²¹dzã̃²⁴tɕʰiəʔ⁵pəʔ⁵tɕʰiəʔ⁵iɛ̃²²？ b. ŋo⁵³pəʔ⁵tɕʰiəʔ⁵。

0003 a. 你告诉他这件事了吗？ b. 是，我告诉他了。

a. 葛个事体，你跟他讲了吗？ b. 我跟他讲过了。

a. kəʔ⁵kə²⁴zɿ²¹tʰi⁴⁴，ȵi⁵³kən⁴⁴tʰa²²tɕiã̃⁴⁴la⁰ma⁰？

b. ŋo⁵³kən⁴⁴tʰa⁴⁴tɕiã̃⁴⁴ko²¹la⁰。

0004 你吃米饭还是吃馒头？

你吃饭还是吃面包啊？

ȵi⁵³tɕʰiəʔ⁵vã̃¹³xɛ²¹zɿ²⁴tɕʰiəʔ⁵miɛ̃²⁴pɔ⁴⁴a⁰？

0005 你到底答应不答应他？

你答应不答应他？

ȵi⁵³taʔ⁵in⁰pəʔ⁵taʔ⁵in⁰tʰa⁴⁴？

0006 a. 叫小强一起去电影院看《刘三姐》。b. 这部电影他看过了。/他这部电影看过了。/他看过这部电影了。

　　a. 叫小强一道到电影院看《刘三姐》。

　　b. 葛个电影他已看过了。

　　a. tɕiɔ²⁴ɕiɔ⁴⁴dʑia²¹iəʔ⁵dɔ²⁴tɔ²⁴diɛ̃²¹in²⁴yɛ̃²¹kʰã²⁴《liɵ²¹sã⁴⁴tɕi⁴⁴》。

　　b. kəʔ⁵kə²⁴diɛ̃²¹in²⁴tʰa⁴⁴i⁴⁴kʰã²⁴ko²¹la⁰。

0007　你把碗洗一下。

　　你拨碗洗洗掉。

　　n̠i⁵³pəʔ⁵uã̃⁵³ɕi⁴⁴ɕi⁵³tiɔ²¹。

0008　他把橘子剥了皮,但是没吃。

　　他拨橘子皮剥掉了,但是没吃。

　　tʰa⁴⁴pəʔ⁵tɕyəʔ⁵tsɿ⁰bi²¹pəʔ⁵tiɔ²⁴la⁰,dã̃²⁴zɿ²¹me⁵³tɕʰiəʔ⁵。

0009　他们把教室都装上了空调。

　　他们拨教室里空调都装起来了。

　　tʰa⁴⁴mən⁰pəʔ⁵tɕiɔ²¹səʔ⁵li⁴⁴kʰoŋ⁴⁴diɔ²¹tɵ⁴⁴tɕyã̃⁴⁴tɕʰi⁴⁴lɛ²¹la⁰。

0010　帽子被风吹走了。

　　帽子拨风吹掉了。

　　mɔ²⁴tsɿ⁰pəʔ⁵foŋ⁴⁴tsʰue⁴⁴diɔ²⁴la⁰。

0011　张明被坏人抢走了一个包,人也差点儿被打伤。

　　张明一个包拨人家抢去了,人也推扳一点拨打伤了。

　　tsã̃⁴⁴min²²iəʔ⁵ko²⁴pɔ⁴⁴pəʔ⁵zən²¹tɕia⁴⁴tɕʰiɛ̃⁴⁴tɕʰy²⁴la⁰,zən²²ie⁴⁴
　　tʰe⁴⁴pã̃⁵³iəʔ⁵tiɛ̃⁵³pəʔ⁵ta⁵³sã̃⁴⁴la⁰。

0012　快要下雨了,你们别出去了。

　　快要下雨了,不要出去了。

　　kʰuɛ²⁴iɔ²¹ʑia²⁴y⁵³la⁰,pəʔ⁵iɔ²⁴tsʰuəʔ⁵tɕʰy²⁴la⁰。

0013　这毛巾很脏了,扔了它吧。

　　介块面布嘎邋遢了,掼掼了算了。

tɕiɛ²⁴kʰuɛ²¹miɛ̃²⁴pu²⁴kaʔ⁵laʔ¹²tʰaʔ⁵la⁰,kuã²⁴kuã⁰la⁰suə̃²⁴la⁰。

0014　我们是在车站买的车票。

　　　我们是车站买咯车票。

　　　ŋo⁴⁴mən⁰zʅ²¹tsʰa⁴⁴dzã²⁴mɛ⁵³kəʔ⁵tsʰa⁴⁴pʰiɔ²⁴。

0015　墙上贴着一张地图。

　　　墙高头贴了一张地图。

　　　dʑiã̃²¹kɔ⁴⁴lə²¹tʰiəʔ⁵la⁰iəʔ⁵tsã⁴⁴di²⁴du²¹。

0016　床上躺着一个老人。

　　　床高头睏到一个老人。

　　　dzuã̃²¹kɔ⁴⁴lə²¹kʰuən²¹tɔ⁴⁴iəʔ⁵ko²⁴lɔ⁴⁴zən²¹。

0017　河里游着好多小鱼。

　　　河沟里游牢＝毛多小鱼。

　　　xo²¹kə⁴⁴li⁰iə²²lɔ⁰mɔ²⁴to⁴⁴ɕiɔ⁴⁴y²¹。

0018　前面走来了一个胖胖的小男孩。

　　　前面走来一个嘎壮咯小鬼。

　　　dʑiɛ̃²¹miɛ̃²⁴tsə⁴⁴lɛ²¹iəʔ⁵ko²⁴kaʔ⁵tɕyã̃²⁴kəʔ⁵ɕiɔ⁴⁴kue⁵³。

0019　他家一下子死了三头猪。

　　　他家一下死了三只猪。

　　　tʰa⁴⁴tɕia⁴⁴iəʔ⁵ʑia²⁴sʅ⁵³la⁰sã⁴⁴tsʅ⁴⁴tɕy⁴⁴。

0020　这辆汽车要开到广州去。／这辆汽车要开去广州。

　　　葛部车子到广州去。

　　　kəʔ⁵bu²⁴tsʰa⁴⁴tsʅ⁰tɔ²¹kuã̃⁴⁴tsə³³tɕʰy²¹。

0021　学生们坐汽车坐了两整天了。

　　　学生坐车子坐了两天啊。

　　　iəʔ¹²sən⁴⁴dzo²⁴tsʰa⁴⁴tsʅ⁰dzo²⁴la⁰liã̃⁵³tʰiã²⁴a⁰。

0022　你尝尝他做的点心再走吧。

你吃吃他们个点心再走啊。

n̠i⁵³tɕʰiəʔ⁵tɕʰiəʔ⁰tʰa⁴⁴mən⁰kəʔ⁵tiɛ̃⁵³ɕin⁴⁴t͡sɛ²⁴tsɵ⁴⁴a⁰。

0023　a. 你在唱什么？ b. 我没在唱，我放着录音呢。

　　　a. 你在勒唱什么？ b. 我没有唱，我放录音啊。

　　　a. n̠i⁵³dzɛ²⁴le²⁴tsʰã̃²⁴zəʔ¹²ma⁰？

　　　b. ŋo⁵³məʔ¹²iɵ⁵³tsʰã̃²¹³，ŋo⁴⁴fã̃²⁴ləʔ¹²in⁴⁴a⁰。

0024　a. 我吃过兔子肉，你吃过没有？ b. 没有，我没吃过。

　　　a. 我吃过毛兔肉，你吃过没？ b. 我没有吃过。

　　　a. ŋo⁵³tɕʰiəʔ⁵ko²¹mɔ²¹tʰu²⁴n̠ia¹²，n̠i⁵³tɕʰiəʔ⁵ko²¹məʔ¹²？

　　　b. ŋo⁴⁴məʔ¹²iɵ⁵³tɕʰiəʔ⁵ko⁰。

0025　我洗过澡了，今天不打篮球了。

　　　我洗澡过了，今朝我不打篮球了。

　　　ŋo⁴⁴ɕi⁴⁴tsɔ⁵³ko²¹la⁰，kən⁴⁴tsɔ⁴⁴ŋo⁴⁴pəʔ⁵ta⁵³lã̃²¹dʑiɵ²⁴la⁰。

0026　我算得太快算错了，让我重新算一遍。

　　　我算得太快，算错了，让我重新算一遍。

　　　ŋo⁴⁴suə̃²⁴təʔ⁵tʰɛ²⁴kʰuɛ²⁴，suə̃²⁴tsʰo²⁴la⁰，zã̃²⁴ŋo⁵³dzoŋ²¹ɕin²²suə̃²⁴
　　　iəʔ⁵piɛ²⁴。

0027　他一高兴就唱起歌来了。

　　　他一高兴就唱起歌来。

　　　tʰa⁴⁴iəʔ⁵ko⁴⁴ɕin⁴⁴dʑiɵ²⁴tsʰã̃²¹tɕʰi⁴⁴ko⁴⁴lɛ⁰。

0028　谁刚才议论我老师来着？

　　　于＝暂＝哪个讲我老师？

　　　y²¹tsã̃²⁴na⁴⁴ko²⁴tɕiã̠⁴⁴ŋo⁵³lɔ⁴⁴sٟ³³？

0029　只写了一半，还得写下去。

　　　写了一半，还要写下去。

　　　ɕie⁵³la⁰iəʔ⁵puə̃²⁴，xɛ²¹iɔ²⁴ɕie⁵³ʑia²⁴tɕʰy²⁴。

0030 你才吃了一碗米饭，再吃一碗吧。

你吃了一碗饭，还吃一碗添。

n̨i⁵³tɕʰiəʔ⁵laⁿ⁰ɕiʔ⁵uã⁵³vã²⁴ , uã²²tɕʰiəʔ⁵iəʔ⁵uã⁵³tʰiɛ̃⁴⁴ 。

0031 让孩子们先走，你再把展览仔仔细细地看一遍。

让小鬼头先走，你拨展览仔细看一遍。

n̨iã²⁴ɕiɔ⁵³kue⁴⁴dɵ²¹ɕiɛ̃⁴⁴tsɵ⁵³ , n̨i⁴⁴pəʔ⁵tsã⁴⁴lã⁵³tsʅ⁴⁴ɕi²¹kʰã̃²¹iəʔ⁵

piã̃²¹ 。

0032 他在电视机前看着看着睡着了。

他看电视看睏觉了。

tʰa⁴⁴kʰã̃²²diɛ̃²⁴zʅ²⁴kʰã̃²²kʰuən²⁴kɔ²¹la⁰ 。

0033 你算算看，这点钱够不够花？

你算算看，葛点钱够不够用？

n̨i⁵³suã̃²¹suã̃ⁿ⁰kʰã̃²¹ , kəʔ⁵tiɛ̃⁵³dʑiɛ̃²¹kɵ²⁴pəʔ⁵kɵ²⁴ioŋ²⁴ ?

0034 老师给了你一本很厚的书吧？

老师拨你一本蛮厚咯书啊？

lɔ⁵³sʅ⁴⁴pəʔ⁵n̨i⁵³iəʔ⁵pən⁵³mã²²gɵ²⁴kəʔ⁵ɕy⁴⁴a⁰ ?

0035 那个卖药的骗了他一千块钱呢。

卖药咯骗子拨他骗去一千块钱。

mɛ²⁴iəʔ¹²kəʔ⁵pʰiɛ̃²⁴tsʅ⁰pəʔ⁵tʰa⁴⁴pʰiɛ̃²⁴tɕʰy²¹iəʔ⁵tɕʰiɛ̃⁴⁴kʰuɛ²¹³

dʑiɛ̃²² 。

0036 a. 我上个月借了他三百块钱。

b. 我上个月借了他三百块钱。

a. 我上个月问他借了三百块钱。

b. 上个月我借他三百块钱。

a. ŋɔ⁴⁴zã̃²⁴kɔ²⁴yəʔ¹²mən²⁴tʰa⁴⁴tɕie²⁴la⁰sã⁴⁴pəʔ⁵kʰuɛ²⁴dʑiɛ̃²² 。

b. zã̃²⁴kɔ²⁴yəʔ¹²ŋɔ⁴⁴tɕie²⁴tʰa⁴⁴sã⁴⁴pəʔ⁵kʰuɛ²⁴³dʑiɛ̃²² 。

0037　a. 王先生的刀开得很好。

　　　b. 王先生的刀开得很好。

　　　a. 王先生动手术蛮好咯。

　　　b. 王先生手术做咯蛮好咯。

　　　a. uã²²ɕiɛ̃⁴⁴sən⁴⁴doŋ¹³sø⁴⁴su²¹mã²²ɔ⁵⁵kəʔ⁵。

　　　b. uã²²ɕiɛ̃⁴⁴sən⁴⁴sø⁴⁴su²¹tso²⁴kəʔ⁵mã²²ɔ⁵⁵kəʔ⁵。

0038　我不能怪人家，只能怪自己。

　　　我不好怪人家，怪我自己不好。

　　　ŋo⁴⁴pəʔ⁵xɔ⁵³kuɛ²⁴n̠in²¹tɕia⁴⁴，kuɛ²¹ŋo⁴⁴zɿ²⁴tɕi⁰pəʔ⁵xɔ⁵³。

0039　a. 明天王经理会来公司吗？ b. 我看他不会来。

　　　a. 我不晓得王经理明天来不来公司？ b. 我想他不会来。

　　　a. ŋo⁴⁴pəʔ⁵ɕia⁴⁴təʔ⁵uã²²tɕin⁴⁴li⁵⁵min²¹tiɛ̃⁴⁴lɛ²¹pəʔ⁵lɛ²¹koŋ⁴⁴sɿ⁴⁴？

　　　b. ŋo⁴⁴ɕiã⁵⁵tʰa⁴⁴pəʔ⁵ue²⁴lɛ²¹。

0040　我们用什么车从南京往这里运家具呢？

　　　我们用什么样咯车子从南京运家具？

　　　ŋo⁴⁴mən⁰ioŋ²⁴səʔ⁵ma⁰iã²¹kəʔ⁵tsʰa⁴⁴tsɿ⁰dzoŋ²²nã²²tɕin⁴⁴yn¹³tɕia⁴⁴

　　　tɕy²¹？

0041　他像个病人似的靠在沙发上。

　　　他像病人一样靠在沙发上。

　　　tʰa⁴⁴ɕiã²¹bin²⁴n̠in²¹iəʔ⁵iã²⁴kʰɔ²⁴dzɛ²⁴sa⁴⁴faʔ⁵zã²⁴。

0042　这么干活连小伙子都会累坏的。

　　　葛样子做生活，后生家都吃不落。

　　　kəʔ⁵iã²⁴tsɿ⁰tso²⁴sən⁴⁴xuəʔ¹²，xɵ²⁴sən⁴⁴tɕia⁴⁴tɵ⁴⁴tɕʰiəʔ⁵pəʔ⁵lə⁰。

0043　他跳上末班车走了。我迟到一步，只能自己慢慢走回学

　　　校了。

　　　他上末班车走了。我慢了一步，只有慢慢走学校了。

tʰa⁴⁴za̰²⁴məʔ¹² pã⁴⁴tsʰa⁴⁴tsɵ⁵³la⁰, ŋo⁴⁴mã²⁴la⁰iəʔ⁵bu¹³, tsəʔ⁵iɵ⁵³
mã²⁴mã̰⁰tsɵ⁵³iəʔ⁵ɕiɔ²¹³la⁰。

0044　这是谁写的诗？谁猜出来我就奖励谁十块钱。

葛个诗哪个写哎？哪个猜到我拨他十块钱。

kəʔ⁵ko²⁴sʅ⁴⁴naʔ¹²ko²⁴ɕie⁵³a⁰？ naʔ¹²ko²⁴tsʰɛ⁴⁴tɔ²⁴ŋo⁵⁵pəʔ⁵tʰa⁴⁴
zəʔ¹²kʰuɛ²⁴dʑiɛ̃²²。

0045　我给你的书是我教中学的舅舅写的。

我拨你那本书是教中学咯娘舅写啊。

ŋo⁵⁵pəʔ⁵ɲi⁴⁴na²¹pən⁴⁴ɕy⁴⁴zʅ²⁴tɕiɔ⁴⁴tsoŋ⁴⁴iəʔ¹²kəʔ⁵ɲia²¹dʑiɵ²⁴ɕie⁵³
a⁰。

0046　你比我高，他比你还要高。

你比我长，他比你还要长。

ɲi⁴⁴pi⁵³ŋo⁴⁴dzã̰²², tʰa⁴⁴pi⁵³ɲi⁴⁴xɛ²¹iɔ²⁴dzã̰²²。

0047　老王跟老张一样高。

老王跟老张一样长。

lɔ⁴⁴uã̰⁵⁵kən⁴⁴lɔ⁴⁴tsã̰³³iəʔ⁵ia²⁴dzã̰²²。

0048　我走了，你们俩再多坐一会儿。

我走了，你们俩再多坐一下。

ŋo⁴⁴tsɵ⁵³la⁰, ɲi⁵³mən⁰lia⁴⁴tsɛ²¹to⁴⁴dzo¹³iəʔ⁵xa⁰。

0049　我说不过他，谁都说不过这个家伙。

我讲他不过，哪一个也讲他不过。

ŋo⁴⁴tɕia̰⁵³tʰa⁴⁴pəʔ⁵ku²⁴, naʔ¹²iəʔ⁵ko²¹³ie⁴⁴tɕia̰⁵³tʰa⁴⁴pəʔ⁵ku²¹。

0050　上次只买了一本书，今天要多买几本。

前头我只买了一本书，今朝我要多买几本。

dʑiɛ̃²¹dɵ²⁴ŋo⁴⁴tsʅ⁴⁴mɛ⁵³la⁰iəʔ⁵pən⁵³ɕy⁴⁴, kən⁴⁴tsɔ⁴⁴ŋo⁴⁴iɔ²¹to⁴⁴mɛ⁵³
tɕi⁴⁴pən⁵³。

第五章　话　语

一、讲　述

(一)方言老男

风俗习惯

让我讲一讲啊葛个分水咯风俗习惯和传统习惯,于⁼暂⁼啊。清明节啊,清明节要到了尼,家家户户都要包青果尼。那么葛个情况等于说,到外头去调艾青、艾干、艾,弄菜哎,弄米粉哎,那么,葛个青果尼,也做咯蛮闹热咯。那么,现在尼,就是好像尼,外头上海、杭州、安徽,好多地方,蛮多人到分水买葛个青果吃。

zȧ^{22} ŋo^{53} tɕia̤^{44} iəʔ^{5} tɕia̤^{44} a^{0} kəʔ^{5} kəʔ^{5} fən^{44} sue^{55} kəʔ^{5} fən^{44} su^{22} ɕiəʔ^{12} kua̤^{13} xə^{22} tsʰua̤^{21} thoŋ^{55} ɕieʔ^{12} kua̤^{24} ,y^{21} tsɑ̃^{24} a^{0} 。tɕʰin^{44} min^{22} tɕiəʔ^{5} a^{0} ,tɕʰin^{44} min^{22} tɕiəʔ^{5} iɔ^{24} tɔ^{21} la^{0} ɲi^{0} ,tɕia̤^{44} tɕia̤^{44} u^{21} tɵ^{44} iɔ^{24} pɔ^{44} tɕʰin^{44} kuo^{44} ɲi^{0} 。na^{24} ma^{21} kəʔ^{5} kəʔ^{5} tɕʰin^{21} kʰua̤^{24} tən^{44} y^{21} suəʔ^{5} ,tɔ^{24} uai^{24} tʰɵ^{21} tɕʰi^{24} diɔ^{24} ɛ^{24} tɕʰin^{44} 、ɛ^{24} ka̤^{44} 、ɛ^{44} ,noŋ^{24} tsʰɛ^{24} ɛ^{0} ,noŋ^{24} mi^{44} fən^{53} ɛ^{0} , na^{24} ma^{0} ,kəʔ^{5} kəʔ^{5} tɕʰin^{44} ko^{53} ɲi^{0} , iɛ^{44} tso^{24} kəʔ^{5} ma̤^{21} nɔ^{24} ɲiəʔ^{12} kəʔ^{5} 。 na^{24} ma^{0} ,ɕia̤^{24} tsɛ^{44} ɲi^{0} ,dʑiɵ^{24} zɿ^{21} xɔ^{44} ɕia̤^{24} ɲi^{0} , uɛ^{24} tʰɵ^{21} za̤^{24} xɛ^{53} 、xa̤^{21} tsɵ^{44} 、a̤^{44} xue^{44} ,xɔ^{44} to^{33}

di²⁴fã⁴⁴，mã²¹to⁴⁴zən²¹tɔ²⁴fən⁴⁴sue⁵³ma⁴⁴kəʔ⁵kəʔ⁵tɕʰin⁴⁴ko⁴⁴tɕʰiəʔ⁵。

　　现在我来讲讲分水清明节的风俗习惯和传统习惯。快到清明节的时候，家家户户都要包青果。这个情况就是说到外面去买艾草、米粉等。做青果的场面是很热闹的。现在好像外面很多地方，比如上海、杭州、安徽的很多人到分水买这个青果吃。

　　那么，在分水葛个地方有个五云山烈士墓。烈士墓嘛，分水咯老百姓尼，等于说，学校里啊、机关单位啊，都要去扫墓，啊，不会忘记以前为分水解放事业牺牲咯解放军啊。再一个尼，我们老百姓家里，每一家基本上尼也来祭祖，等于说是自己咯祖宗大人啊，父母啊，已经过世咯，那么也要做干饭、扫墓。啊，挂褛坟纸，到清明，葛个，葛个清明咯后一天，满山满路咯都是褛坟纸，浩浩荡荡在飘。

　　na²⁴ma⁰，tsɛ²⁴fən⁴⁴sue⁵³kəʔ⁵kəʔ⁵di²⁴fã⁴⁴iə⁴⁴kəʔ⁵u⁴⁴yn⁵³sã⁴⁴liəʔ¹²z̩²⁴mu²⁴。liəʔ¹²z̩²⁴mu²⁴ma⁰，fən⁴⁴sue⁵³kəʔ⁵lɔ⁴⁴paʔ⁵ɕin²⁴n̩i⁰，tən⁴⁴y²¹suəʔ⁵，iəʔ⁵ɕiɔ²⁴li⁴⁴a⁰、tɕi⁴⁴kua⁴⁴tã⁴⁴ue²⁴a⁰，tə⁴⁴iɔ²⁴tɕʰy²⁴sɔ⁴⁴mu²⁴，a⁰，pu⁴⁴ue²⁴uã²⁴tɕi²¹i⁴⁴ʑiɛ̃²¹ue²⁴fən⁴⁴sue⁵³tɕieʔ⁴⁴fã²⁴z̩²¹iəʔ¹²ɕi⁴⁴ɕin⁴⁴kəʔ⁵tɕie⁴⁴fã²⁴tɕyn⁴⁴a⁰。tsɛ²⁴iəʔ⁵kəʔ⁵n̩i⁰，ŋo⁴⁴mən²¹lɔ⁴⁴pai⁵³ɕin²⁴tɕia⁴⁴li⁰，me⁴⁴iəʔ⁵tɕia⁴⁴tɕi⁴⁴pən⁵³zã²⁴n̩i⁰iɛ⁴⁴lɛ²¹tɕi²⁴tsu⁵³，tən⁴⁴y²¹suəʔ⁵z̩²¹tsʐ²⁴tɕi²¹kəʔ⁵tsu⁴⁴tsoŋ³³da²⁴n̩in²¹a⁰，fu²⁴mu²¹a⁰，i⁴⁴tɕin²¹ko²⁴sʐ²¹kəʔ⁵，na²⁴ma⁰iɛ⁴⁴iɔ²⁴tsɔ²⁴kã⁴⁴vã²¹、sɔ⁴⁴mu²⁴。a⁰，kua²⁴piɔ⁴⁴vən²¹tsʐ⁴⁴，tɔ²⁴tɕʰin⁴⁴min²²，kəʔ⁵kəʔ⁵，kəʔ⁵kəʔ⁵tɕʰin⁴⁴min²²kəʔ⁵xə²⁴iəʔ⁵tiɛ̃⁴⁴，mã⁴⁴sã³³mã⁴⁴lu²⁴kəʔ⁵tə⁴⁴z̩²⁴piɔ⁴⁴vən²¹tsʐ⁴⁴，xɔ²⁴xɔ²¹tã²⁴tã²¹tsɛ²⁴pʰiɔ⁴⁴。

　　分水这地方有座五云山烈士墓，每到清明节，学校、机关单位都会去扫墓，不会忘记以前解放军为分水解放做出的牺牲。再一个呢，我们老百姓家里，每一家都会祭祖，祭奠自己的祖宗先人，会做干饭、扫墓等。清明节后一天,满山满路的都是纸钱。

(2018 年 8 月 10 日,分水,发音人:邱水明)

家庭情况

现在讲讲家里咯情况,子女咯情况。我们做父母咯,对我们子女要求还是蛮高咯,啊。我们儿子尼,等于说尼,从福建仰恩大学毕业回来后,到宁波公司里啊参加工作。那么他到美国去尼推销尼,也蛮厉害咯,美国最大两家汽车制造公司咯业务,他都接到了。公司里尼也蛮欢喜他。业务比较大,他在公司待了两年多,那么想想还是回来。啊,那他回来后,桐庐光华公司待了八个多月,拨他,叫他当业务经理,那么,另外尼,业务尼,还有业务提成,各方面,也蛮好。待了八个多月过年,他回来了,回来了,他就不想动,自己勒家里做。那么,在家里搞个办公室出来,那么,两老婆一起,那现在尼,他们业务尼也还可以咯。

$\textctiɛ̃^{24}$tsɛ^{21}tɕia$^{~44}$tɕia^{53}tɕia^{44}li^{44}kəʔ^{5}dʑin^{21}kʰua$^{~24}$, tsɿ^{44}ȵy^{53}kəʔ^{5}dʑin^{21} kʰua$^{~24}$。ŋo^{44}mən^{21}tso^{24}fu^{24}mu^{44}kəʔ^5, te^{24}ŋo^{44}mən^{21}tsɿ^{44}ȵy^{53}iə^{44}tɕʰiɵ^{22} uɛ^{21}zɿ^{24}mɛ^{21}kɔ^{44}kəʔ^5, a^0。ŋo^{44}mən^{21}ɵ^{21}tsɿ^{0}ȵi^0,tən^{44}y^{21}so^{44}ȵi^0, dzoŋ^{21} fəʔ^{5}tɕiɛ^{24}ia$^{~21}$ən^{24}da^{24}iəʔ^{5}pi^{24}iəʔ^{5}uɛ^{21}lɛ^{24}xɵ^{24}, tɔ^{24}ȵin^{21}po^{44}koŋ^{44}sɿ^{44}li^{53} a^{0}tsʰa$^{~44}$tɕia^{44}koŋ^{44}tso^{24}。na^{24}ma^{0}tʰa^{44}tɔ^{24}me^{44}kuəʔ^{5}tɕy^{24}ȵi^{0}tue^{44}ɕiɔ^0 ȵi^0,iɛ^{44}ma$^{~44}$li^{24}xɛ^{24}kəʔ^5, me^{44}kuəʔ^{5}tsue^{24}da^{21}lia$^{~44}$tɕia^{33}tɕʰi^{24}tsʰə^{21}tsɿ^{24} dzɔ^{21}koŋ^{44}sɿ^{44}kəʔ^{5}iəʔ^{12}u^{24}, tʰa^{44}tɵ^{44}tɕiəʔ^{5}tɔ^{24}la^0。koŋ^{44}sɿ^{44}li^{44}ȵi^{0}iɛ^{44}ma$^{~44}$ xua$^{~44}$ɕi^{53}tʰa^{44}。iəʔ^{12}u^{24}pi^{44}tɕiɔ^{24}da^{13},tʰa^{44}dzɛ^{13}koŋ^{44}sɿ^{44}tɛ^{24}la^{0}lia$^{~44}$ȵiɛ$^{~21}$ to^{44}, na^{24}ma^{0}ɕia$^{~44}$ɕia$^{~53}$uɛ^{21}zɿ^{24}uɛ^{21}lɛ^{24}。a^0,na^{24}tʰa^{44}uɛ^{21}lɛ^{24}xɵ^{24}, doŋ^{21} u^{24}kua^{44}hua^{44}koŋ^{44}sɿ^{44}tɛ^{24}la^{0}paʔ^{5}kəʔ^{5}to^{44}iəʔ^{12}, paʔ^{5}tʰa^{44}, tɕiɔ^{24}tʰa^{44}ta$^{~44}$ iəʔ^{12}u^{24}tɕin^{44}li^{53}, na^{24}ma^0, lin^{24}uɛ^{21}ȵi^0, iəʔ^{12}u^{24}ȵi^0,uɛ^{21}iɵ^{55}iəʔ^{12}u^{24}tʰi^{21} dzən^{24}, kəʔ^{5}fa$^{~44}$miɛ$^{~24}$, iɛ^{44}ma$^{~21}$xɔ^{55}。tɛ^{24}la^{0}paʔ^{5}kəʔ^{5}to^{44}iəʔ^{12}ko^{24}ȵiɛ$^{~21}$,

tʰa⁴⁴ue²¹lɛ²⁴la⁰，ue²¹lɛ²⁴la⁰，tʰa⁴⁴dʑiɵ¹³pəʔ⁵ɕiã⁵³doŋ²⁴，tsɿ²⁴tɕi⁰lɛ²¹tɕia⁴⁴
li⁵³tso²⁴。na²⁴ma⁰，dzɛ²⁴tɕia⁴⁴li⁰ko⁴⁴kəʔ⁵pã²⁴koŋ⁴⁴sɿ²⁴tɕʰyəʔ⁵lɛ⁰，na²⁴
ma⁰，liã⁴⁴lɔ⁴⁴bo²²iəʔ¹²tɕʰi⁴⁴，na²⁴ɕiɛ̃²⁴dzɛ²¹n̠i⁰，tʰa⁴⁴mən⁰iəʔ¹²u²⁴n̠i⁰iɛ⁵³
uɛ²¹kʰo⁴⁴i⁵³kəʔ⁵。

现在我来讲讲家里子女的情况。我们做父母的，对子女的要
求还是很高的。我们儿子从福建仰恩大学毕业回来后，去了宁波
一家公司参加工作。他挺厉害的，到美国去推销，接到了美国最
大汽车制造公司的业务，这业务比较大，公司很器重他。他在
公司待了两年多，想了想还是回来。之后他在桐庐光华公司待
了八个多月，被提拔为业务经理，还有业务提成，各方面待遇也
挺好。过了八个多月过年，他回家来，不想动了，自己在家里
做。他在家里弄了间办公室，两口子一起做，现在他们的业务
做得也不错。

再讲讲家里有五个人吃饭，儿子、新妇、孙子，我们两老，那
么，家里尼蛮团结咯，啊，吃饭时，主要跟孙子讲讲，喂喂饭，都会
聊聊天。我们和儿子、孙子、新妇咯关系挺好咯，拨新妇当女儿一
样，开开玩笑，讲讲各种断头事，各种事，事体各方面有商量，在经
济高头尼，我们互相都不计较，你碰到就你买，他碰到就他买，都
一样咯。

tsɛ²⁴tɕiã⁴⁴tɕiã⁵³tɕia⁴⁴li⁰iɵ⁵³u⁴⁴kəʔ⁵n̠in²¹tɕʰiəʔ⁵vɛ²⁴，ɵ²¹tsɿ⁰、ɕin⁴⁴
fu²⁴、sən⁴⁴tsɿ⁰，ŋo⁴⁴mən²²liã⁴⁴lɔ⁵³，na²⁴ma⁰，tɕia⁴⁴li⁰n̠i⁰mã²duã²tɕiəʔ⁵kəʔ⁵，
a⁰，tɕʰiəʔ⁵vɛ²⁴zɿ²¹，tsɿ⁴⁴iɔ²⁴kən⁴⁴sən⁴⁴tsɿ⁰tɕiã⁴⁴tɕiã⁵³，ue²⁴ue³²vɛ²⁴，
tɵ⁴⁴ue²⁴liɔ²¹liɔ²⁴tʰiɛ̃⁴⁴。ŋo⁴⁴mən²¹xɵ²¹ɵ²¹tsɿ⁰、sən⁴⁴tsɿ⁰、ɕin⁴⁴fu²⁴kəʔ⁵kuɛ⁴⁴
ɕi²⁴tʰin⁴⁴xɔ⁵³kəʔ⁵，pəʔ⁵ɕin⁴⁴fu²⁴tã⁴⁴n̠y⁴⁴ɵ²¹iəʔ⁵iã²⁴，kʰɛ⁴⁴kʰɛ⁴⁴uã²¹ɕiɔ²⁴，
tɕiã⁴⁴tɕiã⁵³kəʔ⁵tsoŋ⁵³de²⁴dɵ²¹zɿ²⁴，kəʔ⁵tsoŋ⁵³zɿ²⁴，zɿ²⁴tʰi⁵³kəʔ⁵fa⁴⁴miɛ̃²⁴

iɵ⁴⁴sã⁴⁴liã⁰，dzɛ²⁴tɕiŋ⁴⁴tɕi²⁴kɔ⁴⁴lɵ⁴⁴n̠i⁰，ŋo⁴⁴mən²¹u²⁴ɕiã⁴⁴tɵ⁴⁴pəʔ⁵tɕi²⁴ tɕi²¹，n̠i⁵³pʰən²⁴tɔ²¹dʑiɵ²⁴n̠i⁴⁴mɛ⁵³，tʰa⁴⁴pʰən²⁴tɔ²¹dʑiɵ²⁴tʰa⁴⁴mɛ⁵³，tɵ⁴⁴ iəʔ⁵iã²⁴kəʔ⁵。

　　平常家里有五个人一起吃饭，儿子、儿媳、孙子，还有我们老两口，家里挺团结的，吃饭时都会聊聊天。我们和儿子、孙子、儿媳的关系挺好的，把儿媳当作自己的女儿看待，平常互相之间也会开开玩笑，在经济方面也是不分你我的，你碰到就你买，他碰到就他买，都一样的。

　　所以讲尼，一家人咯团结是最主要。一方面家里团结了，那就是讲，外人看起来也不会讲什么。像我们老一辈嘛，儿女儿媳都听话，我们也非常高兴，啊。那么现在孙子尼，上幼儿园，啊，那么接送，什么来，反正，都是我儿媳弄。那么，葛个，在葛个团结方面，她确实做咯好。现在我儿子他们咯工作量比较大，啊，进进出出，总咯来讲在创造财富。

so⁴⁴i⁵³tɕiã⁵³n̠i⁰，iəʔ⁵tɕia⁴⁴n̠in²¹kəʔ⁵dɛ²¹tɕiəʔ⁵z̩²⁴tse²⁴tsʅ⁴⁴iɔ²⁴。iəʔ⁵ fã⁴⁴miɛ̃²⁴tɕia⁴⁴li⁰dɛ²¹tɕiəʔ⁵la⁰，na²⁴dʑiɵ²⁴z̩²¹tɕia⁵³，uɛ²⁴n̠in²¹kʰã²⁴tɕʰi⁵³ lɛ²¹iɛ⁵³pəʔ⁵uɛ²⁴tɕiã⁵³sʅ²¹ma⁰。ɕiã²⁴ŋo⁴⁴mən²²lɔ⁵³iəʔ⁵pe²⁴ma⁰，ɵ²¹n̠y⁵³ ɵ²¹ɕi⁴⁴tɵ⁴⁴tʰin⁴⁴xua²⁴，ŋo⁴⁴mən²¹iɛ⁵³fi⁴⁴dzã²²kɔ⁴⁴ɕin²⁴，a⁰。na²⁴ma⁰ɕiɛ²⁴ dzɛ²¹sən⁴⁴tsʅ⁰n̠i⁰，zã²⁴iɵ²⁴ɵ²¹yã²¹，a⁰，na²⁴ma⁰tɕiəʔ⁵soŋ²⁴，sʅ²¹ma⁰lɛ⁰， fã⁴⁴tsən²⁴，tɵ⁴⁴z̩²⁴ŋo⁴⁴ɵ²¹ɕi⁴⁴noŋ²⁴。na²⁴ma⁰，kəʔ⁵kəʔ⁵，dzɛ²⁴kəʔ⁵kəʔ⁵ dɛ²¹tɕiəʔ⁵fã⁴⁴miɛ̃²⁴，tʰa⁴⁴tɕʰyəʔ⁵zəʔ²¹²tso²⁴kəʔ⁵xɔ⁵³。ɕiɛ²⁴dzɛ²¹ŋo⁴⁴ɵ²¹tsʅ⁰ tʰa⁴⁴mən²²kəʔ⁵koŋ⁴⁴tsuɛ⁵⁵liã²⁴pi⁴⁴tɕiɔ²⁴da²⁴，a⁰，tɕin²⁴tɕin²¹tɕʰyəʔ⁵tɕʰyəʔ⁵， tsoŋ⁴⁴kəʔ⁵lɛ²¹tɕiã⁵³dzɛ²⁴tsʰuã²⁴zɔ²¹dzɛ²¹fu²⁴。

　　所以说，一家人的团结是最主要的一方面，家庭团结，外人也不会说什么闲话了。对我们老一辈来说，儿女儿媳都听话，我们就很高兴了。现在孙子在上幼儿园，接送或是其他什么事都是儿媳在做。在家庭团结这方面，她确实做得很好。现在我儿子他们两口子的工作量也比较大，总的来说也是在创造财富吧。

啊，我讲讲我女儿咯事体。女儿尼，从小尼她听话是蛮听话，她也蛮聪明蛮灵咯，那么她，读书咯事体也比较努力。但是在她初中要考试尼，那她有点松懈。那么就是讲，当时家里面尼困难，因为我脚跌坏过，跌坏过，等于说家里经济有一点差，那么她读书尼好像有一点松。我叫她努力一点，好好读书，她讲，爸爸，我考到也没书读。那我就说，我借钱、贷款，我总想办法要叫你读书，但是一定要考上去。那么，葛句话讲了有一个多月就是考试了，那她，毛欢喜读书来。葛段时间，写下了两个字，拼搏，那么，考试，考取了。

a⁰，ŋo⁵³tɕi ã⁴⁴tɕi ã⁵³ ŋo⁵³ ȵy⁴⁴ θ²¹ kəʔ⁵zɿ²⁴ tʰi²¹。ȵy⁴⁴ θ²¹ ȵi⁰，dzoŋ²¹ ɕiɔ⁵³ȵi⁰tʰa⁴⁴tʰin⁴⁴xua²⁴ zɿ²⁴ma̰²¹tʰin⁴⁴xua²⁴，tʰa⁴⁴iɛ⁵³ ma̰²¹tsʰoŋ⁴⁴min²² ma̰²¹lin²² kəʔ⁵，na²⁴ma⁰tʰa⁴⁴，duəʔ¹²sɿ⁴⁴ kəʔ⁵zɿ²⁴ tʰi²¹ iɛ⁵³ pi⁴⁴ tɕiɔ²⁴ nu⁴⁴ liəʔ¹²。ta̰²⁴zɿ²¹ dzɛ²⁴tʰa⁴⁴tsʰu⁴⁴tsoŋ⁴⁴iɔ²⁴ kʰɔ⁴⁴sɿ²⁴ȵi⁰，na²⁴tʰa⁴⁴ iə⁴⁴ti ɛ̃⁵³ soŋ⁴⁴ɕiɛ²⁴。na²⁴ma⁰dziθ²⁴zɿ²¹tɕia̰⁵³，ta̰⁴⁴zɿ²²tɕia⁴⁴li⁰mi ɛ̃²⁴ ȵi⁰kʰuən²⁴na̰²¹，in⁴⁴ue²⁴ ŋo⁵³tɕiaʔ⁵tiəʔ⁵uɛ²⁴ko²⁴，tiəʔ⁵uɛ²⁴ko²⁴，tən⁴⁴y²²so⁴⁴tɕia⁴⁴li⁰tɕin⁴⁴ tɕi²⁴iə⁵³iəʔ⁵ti ɛ̃⁵³tsʰa²⁴，na²⁴ma⁰tʰa⁴⁴duəʔ¹²sɿ⁴⁴ȵi⁰xɔ⁴⁴ɕia̰²⁴iə⁵³ iəʔ⁵ti ɛ̃⁵³ soŋ⁴⁴。ŋo⁵³tɕiɔ²⁴tʰa⁴⁴nu⁴⁴liəʔ¹²iəʔ⁵ti ɛ̃⁵³，xɔ⁴⁴xɔ⁵³duəʔ¹²sɿ⁴⁴，tʰa⁴⁴tɕia̰⁵³， pa⁴⁴pa⁴⁴，ŋo⁵³kʰɔ⁴⁴tɔ²⁴iɛ⁵³me²¹sɿ⁴⁴duəʔ¹²。na²⁴ ŋo⁵³dziə²⁴so⁴⁴，ŋo⁵³tɕiɛ²⁴ ʑi ɛ̃²¹、dɛ²⁴kʰu a̰⁵³，ŋo⁵³tsoŋ⁴⁴ɕia̰⁴⁴pa̰²⁴faʔ⁵ iɔ²⁴tɕiɔ²⁴ȵi⁵³ duəʔ¹²sɿ⁴⁴，da̰²⁴ zɿ²¹iəʔ⁵din²⁴iɔ²⁴kʰɔ⁵³za̰²⁴tɕʰy²¹。na²⁴ma⁰，kəʔ⁵tɕu²⁴xua²⁴tɕi ã⁵³la⁰iə⁵³ iəʔ⁵kəʔ⁵tɔ⁴⁴yəʔ¹² dziə²⁴zɿ²¹kʰɔ⁴⁴zɿ²²la⁰，na²⁴tʰa⁴⁴，mɔ²¹xuɛ⁴⁴ɕi⁴⁴duəʔ¹² sɿ⁴⁴lɛ²²。kəʔ⁵tu a̰²⁴zɿ²¹tɕi ɛ̃²⁴，ɕiɛ⁴⁴ɕia²⁴la̰⁰lia⁴⁴kəʔ⁵zɿ¹³，pʰin⁴⁴puəʔ⁵，na²⁴ ma⁰，kʰɔ⁴⁴sɿ²⁴，kʰɔ⁴⁴tɕʰy⁵³la⁰。

　　然后我讲讲关于我女儿的事情。我女儿从小很听话,聪明伶俐,读书的时候也比较努力,但她在中考的那一年,有点松懈。当时家里面比较困难,因为我脚跌坏了。她读书好像也有一点松懈了。我让她努力一点,好好读书,她和我说,爸爸,我考上了也没有书读。我就说,我借钱也好贷款也好,总会想办法让你读书的,但是你一定要考上。这句话讲了以后还有一个多月就是考试了,这段时间她学习很认真,还写下了两个字"拼搏"鼓励自己。最后她考上了。

　　那么在她读书当中尼,出去读书尼,家里人管不到她,她有么事尼? 有次逃跑,等于说尼外头旅游去了。老师尼,多人跑步,要跑十里路,老师骑自行车,叫他们跑步,结果他们脑子蛮灵光,他们打的,比老师先回来。等于说尼,葛个事体叫我晓得了,那我也,当时我没工夫去问,那么有一次,我到了学校里,我问她嘞:"我听讲你读书到外头旅游去了,宋城啊哪里地方。"她讲你怎么晓得? 我讲:"你咯同学娘亲老子讲了,啊,葛件事做咯不对,你读书出来不认真读书,读书你不好好读就白读了。我们父母挣钱有什么用,你事体都弄不拎清。读书咯目的是什么? 我们挣咯钞票,拨你一个人用咯? 高头还有父母,我咯父母,底下有弟弟、弟郎。"啊,那么,讲咯不响。

　　na²⁴ma⁰dzɛ²⁴tʰa⁴⁴duəʔ¹²sɻ⁴⁴tã⁴⁴tsoŋ⁴⁴n̠i⁰ , tɕʰyə⁵tɕʰy²⁴duəʔ¹²sɻ⁴⁴ n̠i⁰ , tɕia⁴⁴li⁰n̠in²¹kuã⁵³pəʔ⁵tə²⁴tʰa⁴⁴ , tʰa⁴⁴iθ⁵³ma⁰zɻ²⁴n̠i⁰ ? iθ⁴⁴tsʰɻ²⁴ dɔ²¹bə²⁴ , tən⁴⁴y²¹so⁴⁴n̠i⁰uɛ²⁴də²¹li⁴⁴iθ²²tɕʰy²⁴la⁰ 。lɔ⁴⁴sɻ³³n̠i⁰ , to⁴⁴n̠in²² bɔ²¹bu²⁴ , iɔ²⁴bɔ²¹zəʔ¹²li⁵³lu²⁴ , lɔ⁴⁴sɻ²²dzi²¹tsɻ²⁴ɕin²¹tsʰa⁴⁴ , tɕiɔ²⁴tʰa⁴⁴ mən²²bɔ²¹bu²⁴ , tɕiəʔ⁵ko⁴⁴tʰa⁴⁴mən²²nɔ⁴⁴tsɻ⁰mã²¹lin²¹kuã⁴⁴ , tʰa⁴⁴mən²² ta⁵³ti⁰ , pi⁵³lɔ⁴⁴sɻ³³ɕiɛ̃⁴⁴uɛ²¹lɛ²⁴ 。tən⁴⁴y²¹so⁴⁴n̠i⁰ , kəʔ⁵kəʔ⁵zɻ²⁴tʰi²¹tɕiɔ²⁴ ŋo⁵³ ɕiə⁴⁴ təʔ⁵ la⁰，na²⁴ ŋo⁵³ iɛ⁵³，tã⁴⁴ zɿ²² ŋo⁵³ me²¹ koŋ⁴⁴ fu⁰ tɕʰy²⁴ mən²¹，na²⁴ ma⁰ iə⁵³ iəʔ⁵ tsʰɿ²⁴，ŋo⁵³ tɔ²⁴ la⁰ iəʔ⁵ ɕiə²⁴ li⁰，ŋo⁵³ mən²⁴ tʰa⁴⁴ le⁰：ŋo⁵³ tʰin⁴⁴ tɕia̱⁵³ n̠i⁵³ duəʔ¹² sɿ⁴⁴ tɔ²⁴ uɛ²⁴ də²¹ ly⁴⁴ iə²¹ tɕʰy²⁴ la⁰，soŋ²⁴ dzən²¹ a⁰ na⁴⁴ li⁰ di²⁴ fa̱⁰。tʰa⁴⁴ tɕia̱⁵³ n̠i⁵³ tsən⁴⁴ ma⁰ ɕiə⁴⁴ təʔ⁵？ ŋo⁴⁴ tɕia̱⁵³：n̠i⁵³ kəʔ⁵ doŋ²¹ iəʔ⁵ n̠ia̱²¹ tɕʰin⁴⁴ lɔ⁴⁴ sɿ³³ tɕia̱⁵³ la⁰，a⁰，kəʔ⁵ tɕiɛ²⁴ zɿ²⁴ tso²⁴ kəʔ⁵ pəʔ⁵ te²⁴，n̠i⁵³ duəʔ¹² sɿ⁴⁴ tɕʰy⁴⁴ lɛ⁰ pəʔ⁵ zən²⁴ tsən⁴⁴ duəʔ¹² sɿ⁴⁴，duəʔ¹² sɿ⁴⁴ n̠i⁵³ pəʔ⁵ xɔ⁴⁴ xɔ⁵ duəʔ¹² dʑiə²⁴ pəʔ⁵ duəʔ¹² la⁰。ŋo⁵³ mən²² fu²⁴ mu⁵³ tsən²⁴ ʑi ɛ̃²¹ iə⁵³ sən²¹ ma⁰ ioŋ²⁴，n̠i⁵³ zɿ²⁴ tʰi²¹ tə⁴⁴ noŋ²⁴ pəʔ⁵ lin⁴⁴ tɕʰin⁴⁴。duəʔ¹² sɿ⁴⁴ kəʔ⁵ muəʔ¹² tiəʔ⁵ zɿ²⁴ sən²¹ ma⁰？ ŋo⁴⁴ mən²² tsən²⁴ kəʔ⁵ tsʰɔ⁴⁴ pʰiɔ²⁴，pəʔ⁵ n̠i⁵³ iəʔ⁵ kəʔ⁵ n̠in²¹ ioŋ²⁴ kəʔ⁵？ kɔ⁴⁴ lə²² uɛ²¹ iə⁵³ fu²⁴ mu⁵³，ŋo⁵³ kəʔ⁵ fu²⁴ mu⁵³，ti³³ ɕia²⁴ iə⁵³ di²⁴ di²¹、di²⁴ la̱²¹。a⁰，na²⁴ ma⁰，tɕia̱⁴⁴ kəʔ⁵ pəʔ⁵ ɕia⁵³。

　　她外出读书时，家里人管不到她，有一次就逃课到学校外面旅游去了。晨跑的时候，要跑十里路，老师骑自行车，让他们跑步，结果他们脑子挺灵光的，打的比老师先回来。这件事情被我知道了，当时我没工夫去问，有一次我到学校，就问她这件事："我听说你读书时到外面旅游去了，宋城还有其他某些地方。"她就问我是怎么知道的。我说："我给你同学打了一个电话，你同学的父母和我讲的这件事。这件事你做的是不对的，读书你不好好读就白读了。我们父母挣钱有什么用，就让你旅游花掉了。读书的目的是什么？我们两个人挣的钱就只是给你一个人用的吗？我上面还有我的父母，下面还有弟弟。"我讲话的声音不大。

　　那她尼，认为啊，理直气壮一样，那天我就好好讲她一个多小时，后来，她感到不开心，那她讲："我要回去了，钞票不够用了。"让我拿钱。我随手拿了一百块钱拨她，她讲："一百块钱够啊？"那我讲："随你，你如果发奋读书咯，你回家去，再讲；你不高兴读书，随你回家不回家，我也不管你了。"那我讲葛样，她流眼泪了。但是葛个眼泪也是好现象，后头尼她毛欢喜读书了，拿到了一等奖学金。她回家拨娘亲买鞋子，我奇怪钞票哪里来，后来才吐出来奖学金拿到了。我和她讲要欢喜读书，欢喜读书也减轻娘亲老子负担，对你自己咯前途也好，毕业后拿到毕业证，我们农村户口可以到城市。

na²⁴tʰa⁴⁴n̺i⁰，n̺in²⁴ue²¹a⁰，liəʔ¹²tsəʔ⁵tɕʰi²⁴tsuã²¹iəʔ⁵iã²⁴，na²⁴tʰiɛ̃⁴⁴ŋo⁵³dʑiɵ²⁴xɔ⁴⁴xɔ⁵³tɕiã⁴⁴tʰa³³iəʔ⁵ kəʔ⁵to⁴⁴ɕiɔ⁴⁴z̩²¹，xɵ²⁴lɛ²¹，tʰa⁴⁴ka⁴⁴tɔ²⁴pəʔ⁵kʰɛ⁴⁴ɕin⁴⁴，na²⁴tʰa⁴⁴tɕia⁵³：ŋo⁵³iɔ²⁴ue²¹tɕʰy²⁴la⁰，tsʰɔ⁴⁴pʰiɔ²⁴pəʔ⁵kɵ²⁴ioŋ²⁴la⁰。zã²⁴ŋo⁵³na²¹ʑiɛ²⁴。ŋo⁵³sue²¹ɕiɔ⁵⁴na²¹la⁰iəʔ⁵paʔ⁵kʰuɛ²⁴ʑiɛ̃²¹pəʔ⁵tʰa⁴⁴，tʰa⁴⁴tɕia⁵³：iəʔ⁵paʔ⁵kʰuɛ²⁴ʑiɛ̃²¹kɵ²⁴a⁰？na²⁴ŋo⁴⁴tɕia⁵³：sue²¹n̺i⁵³，n̺i⁴⁴lu²¹ko⁴⁴faʔ⁵fən²⁴duəʔ¹²s̩⁴⁴kəʔ⁵，n̺i⁵³ue²¹tɕia⁴⁴tɕʰy²⁴，tsɛ²¹tɕia⁵³；n̺i⁵³pəʔ⁵kɔ²⁴ɕin²⁴duəʔ¹²s̩⁴⁴，sue²¹n̺i²⁴ue²¹tɕia⁴⁴pəʔ⁵ue²¹tɕia⁴⁴，ŋo⁵³iɛ⁵³pəʔ⁵kuã⁵³n̺i⁴⁴la⁰。na²⁴ŋo⁵³tɕia⁵³kəʔ⁵iã²⁴，tʰa⁴⁴liɵ⁴⁴iɛ̃⁴⁴lɛ²⁴la⁰。ta²⁴z̩²¹kəʔ⁵kəʔ⁵iɛ̃⁴⁴lɛ²⁴iɛ⁴⁴z̩²⁴xɔ⁵³ɕiɛ̃²⁴ɕiã²¹，xɵ²⁴dɵ²¹n̺i⁰tʰa⁴⁴mɔ²¹xuã⁴⁴ɕi⁵³duəʔ¹²s̩⁴⁴la⁰，na²⁴tɔ²¹la⁰iəʔ⁵tən⁵³tɕia⁴⁴iəʔ⁵tɕin⁴⁴。tʰa⁴⁴ue²¹tɕia⁴⁴pəʔ⁵n̺ia²¹tɕʰin⁴⁴ma⁵³xɛ²¹ts̩⁰，ŋo⁵³tɕʰi²¹kua²⁴tsʰɔ⁴⁴pʰiɔ²⁴na⁴⁴li⁴⁴lɛ²¹，xɵ²⁴lɛ²¹tsʰɛ²¹tʰu⁴⁴tɕʰyəʔ⁵lɛ²¹tɕia⁴⁴·iəʔ⁵tɕin⁴⁴na²¹tɔ²⁴la⁰。ŋo⁵³xo²¹tʰa⁴⁴tɕia⁵³iɔ²⁴xuã⁴⁴ɕi⁵³duəʔ¹²s̩⁴⁴，xuã⁴⁴ɕi⁵³duəʔ¹²s̩⁴⁴iɛ⁵³tɕiɛ̃⁴⁴tɕʰin³³n̺ia²¹tɕʰin⁴⁴lɔ⁴⁴ts̩⁰fu²⁴tã⁴⁴，te²⁴n̺i⁵³ts̩²⁴tɕi²¹kəʔ⁵ʑiɛ̃²¹tʰu²⁴iɛ⁴⁴xɔ⁵³，piəʔ⁵iəʔ⁵xɵ²⁴na²¹tɔ²⁴piəʔ⁵iəʔ⁵tsən²⁴，ŋo⁴⁴mən²²noŋ²¹tsʰən⁴⁴u²⁴kʰɵ²¹kʰo⁴⁴i²⁴tɔ²⁴dzən²¹z̩²⁴。

当时她还是有点理直气壮的样子，认为自己有理，那天我就训了她一个多小时，她有点不开心了，就说："我要回去了，钱不够用了。"让我拿点钱给她。我随手给了她一百块钱，她说："一百块钱怎么够呢？"我说："随你，如果你发奋读书，回家再说；如果你不读书，随你回不回家，我不管你了。"我这样说，她眼泪就流了下来。她流眼泪也是个好的现象，这之后她就非常喜欢读书了，还拿到了一等奖学金。她回家给她妈妈买了双鞋，我奇怪她哪里来的钱，后来知道是她拿到了奖学金。我就和她说要努力读书，努力读书既可以减轻父母负担，对她自己的前途也有帮助，毕业后拿到毕业证，我们农村户口的人可以到城市工作。

　　她拿到了毕业证，很高兴咯回来了。我讲你欢喜读书，不读书我们农村人怎么办？你可以到杭州、上海、宁波找工作，都好落户口咯。回来之后在家休息了一段时间尼，外面有招聘了，她就去应聘。第一次她到杭州去应聘，可以咯，我钞票拿给你，你去，那她到杭州一看，人家研究生都找不到工作，博士生都找不到工作，本科生哪能找到工作尼？就回家了。

　　$t^{h}a^{44}$ na^{21} to^{24} $la^{0}$$pio?^{5}$$io?^{5}$$tsən^{24}$ ，$hən^{53}$ ko^{44} ein^{24} $kə?^{5}$$ue^{21}$ $lε^{24}$ la^{0} 。$ŋo^{44}$$tɕia^{53}$ $ɲi^{44}$ $xu\tilde{a}^{44}$ $ɕi^{53}$$duə?^{12}$$sʅ^{44}$ ，$po?^{5}$$duə?^{12}$$sʅ^{44}$ $ŋo^{44}$ $mən^{22}$ $noŋ^{21}$ $ts^{h}ən^{44}$ $ɲin^{21}$$tsən^{21}$ $ma^{0}$$p\tilde{a}^{24}$ ？$ɲi^{53}$ ko^{44} $i^{24}$$to^{24}$ $x\tilde{a}^{21}$ $tsө^{44}$ 、$z\tilde{a}^{24}$ $xε^{53}$ 、$ɲin^{21}$ po^{44} tso^{53} $koŋ^{44}$$tso^{24}$ ，$tө^{44}$$xo^{53}$ $luə?^{12}$ xu^{44} $k^{h}ө^{44}$$kə?^{5}$ 。ue^{21} $lε^{24}$$tsʅ^{44}$ $xө^{24}$ $dzε^{24}$$tɕia^{44}$ $ɕio^{44}$ $ɕiə?^{5}$$la^{0}$$iə?^{5}$ $du\tilde{a}^{24}$$zʅ^{21}$$tɕi\tilde{ε}^{44}$ $ɲi^{0}$ ，$uε^{24}$ $mi\tilde{ε}^{21}$ $iө^{53}$$tso^{44}$ $p^{h}in^{24}$ la^{0} ，$t^{h}a^{44}$ $dziө^{24}$ $tɕ^{h}y^{24}$$in^{24}$ $p^{h}in^{21}$ 。$ti^{24}$$iə?^{5}$$ts^{h}ʅ^{24}$$t^{h}a^{44}$$to^{24}$ $x\tilde{a}^{21}$ $tsө^{44}$$tɕ^{h}y^{24}$$in^{24}$ $p^{h}in^{21}$ ，ko^{44} i^{24} $kə?^{5}$ ，$ŋo^{53}$ $ts^{h}o^{44}$ $p^{h}io^{24}$ na^{21} ke^{44} $ɲi^{53}$ ，$ɲi^{53}$ $tɕ^{h}y^{24}$ ，na^{24} $t^{h}a^{44}$ to^{24} $x\tilde{a}^{21}$ $tsө^{44}$ $iə?^{5}$ $k^{h}\tilde{a}^{24}$ ，$ɲin^{21}$$tɕia^{44}$ $i\tilde{ε}^{21}$$tɕiө^{44}$ $sən^{44}$ $tө^{44}$ tso^{53} $po?^{5}$$to^{24}$ $koŋ^{44}$$tso^{24}$ ，po^{44} $zʅ^{24}$ $sən^{44}$ $tө^{44}$ tso^{53} $po?^{5}$$to^{24}$ $koŋ^{44}$$tso^{24}$ ，$pən^{53}$ ko^{44} $sən^{44}$ na^{53} $nən^{21}$ $tso^{44}$$to^{24}$ $koŋ^{44}$$tso^{24}$$ɲi^{0}$ ？$dziө^{24}$$ue^{21}$$tɕia^{44}$ la^{0} 。

　　她拿到了毕业证，很高兴地回来了。我说你喜欢读书，不读书的话我们农村人怎么办呢？你可以到上海、宁波、杭州去找工作了，都可以落户的。毕业之后她在家休息了一段时间，外面有招聘了，她就去应聘。第一次她要到杭州去应聘，她到杭州一看，研究生博士生都找不到工作,本科生哪能找到工作呢? 就回家了。

　　第二次尼到宁波,宁波咯招聘尼,到公司去,老板问她:"你学什么专业?" 她讲制冷,空调制冷各方面。老板也懂,就考察她,讲了几个问题问她,她都答得很好。她拨她咯各种证书咯复印件拿出来拨老板看,当时办公室人蛮多,都笑了,"有嘎好学生啊?" 当时她气的眼泪都要掉下来了,拨包里咯证书都拿出来了,包括各种荣誉证书。老板拨她打动了,讲:"本来我不想招女咯,想招男咯。"我女娃子讲:"男人能干了,我们女人干不了啊? 我是真心来应聘,随你们要不要,不要拉倒。"老板问她你住勒哪里,她就拨宁波同学咯电话拨老板,老板讲让我考虑两天。她那天住宁波同学家里,第二天天没亮老板打电话过来,说你想勒我们这里干就过来看看。我女儿,女娃子就过去看,老板讲你愿意咯话就开始上班,女娃子也蛮调皮,她讲:"那我不一定咯,还要回去问问我爸爸看,我爸爸同意不同意来葛里。"老板同意了,答应等她一个礼拜。她回来跟我们一讲,那么过了一个礼拜她去上班。

　　di²⁴ ɵ²¹ tsʰ²¹ ɳi⁰ tɔ²⁴ ɳin²¹ po⁴⁴ , ɳin²¹ po⁴⁴ kəʔ⁵ tsɔ⁴⁴ pʰin²⁴ ɳi⁰ , tɔ²⁴ koŋ⁴⁴ sʅ⁴⁴ tɕʰy²⁴ , lɔ⁴⁴ pa⁵³ mən²⁴ tʰa⁴⁴ : ɳi⁵³ iəʔ⁵ sʅ²¹ ma⁰ tɕyã⁴⁴ iəʔ⁵ ? tʰa⁴⁴ tɕia⁵³ tsʅ²⁴ lən⁵³ , kʰoŋ⁴⁴ diɔ²¹ tsʅ²⁴ lən⁵³ kəʔ⁵ fa⁴⁴ miɛ̃²⁴ 。 lɔ⁴⁴ pa⁵³ iɛ⁴⁴ toŋ⁵³ , dʑiɵ²⁴ kʰɔ⁴⁴ tsʰa²¹ tʰa⁴⁴ , tɕia⁵³ la⁰ tɕi⁴⁴ kəʔ⁵ mən²⁴ tʰi²¹ mən²⁴ tʰa⁴⁴ , tʰa⁴⁴ tɵ⁴⁴ taʔ⁵ təʔ⁵ xən⁴⁴ xɔ⁵³ 。 tʰa⁴⁴ pəʔ⁵ tʰa⁴⁴ kəʔ⁵ kəʔ⁵ tsoŋ⁵³ tsən²⁴ ɕy⁴⁴ kəʔ⁵ fu²⁴ in²¹ tɕiɛ̃²⁴ na²¹ tɕʰyəʔ⁵ lɛ²⁴ pəʔ⁵ lɔ⁴⁴ pa⁵³ kʰã²⁴ , tã²⁴ zʅ²² pã²⁴ koŋ⁴⁴ sʅ²¹ ɳin²¹ mã²⁴ to⁴⁴ , tɵ⁴⁴ ɕiɔ la⁰ , iɵ⁵³ ka²¹ xɔ⁵³ iəʔ⁵ sən⁴⁴ a⁰ ? tã²⁴ zʅ²¹ tʰa⁴⁴ tɕʰi²⁴ təʔ⁵ ŋɛ⁴⁴ lɛ²⁴ tɵ⁴⁴ iɔ²⁴ diɔ ɕia²⁴ lɛ²¹ la⁰ , pəʔ⁵ pɔ⁴⁴ li⁵³ kəʔ⁵ tsən²⁴ ɕy⁴⁴ tɵ⁴⁴ na²¹ tɕʰyəʔ⁵ lɛ²¹ la⁰ , pɔ⁴⁴ ko⁴⁴ kəʔ⁵ tsoŋ⁵³ zoŋ²¹ y²⁴ tsən²⁴ ɕy⁴⁴ 。 lɔ⁴⁴ pa⁵³ pəʔ⁵ tʰa⁴⁴ ta⁴⁴ doŋ²⁴ la⁰ , tɕia⁵³ : pən⁴⁴

lɛ²¹ ŋo⁴⁴ pəʔ⁵ ɕia⁴⁴ tsɔ⁴⁴ n̠y⁴⁴ kəʔ⁵ ,ɕia⁴⁴ tsɔ⁴⁴ nã²¹ kəʔ⁵ 。ŋo⁵³ n̠y⁴⁴ ua⁴⁴ tsʅ⁴⁴ tɕia̠⁵³ :
nã²¹ n̠in²⁴ nən²¹ k ã²⁴ la⁰ , ŋo⁴⁴ mən²¹ n̠y⁴⁴ n̠in²¹ k ã²⁴ pəʔ⁵ liɔ²¹ a⁰ ? ŋo⁴⁴ zʅ²⁴
tsən⁴⁴ ɕin⁴⁴ lɛ²¹ in²¹ pʰin²⁴ , sue²¹ n̠i⁴⁴ mən²¹ iɔ²⁴ pəʔ⁵ iɔ²⁴ , pəʔ⁵ iɔ²⁴ la⁴⁴ dɔ⁴⁴ 。
lɔ⁴⁴ pən⁵³ mən²⁴ tʰa⁴⁴ n̠i⁴⁴ tɕy²⁴ lɛ²¹ na⁴⁴ li⁴⁴ , ta⁴⁴ dʑiɵ²⁴ pəʔ⁵ n̠in²¹ po⁴⁴ doŋ²¹ iəʔ
kəʔ⁵ dia²⁴ hua²¹ pəʔ⁵ lɔ⁴⁴ pã⁵³ , lɔ⁴⁴ pã⁵³ tɕia̠⁵³ n̠ia̠²⁴ ŋo⁴⁴ kʰɔ⁴⁴ ly²⁴ lia⁴⁴ tʰiɛ̠³³ 。
tʰa⁴⁴ na²¹ tʰiɛ̠⁴⁴ tɕy²⁴ n̠in²¹ po⁴⁴ doŋ²¹ iəʔ⁵ ka⁴⁴ li⁰ , di²⁴ ɵ²¹ tʰ iɛ̠⁴⁴ tʰiɛ̠⁴⁴ me²¹ lia²⁴
lɔ⁴⁴ pã⁵³ ta⁵³ diɛ²⁴ xua²¹ ko²⁴ lɛ²¹ , so⁴⁴ n̠i⁴⁴ ɕia⁴⁴ lɛ²¹ ŋo⁴⁴ mən²¹ kəʔ⁵ li⁰ k ã²⁴
dʑiɵ²⁴ ko²⁴ lɛ²¹ kʰ ã²⁴ kʰ ã²¹ 。 ŋo⁴⁴ n̠y⁴⁴ ɵ²¹ ,n̠y⁴⁴ ua⁴⁴ tsʅ⁴⁴ dʑiɵ²⁴ ko²⁴ tɕy²¹ kʰ ã²⁴ ,
lɔ⁴⁴ pã⁵³ tɕia̠⁵³ n̠i⁴⁴ yɛ̠²⁴ i²¹ kəʔ⁵ xua²⁴ dʑiɵ²⁴ kʰai⁴⁴ sʅ⁴⁴ za²⁴ pã⁴⁴ , n̠y⁴⁴ ua⁴⁴ tsʅ⁴⁴
iɛ⁵⁴ mã²¹ diɔ²¹ bi²⁴ ,tʰa⁴⁴ tɕia⁴⁴ : na²⁴ ŋo⁵³ pəʔ⁵ iəʔ⁵ din²⁴ kəʔ⁵ , xuɛ²¹ iɔ²⁴ ue²¹
tɕʰy²⁴ mən²⁴ mən²¹ ŋo⁴⁴ pa⁴⁴ pa⁴⁴ kʰ ã²⁴ , ŋo⁴⁴ pa⁴⁴ pa⁴⁴ doŋ²¹ i²⁴ pəʔ⁵ doŋ²¹ i²⁴
lɛ²¹ kəʔ⁵ li⁰ 。 lɔ⁴⁴ pã⁵³ doŋ²¹ i²⁴ la⁰ , taʔ⁵ in²⁴ tən⁴⁴ tʰa³³ iəʔ⁵ kəʔ⁵ li⁴⁴ pɛ²⁴ 。 tʰa⁴⁴
ue²¹ lɛ²⁴ kən⁴⁴ ŋo⁴⁴ mən²² iəʔ⁵ tɕia̠⁵³ , na²⁴ ma⁰ ko²⁴ la⁰ iəʔ⁵ kəʔ⁵ li⁴⁴ pɛ²⁴ tʰa⁴⁴
tɕʰy²⁴ za²⁴ pã⁴⁴ 。

第二次到宁波应聘,老板问她是学什么专业的,她说制冷,老板也懂,就问了几个问题考察她,她都答得很好。她把她的各种证书的复印件拿出来给老板看,当时办公室的人都笑了,说:"有这么好的学生啊?"当时她气得眼泪都要掉下来了,就把包里的证书都拿出来了,包括各种荣誉证书。老板被她打动了,说:"本来我不想招女生,想招男生。"我女儿说:"哪里男人能干的活我们女人就不能干了? 我是真心来应聘的,随你们要不要,不要拉倒。"老板问她住在哪里,她就把在宁波的同学的电话给了老板,老板说他再考虑一下。她当时住在宁波同学家里,第二天天没亮老板就打电话过来,说:"你想在我们这干的话就过来看看。"我女儿就过去看,老板说:"如果你愿意的话就开始上班。"但她说:"我不一定的,我还要问问我爸爸,看我爸爸同不同意我来这里上班。"老板同意了，答应等她一个礼拜。她回来和我们商量，然后过了一个礼拜就去上班了。

　　一开始工程师，工程出事体，后来，老板拨她调去管仓库，管仓库尼品种有好几千。管仓库蛮复杂，但是她回来嘛，弟郎笑她，管仓库是小蚂蚱葛种人管，你也管仓库？她想不干了。我讲仓库种类多不多，她讲有好几千种，我讲那还是有点复杂咯。那我咯想法尼老板考察她，什么东西在什么地方，高头有什么东西，她都报咯毛清爽，说明老板考察她。那么过了一段时间，拨她调到统计科去了，她蛮高兴。她搞统计搞了一段时间，搞嘞蛮好，老板尼叫她动员她入党，写入党申请书。过了一段时间，又调生产科了，当生产科长。

iəʔ⁵ kʰɛ⁴⁴ sɿ⁵³ koŋ⁴⁴ tsʰən²² sɿ⁴⁴ ，koŋ⁴⁴ tsʰən²² tɕʰyəʔ⁵zɿ²⁴ tʰi⁵³，xə²⁴ lɛ²¹，lɔ⁴⁴ pã⁵³ pəʔ⁵ tʰa⁴⁴ diɔ²⁴ tɕʰy²¹ kuã⁵³ tsʰã⁴⁴ kʰu²⁴，kuã⁵³ tsʰã⁴⁴ kʰu²⁴ ɲi⁰ pʰin⁴⁴ tsoŋ⁵³ iə⁵³ xɔ⁵⁴ tɕi⁴⁴ tɕʰiɛ̃⁴⁴。kuã⁵³ tsʰã⁴⁴ kʰu²⁴ mã²¹ fu²⁴ tsaʔ⁵，dã²⁴ zɿ²¹ tʰa⁴⁴ ue²¹ lɛ²⁴ ma⁰，di²⁴ lã̃²¹ ɕiɔ²⁴ tʰa⁴⁴，kuã⁵³ tsʰã⁴⁴ kʰu²⁴ zɿ²⁴ ɕiɔ⁵³ ma⁴⁴ tsa⁰ kəʔ⁵ tsoŋ⁵³ ɲin²¹ kuã⁵³，ɲi⁴⁴ iɛ⁵³ kuã⁵³ tsʰã⁴⁴ kʰu²⁴？ tʰa⁴⁴ ɕiã⁵³ pəʔ⁵ kã²⁴ la⁰。ŋo⁴⁴ tɕiã⁵³ tsʰã⁴⁴ kʰu²⁴ pʰin⁴⁴ tsoŋ⁵³ to⁴⁴ pəʔ⁵ to⁴⁴，tʰa⁴⁴ tɕiã⁵³ iə⁵³ xɔ⁵³ tɕi⁵³ tɕʰiã̃⁴⁴ tsoŋ⁵³，ŋo⁴⁴ tɕiã⁵³ na²⁴ xuɛ²¹ zɿ²⁴ iə⁴⁴ tiɛ̃⁵³ fu²⁴ tsaʔ⁵ kəʔ⁵。na²⁴ ŋo⁵³ kəʔ⁵ ɕiã⁴⁴ faʔ⁵ ɲi⁰ lɔ⁴⁴ pã⁵³ kʰɔ⁴⁴ tsʰã²¹ tʰa⁴⁴，sɿ⁴⁴ ma⁰ toŋ⁴⁴ ɕi⁴⁴ tsɛ²⁴ sɿ⁴⁴ ma⁰ di²⁴ fã⁴⁴，kɔ⁴⁴ lə²¹ iə⁵³ sɿ⁴⁴ ma⁰ toŋ⁴⁴ ɕi⁴⁴，tʰa⁴⁴ tə⁴⁴ pɔ²⁴ kəʔ⁵ mɔ²¹ tɕʰin⁴⁴ sã⁵³，so⁴⁴ min⁴⁴ lɔ⁴⁴ pã⁵³ kʰɔ⁴⁴ tsʰã²¹ tʰa⁴⁴。na²⁴ ma⁰ ko²⁴ la⁰ iəʔ⁵ duã̃²⁴ zɿ²¹ tɕiɛ̃⁴⁴，pəʔ⁵ tʰa⁴⁴ diɔ²⁴ dɔ²¹ tʰoŋ⁴⁴ tɕi²⁴ kʰo⁴⁴ tɕʰy²⁴ la⁰，tʰa⁴⁴ mã²¹ kɔ⁴⁴ ɕin²⁴。tʰa⁴⁴ kɔ⁵³ tʰoŋ⁴⁴ tɕi²⁴ kɔ⁴⁴ la⁰ iəʔ⁵ duã̃²⁴ zɿ²¹ tɕiɛ̃⁴⁴，kɔ⁴⁴ le⁰ mã̃²¹ xɔ⁵³，lɔ⁴⁴ pã⁵³ ɲi⁰ tɕiɔ²⁴ tʰa⁴⁴ doŋ²⁴ yã̃²¹ tʰa⁴⁴ zəʔ¹² tã⁵³，iɛ⁵³ zəʔ¹² tã⁵³ sən⁴⁴ tɕʰin⁵³ sɿ⁴⁴。ko²⁴ la⁰ iəʔ⁵ duã̃²⁴ zɿ²¹ tɕiɛ̃⁴⁴，iə²⁴ diɔ²¹ sən⁴⁴ tsʰã⁵³ ko⁴⁴ la⁰，tã⁴⁴ sən⁴⁴ tsʰã⁵³ kʰo⁴⁴ tsã⁵³。

　　一开始是做工程师，后来工程出事，老板把她调去管仓库，仓库里品种有好几千。管仓库挺无聊的，弟弟就笑她，说你怎么去管仓库了，她就不想干了。我问她仓库里产品种类多不多，她说有好几千，我说那你的工作有点复杂的。有一天老板考察她，什么东西在什么地方，她说得都很清楚，过了一段时间，老板把她调到统计科去了，她挺高兴。她做统计做了一段时间，也做得挺好，老板就动员她入党，写入党申请书。过了一段时间她又调去生产科当科长了。

　　生产科长一当尼，她电话打回来尼。那我教导子女，你们走上工作岗位，年纪轻要眼光远，不要拿不明不白咯钱，啊，葛是第一个，第二个上下级关系要搞好，不管是工人还是你咯上级也好，都要搞好关系。她尼当了生产科长蛮吃香咯，那么她电话打来："拨我当上生产科长，有些外单位，加工单位，钞票塞来了。"我说："葛钞票尼是哪个就要还哪个，但是你要讲他一顿，葛个钞票不应该，不好要。"我们教导她，你年纪轻轻，你以前读书时写了两个字"拼搏"，那么你自己要用咯钱也要靠自己拼搏，靠自己十个手指头去干。每一次人家送来咯红包她都是不要，而且还批评他葛个事情不好做。

　　$sən^{44}tsʰ\tilde{a}^{53}kʰo^{44}tsa^{53}iəʔ^5t\tilde{a}^{44}ȵi^0$, $tʰa^{44}di\tilde{ɛ}^{24}xua^{21}ta^{53}ue^{21}lɛ^{24}ȵi^0$. $na^{24}ŋo^{44}tɕiɔ^{24}tɔ^{53}tsɿ^{44}y^{53}$, $ȵi^{44}mən^{21}tsø^{44}z\tilde{a}^{24}koŋ^{44}tso^{24}k\tilde{a}^{44}ue^{24}$, $ȵi\tilde{ɛ}^{21}tɕi^{24}tɕʰin^{44}iɔ^{24}ŋɛ^{44}kua^{33}ya^{53}$, $pəʔ^5iɔ^{24}na^{21}pəʔ^5min^{21}pəʔ^5ba^{12}kəʔ^5zi\tilde{ɛ}^{21}$, a^0, $kəʔ^5zɿ^{24}di^{24}iəʔ^5kəʔ^5$, $di^{24}ø^{21}kəʔ^5z\tilde{a}^{24}ɕia^{21}tɕi^{24}kua^{44}ɕi^{24}iɔ^{44}kɔ^{44}xɔ^{53}$, $pəʔ^5kua^{53}zɿ^{24}koŋ^{44}ȵin^{21}xuɛ^{21}zɿ^{44}ȵi^{44}kəʔ^5z\tilde{a}^{24}tɕi^{44}iɛ^{44}xɔ^{53}$, $tø^{44}iɔ^{24}kɔ^{44}xɔ^{53}kua^{44}ɕi^{24}$. $tʰa^{44}ȵi^0t\tilde{a}^{44}z\tilde{a}^{24}sən^{44}tsʰ\tilde{a}^{53}ko^{44}tsa^{53}m\tilde{a}^{21}tɕʰiəʔ^5ɕia^{44}kəʔ^5$, $na^{24}ma^0tʰa^{44}di\tilde{ɛ}^{24}xua^{21}ta^{44}lɛ^{21}$: $pəʔ^5ŋo^{53}t\tilde{a}^{44}z\tilde{a}^{24}sən^{44}tsʰ\tilde{a}^{53}kʰo^{44}tsa^{53}$, $iø^{44}iɛ^{44}uɛ^{24}t\tilde{a}^{44}ue^{24}$, $tɕia^{44}koŋ^{44}t\tilde{a}^{44}ue^{24}$, $tsʰɔ^{44}pʰiɔ^{24}sɛ^{44}lɛ^{21}la^0$. $ŋo^{44}so^{44}$: $kəʔ^5tsʰɔ^{44}pʰiɔ^{24}ȵi^0zɿ^{24}na^{44}kəʔ^5dziø^{24}iɔ^{21}xuɛ^{21}na^{33}kəʔ^5$, $d\tilde{a}^{24}zɿ^{21}ȵi^{44}iɔ^{24}$

tɕiã⁴⁴tʰa⁴⁴iəʔ⁵tun²⁴，kəʔ⁵kəʔ⁵tsʰɔ⁴⁴pʰiɔ²⁴pəʔ⁵in²⁴kɛ⁴⁴，pəʔ⁵xɔ⁵³iɔ²⁴。ŋo⁴⁴
mən²¹tɕiɔ²⁴tɔ⁵³tʰa⁴⁴，n̠i⁵³n̠iɛ̃²¹tɕi²⁴tɕʰin⁴⁴tɕʰin⁴⁴，n̠i⁴⁴i⁴⁴ziɛ̃²¹du²¹sɿ⁴⁴zɿ²¹
ɕiɛ⁴⁴la⁰liã⁴⁴kəʔ⁵zɿ²⁴pʰin⁴⁴ po⁴⁴，na²⁴ma⁰n̠i⁴⁴zɿ²⁴tɕi⁵³iɔ²⁴ioŋ²¹kəʔ⁵ziɛ̃²¹
iɛ⁴⁴iɔ²⁴kʰɔ²⁴zɿ²⁴tɕi⁵³pʰin⁴⁴po⁴⁴，kʰɔ²⁴zɿ²⁴tɕi⁵³zəʔ¹²kəʔ⁵tsɿ⁴⁴dəʔ⁵tɕʰy²⁴kã²¹。
me⁴⁴iəʔ⁵tsʰɿ²⁴n̠in²¹tɕiã⁰soŋ²⁴lɛ²¹kəʔ⁵xoŋ²¹pɔ⁴⁴tʰa⁴⁴təʔ⁴⁴zɿ²⁴pəʔ⁵iɔ²⁴，ɵ²¹
tɕʰiɛ⁵³xuɛ²¹pʰi⁴⁴pʰin²¹tʰa⁴⁴kəʔ⁵kəʔ⁵zɿ²⁴tɕʰin²¹pəʔ⁵xɔ⁵³tso²¹。

她一当上生产科长，就打电话回家和我们讲。我教导她说，你走上工作岗位，年纪轻眼光要远，一是不要拿不明不白的钱，二是上下级关系要搞好，不管是工人还是你的上级，都要搞好关系。她当上生产科长后挺吃香的，有次电话打来说："我当上生产科长，有些人钱就塞过来了。"我说："这钱是谁的就要还给谁，你还要训他一顿，不能塞钱的，这个钱不能收的。"我们教导她，你以前读书时写过两个字"拼搏"，现在自己要用的钱也要自己拼搏，靠自己努力工作去挣。每一次别人塞给她红包她都不收的，而且还说这个事情是不能做的。

那尼生产科长当了两年。有一次，回来要过年，她年包和车票买好了，准备回家过年，结果尼，等于说外单来了，要赶紧装箱运出去。那么葛个时间人家都关门都放假了，她到两个大港口转了一下，等于说，没有集装箱卖了。她看到尼掼到外面有破集装箱，她就联系下，让厂里开车过来拨葛两个破集装箱装回去。老板当时说："你葛个小娘婢＝拨破集装箱弄回来怎么搞？"她说："买不到啊。"老板说："葛样的话，所有办公室人员都不准回家，吃了困难都要来厂里，大家轮番修理。"结果他们搞到廿七号夜晚拨箱子修好，连夜拨货装好，第二天早上，拨葛个集装箱拉到港口，才，她才回来过年，八点钟回来过年，正月上班时，老板伸大拇指："了不起，了不起，小娘婢⁼,能干。"

na²⁴ n̠i⁰sən⁴⁴tsʰ ã⁵³ kʰo⁴⁴ tsã⁵³ t ã⁴⁴la⁰li ã⁴⁴ n̠i ɛ̃²¹。iθ⁴⁴iəʔ⁵tsʰʅ²⁴,ue²¹ lɛ²⁴iɔ²⁴ko²⁴n̠i ɛ̃²¹,tʰa⁴⁴n̠i ɛ̃²¹pɔ⁴⁴xo²¹tsʰa⁴⁴pʰiɔ²⁴mɛ⁴⁴xɔ⁵³la⁰,tsun⁴⁴pei²⁴ ue²¹tɕia⁴⁴ko²⁴n̠i ɛ̃²¹,tɕiəʔ⁵ko⁴⁴n̠i⁰,tən⁴⁴y²⁴so⁴⁴ue²⁴t ã⁴⁴lɛ²¹la⁰,iɔ²⁴k ã⁴⁴ tɕin⁵³tsu ã⁴⁴ɕi ã⁴⁴yn²⁴tɕʰyəʔ⁵tɕʰy²⁴。na²⁴ma⁰kəʔ⁵kəʔ⁵zʅ²¹tɕi ɛ̃⁴⁴ n̠in²¹ tɕia⁴⁴tθ⁴⁴kue⁴⁴mən²¹fã²⁴tɕia²¹la⁰,tʰa⁴⁴tɔ²⁴li ã⁴⁴kəʔ⁵da²⁴k ã⁴⁴kʰθ⁵³tɕya²⁴ la⁰iəʔ⁵ɕia²⁴,tən⁴⁴y²⁴so⁴⁴,me²¹iθ⁵³tɕi⁴⁴tsu ã⁴⁴ɕi ã⁴⁴ma²⁴la⁰。tʰa⁴⁴k ã⁴⁴tɔ²¹ n̠i⁰ku ã²⁴tɔ²¹ue²⁴mi ɛ̃²¹iθ⁴⁴pʰo²⁴tɕi⁴⁴tsu ã⁴⁴ɕi ã⁴⁴,tʰa⁴⁴dziθ²⁴li ɛ̃²¹ɕi²⁴ɕia²⁴, n̠ia²⁴tsʰ ã⁴⁴li⁰kʰ ɛ⁴⁴tsʰa⁴⁴ko²⁴lɛ²¹pəʔ⁵kəʔ⁵li ã⁴⁴kəʔ⁵pʰo²⁴tɕi⁴⁴tsu ã⁴⁴ɕi ã⁴⁴ tsu ã⁴⁴ue²¹tɕʰy²⁴。lɔ⁴⁴p ã⁵³t ã⁴⁴zʅ²¹so⁴⁴: n̠i⁴⁴kəʔ⁵kəʔ⁵ɕia⁴⁴n̠ia²¹piəʔ⁵pəʔ⁵ pʰo²⁴tɕi⁴⁴tsu ã⁴⁴ɕia⁴⁴noŋ²⁴ue²¹lɛ²⁴tsən²¹ma⁰kɔ⁵³？ tʰa⁴⁴so⁴⁴:ma⁴⁴pəʔ⁵tɔ²⁴ a⁰。lɔ⁴⁴p ã⁵³so⁴⁴:kəʔ⁵i ã²⁴kəʔ⁵xua²⁴,so⁴⁴iθ⁵³p ã²⁴koŋ⁴⁴səʔ⁵n̠in²¹y ã²⁴tθ⁴⁴ pəʔ⁵tsun⁴⁴ue²¹tɕia⁴⁴,tɕʰiəʔ⁵la⁰kʰun²⁴n ã²¹tθ⁴⁴iɔ²⁴lɛ²¹tsa⁴⁴li⁰,da²⁴tɕia⁴⁴ lun²¹fa⁴⁴ɕiθ⁴⁴li⁵³。tɕiəʔ⁵ko⁴⁴tʰa⁴⁴mən²¹kɔ⁴⁴tɔ²⁴ni ɛ̃²¹tɕʰiəʔ⁵xɔ²⁴ia²⁴m ã⁵³ pəʔ⁵ɕia⁴⁴tsʅ⁰ɕiθ⁴⁴xɔ⁵³,li ɛ̃²¹ia²⁴pəʔ⁵xo²⁴tsu ã⁴⁴xɔ⁵³,di²⁴θ²¹tʰi ɛ̃⁴⁴tsɔ⁴⁴z ã²⁴, pəʔ⁵kəʔ⁵kəʔ⁵tɕi⁴⁴tsu ã⁴⁴ɕia⁴⁴la⁴⁴tɔ²⁴k ã⁴⁴kʰθ⁵³,tsʰ ɛ²²,tʰa⁴⁴tsʰ ɛ²¹ue²¹lɛ²⁴ ko²⁴n̠i ɛ̃²¹,paʔ⁵ti ɛ̃⁵³tsoŋ⁴⁴ue²¹lɛ²⁴ko²⁴n̠iɛ²¹,tsən⁴⁴yəʔ⁵z ã²⁴p ã⁴⁴zʅ²⁴, lɔ⁴⁴p ã⁵³sən⁴⁴da²⁴mu⁴⁴tsʅ⁵³:li ɔ²¹pəʔ⁵tɕʰi⁵³,li ɔ²¹pəʔ⁵tɕʰi⁵³,ɕia⁴⁴n̠ia²¹piəʔ⁵, nən²¹k ã²⁴。

她生产科长当了两年。其间有一次,她年货和红包都买好了准备回家过年,结果有外单来了,要赶紧装箱运出去。可是这个时间大家都关门放假了,她到两个大港口转了转,没有集装箱卖了。她看到外面有两个破集装箱,就联系了下,然后让厂里开车过来把这两个破集装箱装回去。老板当时说:"你这个女人把两个破集装箱弄回来干嘛?"她说:"买不到了啊。"老板说:"这样的话,所有办公室人员都不准回家,克服困难也要来厂里,大家轮番修理。"结果他们修了很久才把箱子修好，又连夜把货装好，再把这个集装箱拉到港口，然后她才回家过年。正月上班时，老板竖起大拇指夸她："了不起，了不起，这女人能干。"

　　她在公司里尼一直发扬蛮好咯，那么，那么党员批下来，公司里咯团支部书记叫她接过，拔她升级搞业务经理，业务各方面公司事体进出让她接手，老板蛮器重她，那么，拨她一笔奖金，干咯不错。

tʰa⁴⁴ tse²⁴ koŋ⁴⁴ sʅ⁴⁴ liⁿ ȵiⁿ iəʔ⁵tsəʔ⁵faʔ⁵i ã²¹ m ã²¹ xɔ⁴⁴ kəʔ⁵ , na²⁴ maⁿ , na²⁴maⁿt ã⁴⁴ y ã²¹ pʰi⁴⁴ ɕia²⁴ lɛ²¹ , koŋ⁴⁴ sʅ⁴⁴ liⁿ kəʔ⁵du ã²¹ tsʅ⁴⁴ pu²⁴ su⁴⁴ tɕi²⁴ tɕiɔ²⁴ tʰa⁴⁴ tɕiəʔ⁵koⁿ , pəʔ⁵tʰa⁴⁴ sən⁴⁴ tɕi⁴⁴ kɔ⁵³ iəʔ⁵u²⁴ tɕin⁴⁴ li⁵³ , iəʔ⁵u²⁴ kəʔ⁵fa⁴⁴ mi ɛ̃²⁴ koŋ⁴⁴ sʅ⁴⁴ zʅ²⁴ tʰi⁵³ tɕin²⁴ tɕʰyəʔ⁵ȵi ã²⁴ tʰa⁴⁴ tɕiəʔ⁵sə⁵³ , lɔ⁴⁴ pã⁵³m ã²¹tɕʰi²⁴tsoŋ²¹tʰa⁴⁴ , na²⁴maⁿ ,pəʔ⁵tʰa⁴⁴iəʔ⁵piəʔ⁵tɕia⁴⁴tɕin³³ , kã²⁴ kəʔ⁵pəʔ⁵tsʰo²⁴ 。

　　她在公司里发展得挺好的，公司里的团支部书记由她担任，又提拔她为业务经理，公司业务等方面的事务由她负责。老板很器重她，给了她一笔奖金，夸她干得不错。

　　我女婿尼也好，他现在是公司里咯总经理。两夫妻一个是党支部书记，一个是团支部书记。对于她年纪轻轻，三十多岁，两夫妻就拨房子车子都努力买好了。对公司尼也有一定咯贡献，老板尼没有亏待他们。

ŋɔ⁵³ ȵy⁴⁴ ɕi²¹ ȵiⁿ iɛ⁴⁴ xɔ⁵³ , tʰa⁴⁴ ɕi ɛ̃²⁴ tsɛ²¹ zʅ²⁴ koŋ⁴⁴ sʅ⁴⁴ liⁿ kəʔ⁵tsoŋ⁵³ tɕin⁴⁴ li⁵³ 。li ã⁵³ fu⁴⁴ tɕʰi⁴⁴ iəʔ⁵kəʔ⁵zʅ²⁴ t ã⁵³ tsʅ⁴⁴ pu²⁴ su⁴⁴ tɕi²⁴ , iəʔ⁵kəʔ⁵zʅ²⁴ du ã²¹tsʅ⁴⁴ pu²⁴su⁴⁴tɕi²⁴ 。te²⁴ y²¹tʰa⁴⁴ ȵi ɛ̃²⁴ tɕi²⁴tɕʰin⁴⁴tɕʰin⁴⁴ , sã⁴⁴ zəʔ¹²to⁴⁴ sue²⁴ , li ã⁵³ fu⁴⁴tɕʰi⁴⁴ dʑiə⁴⁴ pəʔ⁵f ã²¹ tsʅⁿ tsʰa⁴⁴ tsʅⁿ tə⁴⁴ nu²¹ liəʔ¹² mɛ⁴⁴ xɔ⁵³ laⁿ 。te²⁴ koŋ⁴⁴sʅ⁴⁴ȵiⁿ iɛ²¹ iə⁵³ iəʔ⁵din²⁴ kəʔ⁵koŋ²⁴ɕi ɛ̃²⁴ , lɔ⁴⁴ pã⁵³ȵiⁿ me²¹ iə⁵³ kʰue⁴⁴tɛ²⁴tʰa⁴⁴mən²¹。

我女婿也很能干，他现在是公司里的总经理。两夫妻一个是团支部书记，一个是党支部书记。我女儿年纪轻轻，三十多岁，两夫妻就把房子车子都买好了，对公司有一定的贡献，老板也没有亏待他们。

（2018 年 8 月 10 日，分水，发音人：邱水明）

（二）方言老女

个人经历

我自我介绍一记，我是桐庐县分水镇武盛村，县西小村社员刘春美。我嘛讲讲过去咯事体。以前嘛生产队里做生活咯，做做嘛，奖工分咯，夜里要到生产队去挖窟窿啊，有一个窟窿挖好，就一天工分到手，第二天哇也是赶着去做，做做尼也蛮开心，啊。那么回来尼，那么烧点吃吃，家里嘛，小鬼带带，啊，那我们老公也是生产队里做做咯，他嘛也是做做，那么尼，团委当当，治保主任当当，啊，就是葛样子，我们农民都是做做吃吃咯人，都是葛样子。

ŋo⁵³zᴢ̩²⁴ ŋo⁵³tɕiɛ²⁴zo²¹iəʔ⁵tɕi²⁴ ， ŋo⁴⁴zᴢ̩²⁴doŋ²¹lu²⁴yã²⁴fən⁴⁴sue⁵³tsən²⁴u⁴⁴zən²⁴tsʰən⁴⁴ ， yã²⁴ɕi⁴⁴ɕiɔ⁴⁴tsʰən³³se²⁴yã²¹liɵ²¹tɕʰyn⁴⁴me⁵³ 。 ŋo⁵³maᵒtɕiã⁴⁴tɕiã⁵³ko²⁴tɕʰy²¹kəʔ⁵zᴢ̩²⁴tʰi⁵³ 。 i⁴⁴dʑiɛ²¹maᵒsən⁴⁴tsʰã̃⁵³te²⁴liᵒtso²⁴sən⁴⁴xuaʔ⁵kəʔ⁵ ， tso²⁴tso²¹maᵒ ，tɕiã⁴⁴koŋ⁴⁴fən⁴⁴kəʔ⁵ ， iɛ²⁴liᵒiɔ²⁴tɔ²¹sən⁴⁴tsʰã̃⁵³te²⁴tɕʰy²⁴uaʔ⁵kʰu⁴⁴loŋ²¹aᵒ ， iɵ⁵³iəʔ⁵kəʔ⁵kʰu⁴⁴loŋ²¹uaʔ⁵xɔ⁵³ ， dʑiɵ²⁴iəʔ⁵tʰiɛ̃⁴⁴koŋ⁴⁴fən⁴⁴tɔ²⁴sɵ⁵³ ， di²⁴ɵ²¹tʰiɛ̃⁴⁴vaᵒiɛ⁴⁴zᴢ̩²⁴ka⁴⁴tsəʔ⁵tɕʰy²⁴tso²¹ ， tso²⁴tso²¹ɳiᵒiɛ⁵³mã̃²¹kʰɛ⁴⁴ɕin⁴⁴ ， aᵒ 。 na²⁴maᵒue²¹lɛ²⁴ɳiᵒ ，na⁴maᵒsɔ⁴⁴tiɛ̃⁵³tɕʰiəʔ⁵tɕʰiəʔ⁵ ， tɕia⁴⁴liᵒmaᵒ ，ɕiɔ⁴⁴kue⁴⁴tɛ²⁴tɛ²¹ ，aᵒ ， na²⁴ŋo⁴⁴mən²¹lɔ⁵³koŋ⁴⁴iɛ⁵³zᴢ̩²⁴sən⁴⁴tsʰã̃⁴⁴te²⁴liᵒtso²⁴tso²¹kəʔ⁵ ， tʰa⁵⁵maᵒiɛ⁵³zᴢ̩²⁴tso²⁴tso²¹ ，ma²⁴maᵒɳiᵒ ， tã2¹ue⁴⁴tã⁴⁴tã̃⁴⁴ ，tsᴢ̩²⁴pɔ⁵³tɕy⁴⁴zən²⁴tã⁴⁴tã̃⁴⁴ ， aᵒ ，dʑiɵ²⁴zᴢ̩²¹kəʔ⁵iã̃²⁴tsᴢ̩ᵒ ， ŋo⁴⁴mən²¹noŋ²¹min²⁴tɵ⁴⁴zᴢ̩²⁴tso²⁴tso²¹tɕʰiəʔ⁵tɕʰiəʔ⁵kəʔ⁵ɳin²¹ ， tɵ⁴⁴zʅ²⁴kəʔ⁵ia̰²⁴tsʅ⁰。

　　我自我介绍一下，我是桐庐县分水镇武盛村县西自然村社员刘春美。我就讲讲我过去的事情。我以前是在生产队里做工的，当时计工分，夜里要到生产队去挖洞，一个洞挖好，一天的工分就到手了，第二天接着去干活，活干得也挺开心的。回来以后家里烧点饭，带带小孩。我老公也是在生产队做工的，我们农民都是这样的。

　　做了以后嘛，城里来抽人来，他要到我们生产队抽一个到联防队里去。到联防队去尼，县里有个王部长下来了，他到我家里，他问我："你咯老公尼？"我讲："我老公勒田里做生活，还没有回来。"他讲："你可以不可以带我到田里去看一下？"那我讲："好咯，我带你去。"那我拨儿子一抱尼，我拨他带田里去了。田里嘛太阳蛮大咯，那么我讲周奇祥有人来找你嘞，他讲哪个，我讲是县里咯王部长，他叫你有事体。王部长尼拨我老公叫出来，以前田旁边都有一个灰棚，那么就那个灰棚里谈话哩。

tso²⁴la⁰i⁴⁴xɵ²⁴ma⁰，dzən²¹li⁰lɛ²¹tsʰɵ⁴⁴ȵin²¹lɛ²⁴，tʰa⁴⁴iɔ²⁴tɔ²¹ŋo⁴⁴mən²¹sən⁴⁴tsʰã⁵³te²⁴tsʰɵ⁴⁴iəʔ⁵kəʔ⁵tɔ²⁴liɛ̃²¹fa²⁴te²⁴li⁰tɕʰy²⁴。tɔ²⁴liɛ̃²¹fa²⁴te²⁴tɕʰy²⁴ȵi⁰，ya̰²⁴li⁰iɵ⁴⁴kəʔ⁵ua̰²¹pu²⁴tsã⁵³ɕia²⁴lɛ²¹la⁰，tʰa⁴⁴tɔ²¹ŋo⁵³tɕia⁴⁴li⁰，tʰa⁴⁴mən²⁴ŋo⁵³：ȵi⁴⁴kəʔ⁵lɔ⁵³koŋ⁴⁴ȵi²¹？ŋo³³tɕiã⁵³：ŋo⁵³lɔ⁵³koŋ⁴⁴lɛ²⁴diɛ̃²¹li²⁴tso²⁴sən⁴⁴uaʔ⁵，xua̰²¹me²¹iɵ⁵³ue²¹lɛ²⁴。tʰa⁴⁴tɕiã⁵³：ȵi⁴⁴ko⁴⁴i⁴⁴pəʔ⁵ko⁴⁴i⁴⁴te²⁴ŋo⁵³tɔ²⁴diɛ̃²¹li⁰tɕʰy²⁴kʰã̰²⁴iəʔ⁵ia²⁴？na²⁴ŋo²⁴tɕiã⁵³：xɔ⁴⁴kəʔ⁵，ŋo⁴⁴te²⁴ȵi⁴⁴tɕʰy²⁴。na²⁴ŋo⁵³pəʔ⁵ɵ²¹tsʅ⁰iəʔ⁵pɔ²⁴ȵi⁰，ŋo⁵³pəʔ⁵tʰa⁴⁴te²⁴diɛ̃²¹li⁰tɕʰy²⁴la⁰。diɛ̃²¹li⁰ma⁰te²⁴ia̰²¹ma̰²¹da²⁴kəʔ⁵，na²⁴ma⁰ŋo⁴⁴tɕiã⁵³tsɵ⁴⁴dʑi²¹ɕiã²⁴iɵ⁴⁴ȵin²¹lɛ²¹tsɔ⁵³ȵi⁴⁴lɛ⁰，tʰa⁴⁴tɕiã⁵³na²¹kəʔ⁵，ŋo⁴⁴tɕiã⁵³zʅ²⁴ya̰²⁴li⁰kəʔ⁵uã²¹pu²⁴tsã⁵³，tʰa⁴⁴tɕiə²⁴ȵi⁴⁴iɵ⁴⁴zʅ²⁴tʰi⁵³。ua̰²¹

pu²⁴ tsã⁵³ n̠i⁰ pəʔ⁵ ŋo⁵³ lɔ⁴⁴ koŋ⁴⁴ tɕiɔ²⁴ tɕʰyəʔ⁵ lɛ²¹ ，i⁴⁴ dʑiɛ̃²¹ diɛ̃²¹ bã²¹ piɛ⁴⁴
tɵ⁴⁴ iɵ⁵³ iəʔ⁵ kəʔ⁵ xue⁴⁴ bən²¹ ，na²⁴ ma⁰ dʑiɵ²⁴ na²⁴ kəʔ⁵ xue⁴⁴ bən²¹ li⁰ dã²¹
xua²⁴ li⁰。

　　后来镇里过来抽人，要从生产队抽一个到联防队去。县里有个
王部长下来了，到我家里问我："你的老公呢？"我说："我老公在田里
干活，还没回来。"他说："你可不可以带我到田里去看一下？"我说：
"好的，我带你去。"我把儿子抱上，就带他到田里去了。当时太阳很
大，到田间我和老公说有人找他，他问是谁，我说是县里的王部长，
他找你有事情。王部长把我老公叫出来，那时田旁边都有棚，他们
就在那个棚里谈话了。

　　谈话嘛，我也坐勒那里，我听到他讲："你到城里联防队里去，可
以吧？"我老公讲："蛮好咯，到联防队里去。"那么，我也好稀奇，问：
"王部长，现在天公嘎热，趁工分毛好趁，毛高咯，三十分一天，到你
城里去工资怎么样子，你跟我讲实话。"那么，王部长讲："那你刚刚
进去尼，是六十八块一个月。"他讲，我们那还有奖。那我咯想尼六
十八块一个月尼我想也好，月月都有咯拿。我讲那么，田横生活做
做回来，我跟他讲，我讲，那你到城里去上班好了，月月都有钞票拿，
我讲，勒那个生产队里啊，一年做到头，要到十二月里，才有可能倒
挂不倒挂，倒挂尼，就一分钱都没有拿。那么，要是好咯，点点好找
找，啊。那么，我老公他讲：那么好咯，既然老婆支持我了，那我到城
里去了。那么城里去上班去了。

　　dã²¹ xua²⁴ ma⁰ ，ŋo⁵³ iɛ⁴⁴ zo²⁴ lɛ²¹ na²⁴ li⁰ ，ŋo⁵³ tʰin⁴⁴ tɔ²⁴ tʰa⁴⁴ tɕiã⁵³ : n̠i⁴⁴
tɔ²⁴ dzən²¹ li⁰ liɛ̃²¹ fã²⁴ te²⁴ li⁰ tɕʰy²⁴ ，ko⁴⁴ i²¹ pa⁰ ？ ŋo⁵³ lɔ⁴⁴ koŋ⁴⁴ tɕiã⁵³ : mã²¹
xɔ⁵³ kəʔ⁵ ，tɔ²⁴ liɛ̃²¹ fã²⁴ te²⁴ li⁰ tɕʰy²⁴。na²⁴ ma⁰ ，ŋo⁵³ iɛ⁴⁴ xɔ⁴⁴ ɕi⁴⁴ dʑi²¹ ，
mən¹³ : uã²¹ pu²⁴ tsã⁵³ ，y²⁴ tsɛ⁴⁴ tʰiɛ̃⁴⁴ koŋ⁴⁴ ka⁴⁴ n̠iəʔ¹² ，tsʰən²⁴ koŋ⁴⁴ fən⁴⁴

mɔ²¹xɔ⁴⁴tsʰən²⁴，mɔ²¹kɔ⁴⁴kəʔ⁵，sã⁴⁴zəʔ¹²fən⁴⁴iəʔ⁵tʰiɛ̃⁴⁴，tɔ²⁴n̠i⁴⁴dzən²¹
li⁰tɕʰy²⁴koŋ⁴⁴tsʅ⁴⁴tsən⁴⁴ma⁰iã²⁴tsʅ⁰，n̠i⁴⁴kən⁴⁴ŋo⁴⁴tɕia⁵³zəʔ¹²xua²⁴。na²⁴
ma⁰，uã²¹pu²⁴tsã⁵³tɕia⁵³：na²⁴n̠i⁴⁴kã⁴⁴kã⁴⁴tɕin²⁴tɕʰy²¹n̠i⁰，zʅ²⁴ləʔ¹²zəʔ¹²
paʔ⁵kuɛ²⁴iəʔ⁵kəʔ⁵yəʔ⁵。tʰa⁴⁴tɕiã⁵³，ŋo⁴⁴mən²¹na²⁴xuɛ²¹iθ⁵³tɕia⁴⁴。na²⁴
ŋo⁵³kəʔ⁵ɕiã̃⁴⁴n̠i⁰ləʔ²zəʔ¹²paʔ⁵kuɛ²⁴iəʔ⁵kəʔ⁵yəʔ⁵n̠i⁰ŋo⁵³ɕiã⁴⁴iɛ⁴⁴xɔ⁴⁴，
yəʔ¹²yəʔ¹²tθ⁴⁴iθ⁵³kəʔ⁵na²¹。ŋo⁴⁴tɕiã⁵³na²⁴ma⁰，diɛ̃²¹uã²⁴sən⁴⁴uaʔ⁵tsɔ²⁴
tsɔ²¹uɛ²¹lɛ²⁴，ŋo⁵³kən⁴⁴tʰa⁴⁴tɕia⁵³，ŋo⁴⁴tɕia⁵³，na²⁴n̠i⁴⁴tɔ²⁴dzən²¹li⁰tɕʰy²⁴
zã̃²⁴pã⁴⁴xɔ⁵³la⁰，yəʔ¹²yəʔ¹²tθ⁴⁴iθ⁵³tsʰɔ⁴⁴pʰiɔ²⁴na²¹，ŋo⁴⁴tɕia⁵³，lɛ²⁴na²⁴
kəʔ⁵sən⁴⁴tsʰã̃⁵³te²⁴li⁰a⁰，iəʔ⁵n̠iɛ̃²¹tsɔ²⁴tɔ²¹tʰθ²¹，iɔ²⁴tɔ²¹zəʔ¹²θ²⁴yəʔ²li⁰，
dzɛ²¹iθ⁵³ko⁴⁴nən⁴⁴tɔ²⁴kua²¹pəʔ⁵tɔ²⁴kua²¹，tɔ²⁴kua²¹n̠i⁰，dziθ²⁴iəʔ⁵fən⁴⁴
dziɛ̃²¹tθ⁴⁴me²¹iθ⁵³na⁰。na²⁴ma⁰，iɔ²⁴zʅ²¹xɔ⁵³kəʔ⁵，tiɛ̃⁴⁴tiɛ̃⁵³xɔ⁵³tsɔ⁴⁴tsɔ⁵³，
a⁰。na²⁴ma⁰，ŋo⁵³lɔ⁴⁴koŋ⁵³tʰa⁴⁴tɕia⁵³：na²⁴ma⁰xɔ⁵³kəʔ⁵，tɕi²⁴zã̃²¹lɔ⁴⁴bu²¹
tsʅ⁴⁴tsʰʅ²⁴ŋo⁵³la⁰，na²⁴ŋo⁵³tɔ²⁴dzən²¹li⁰tɕʰy²⁴la⁰。na²⁴ma⁰dzən²¹li⁰tɕʰy²⁴
zã̃²⁴pã⁴⁴tɕʰy²⁴la⁰。

他们谈话时我也坐在那里，我听到王部长问我老公："你到城里的联防队去，可以吗?"我老公说:"挺好的,到联防队去。"我也好奇,就问:"王部长,现在天气这么热,工分是很好赚的,很高的,三十分一天,到城里去工资是多少,你和我讲实话。"王部长说:"刚刚进去,是六十八块一个月。"我想六十八块一个月也挺好的,每个月都有得拿。田里的活干完回来后,我就和我老公说,那你到城里去上班好了,每个月都有钱拿,在生产队里干活,要一年做到头,做到十二月,还有可能一分钱都没得拿。我老公说:"好的,既然我老婆这么支持我,那我到城里去了。"他就去城里上班了。

城里上班尼,一直上到尼,那么在城里嘛上了好两年咯。联防队里也等了好两年。那么,后来等等嘛,政府里尼,造污水厂里,要

管门卫,他讲,张书记来讲,他讲,你到污水厂里去好不好,他讲,到污水厂里也好咯,反正城里上班跟污水厂里上班待遇一式样咯。一式样看待。我老公讲,那么好咯,那么到污水厂上班。污水厂上班,一直做保安,做了好两年。做了好两年尼,霞目山那个大桥下面格茅草窠里,又建了个新污水厂,建了个新污水厂尼,那叫我老公到新污水厂里去,新污水厂里去尼,也等了好两年,等了好两年尼,一直等到退休。那么,通知到了,退休了,拿工资了,他讲,那你想想办法看,后来,等了两年,等了两年尼,那又回来嘞。

dzən²¹li⁰za̱²⁴pã⁴⁴ȵi⁰,iəʔ⁵tsəʔ⁵za̱²⁴tɔ²¹ȵi⁰,na²⁴ma⁰dzɛ²⁴dzən²¹li⁰ma⁰za̱²⁴la⁰xɔ⁴⁴lia̱⁵³ȵiɛ̱²¹kəʔ⁵。liɛ̱²¹fa̱²⁴te²⁴li⁰iɛ⁵³tən⁴⁴la⁰xɔ⁴⁴lia̱⁵³ȵiɛ̱²¹。na²⁴ma⁰,xø²⁴lɛ²¹tən⁴⁴tən⁵³ma⁰,tsən²⁴fu⁵³li⁰ȵi⁰,zɔ²⁴u⁴⁴sue⁴⁴tsʰa̱⁵³li⁰,iɔ²⁴kua⁵³mən²¹ue²⁴,tʰa⁴⁴tɕia⁵³,tsa⁴⁴ɕy⁴⁴tɕi²⁴lɛ²¹tɕia⁵³,tʰa⁴⁴tɕia⁵³,ȵi⁴⁴tɔ²⁴u⁴⁴sue⁵³tsʰa̱⁵³li⁰tɕʰy²⁴xɔ⁴⁴pəʔ⁵xɔ⁵³,tʰa⁴⁴tɕia⁵³,tɔ²⁴u⁴⁴sue⁵³tsʰa̱⁵³li⁰iɛ⁴⁴xɔ⁵³kəʔ⁵,fa̱⁴⁴tsən²⁴dzən²¹li⁰za̱²⁴pã⁴⁴kən⁴⁴u⁴⁴sue⁵³tsʰa̱⁵³li⁰za̱²⁴pã⁴⁴tɛ²⁴y²¹iəʔ⁵sɿ²⁴ia̱²⁴kəʔ⁵。iəʔ⁵sɿ²⁴ia̱²⁴kʰã²⁴tɛ²¹。ŋo⁴⁴lɔ⁵³koŋ⁴⁴tɕia⁵³,na²⁴ma⁰xɔ⁵³kəʔ⁵,na²⁴ma⁰tɔ²⁴u⁴⁴sue⁵³tsʰa̱⁵³za̱²⁴pã⁴⁴。u⁴⁴sue⁵³tsʰa̱⁵³za̱²⁴pã⁴⁴,iəʔ⁵tsəʔ⁵tsɔ²⁴pɔ⁴⁴ŋã³³,tsɔ²⁴la⁰xɔ⁵³lia⁴⁴ȵiɛ̱²¹。tsɔ²⁴la⁰xɔ⁵³lia⁴⁴ȵiɛ̱²¹ȵi⁰,ɕia²¹mu²⁴sã⁴⁴na²⁴kəʔ⁵da̱²⁴dziɔ²¹ia²⁴miɛ̱²¹kəʔ⁵mɔ²¹tsʰɔ⁵³kəʔ⁵li⁰,iø²⁴tɕiɛ²⁴la⁰kəʔ⁵ɕin⁴⁴u⁴⁴sue⁵³tsʰa̱⁵³,tɕiɛ²⁴la⁰kəʔ⁵ɕin⁴⁴u⁴⁴sue⁵³tsʰa̱⁵³ȵi⁰,na²⁴tɕiɔ²⁴ŋo⁵³lɔ⁵³koŋ⁴⁴tɔ²⁴ɕin⁴⁴u⁴⁴sue⁵³tsʰa̱⁵³li⁰tɕʰy²⁴,ɕin⁴⁴u⁴⁴sue⁵³tsʰa̱⁵³li⁰tɕʰy²⁴ȵi⁰,iɛ⁴⁴tən⁵³la⁰xɔ⁴⁴lia̱⁵³ȵiɛ̱²¹,tən⁵³la⁰xɔ⁴⁴lia̱⁵³ȵiɛ̱²¹ȵi⁰,iəʔ⁵tsəʔ⁵tən⁵³tɔ²⁴tue²⁴ɕiø⁴⁴。na²⁴ma⁰,tʰoŋ⁴⁴tsɿ⁴⁴tɔ²⁴la⁰,tue²⁴ɕiø⁴⁴la⁰,na²¹koŋ⁴⁴tsɿ⁴⁴la⁰,tʰa⁴⁴tɕia⁵³,na²⁴ȵi⁵³ɕia⁴⁴ɕia⁵³pã²⁴faʔ⁵kʰã²⁴,xø²³lɛ²¹,tən⁵³la⁰lia̱⁵³ȵiɛ̱²¹,tən⁵³la⁰lia̱⁵³ȵiɛ̱²¹ȵi⁰,na²⁴iø²⁴ue²¹lɛ²⁴le⁰。

他在镇里上班上了好几年,后来政府造污水厂,要招门卫,张书记就问我老公去污水厂可不可以,我老公说:“好的,反正在污水厂上班和在镇里上班待遇都是一样的。"他就去那里上班了,一直做保安,做了好几年,之后又新建了一个污水厂,叫我老公到那里去工作,他就又在新污水厂工作了好几年,一直到退休。

　　回来嘛,那就讲我们老公老婆吃吃夜饭嘛荡马路。我们两个荡嘛,那么,水厂那个王书记讲,周奇祥,你嘎空啊,你就吃吃嬉嬉荡荡?我讲,哎,上年纪了,反正有两个拿拿就好了。我讲,身体好就好。他讲,我看你还是明朝到我咯厂里去,帮我去做保卫工作好了。那么,我搭了一句,我讲:"你要不要,要咯嘞,你们那里是做管政府里,我欢迎咯。"他讲:"你明朝下午就来,我带你去看。"那么下午,第二天下午,拨我老公带过去咯,带过去一看尼,那他们厂里咯职工,王书记好像当时就定下来咯,那你夜晚就困到我们厂里,那他厂里三个职工尼,帮我老公床铺、被屋、煤气灶、电视机,好了,都装起了,都装好弄好。当天夜晚就困那里。那么,一直等,一直等尼,都做保卫工作。

　　ue²¹lɛ²⁴ma⁰, na²⁴dzɪθ²⁴tɕia⁵³ ŋo⁴⁴mən²¹lɔ⁵³koŋ⁴⁴lɔ⁵³bo²¹ tɕʰiəʔ⁵tɕʰiəʔ⁵ia²⁴vã²¹ma⁰tã²⁴ma⁴⁴lu²⁴。ŋo⁴⁴mən²¹lia⁴⁴kəʔ⁵tã²⁴ma⁰,na²⁴ma⁰,sue⁴⁴tsʰã⁵³na²⁴kəʔ⁵uã²¹ɕy⁴⁴tɕi⁴⁴tɕia⁵³,tso⁴⁴tɕʰi²¹ɕiã²⁴,n̠i⁴⁴ka⁴⁴kʰoŋ²⁴a⁰, n̠i⁴⁴dzɪθ²⁴tɕʰiəʔ⁵tɕʰiəʔ⁵ɕi⁴⁴ɕi⁴⁴tã²⁴tã²¹?ŋo⁴⁴tɕia⁵³,e⁰,zã²⁴n̠iɛ²¹tɕi²⁴la⁰,fã⁴⁴tsən²⁴iθ⁴⁴lia⁵³kəʔ⁵na²¹na²⁴ dzɪθ²⁴xɔ⁴⁴la⁰。ŋo⁴⁴tɕia⁵³,sən⁴⁴tʰi⁵³xɔ⁴⁴dzɪθ²⁴xɔ⁵³。tʰã⁴⁴tɕia⁵³, ŋo⁴⁴kʰã²⁴n̠i⁴⁴xuɛ²¹zɿ²⁴mən²¹tso⁴⁴tɔ²⁴ŋo⁵³kəʔ⁵tsʰã⁴⁴li⁰tɕʰy²⁴, pã⁴⁴ŋo⁵³tɕʰy²⁴tso²⁴pã⁴⁴ue²⁴koŋ⁴⁴tso²⁴xɔ⁵³la⁰。na²⁴ma⁰,ŋo⁴⁴taʔ⁵la⁰iəʔ⁵tɕy²⁴,ŋo⁴⁴tɕia⁵³:n̠i⁴⁴iɔ²⁴pəʔ⁵iɔ²⁴,iɔ²⁴kəʔ⁵le⁰,n̠i⁴⁴mən²¹na²⁴li⁰zɿ²⁴tso²⁴kuã²⁴tsən²⁴fu⁵⁴li⁰,ŋo⁵³xuã⁴⁴in²¹kəʔ⁵。tʰã⁴⁴tɕia⁵³:n̠i⁴⁴mən²¹tso⁴⁴ia²⁴uᵕ⁵³dzɪθ²⁴lɛ²¹, ŋo⁵³tɛ²⁴n̠i⁴⁴tɕʰy²⁴kʰã²⁴。na²⁴ma⁰ia²⁴u⁵³,di²⁴θ²¹tʰiɛ⁴⁴ia²⁴u²¹, pəʔ⁵ŋo⁵³lɔ⁴⁴koŋ⁵³tɛ²⁴kɔ²⁴tɕʰy²¹kəʔ⁵, tɛ²⁴kɔ²⁴

tɕʰy²¹iəʔ⁵kʰã²⁴n̩i⁰，na²⁴tʰa⁴⁴mən²¹tsʰã⁵³li⁰kəʔ⁵tsəʔ⁵koŋ⁴⁴，ua²ɕy⁴⁴tɕi⁴⁴
xɔ⁴⁴ɕiã²⁴tã⁴⁴zʅ²⁴dʑiɵ²⁴din²⁴ia²⁴lɛ²¹kəʔ⁵，na²⁴n̩i⁴⁴ia²⁴uã⁵³dʑiɵ²⁴kʰun²⁴
tɔ²¹ŋo⁴⁴mən²¹tsʰã⁴⁴li⁰，na²⁴tʰa⁴⁴tsʰã⁴⁴li⁰sã⁴⁴kəʔ⁵tsəʔ⁵koŋ⁴⁴n̩i⁰，pã⁴⁴
ŋo⁵³lɔ⁵³koŋ⁴⁴dzuã²¹pʰu²⁴、bi²⁴uəʔ⁵、me²¹tɕʰi²⁴tsɔ²⁴、diɛ̃²⁴zʅ²¹tɕi⁴⁴，xɔ⁴⁴la⁰，
tɵ⁴⁴tsuã⁴⁴tɕʰi⁵³la⁰，tɵ⁴⁴tsuã⁴⁴xɔ⁵³noŋ²⁴xɔ⁵³。tã⁴⁴tʰiɛ̃⁴⁴ia²⁴uã⁵³dʑiɵ²⁴kun²⁴
na²⁴li⁰。na²⁴ma⁰，iəʔ⁵tsəʔ⁵tən⁵³，iəʔ⁵tsəʔ⁵tən⁵³n̩i⁰，tɵ⁴⁴tso²⁴pɔ⁴⁴ue²⁴koŋ⁴⁴
tso²⁴。

　　回来以后，我们两口子吃过晚饭一般会去马路上走走。王书记就说："你们这么空啊，平时吃过以后都会出去逛逛？"我说："是的，上年纪了，有点钱拿拿就好了。"他就和我老公说："我看你明天还是来我厂里，帮我做保卫工作好了。"我插了一句话："你要不要，真的要的话，你们是代表政府的，我是愿意的。"他说："你明天下午就来，我带你去看。"第二天下午，我老公过去，看看觉得还不错。厂里几个职工帮我老公把床铺好，煤气灶、电视也都安装好了，那天晚上就睡在那里了。我老公在那做保安一直做到现在。

（2018年8月15日，分水，发音人：刘春美）

业余生活

　　我嘛讲讲现在咯生活，啊。现在咯生活多少幸福多少愉快，特别是我们年纪大咯人，你想想看，都是过咯毛愉快过咯毛好。夜晚出去嘛，去走走路，看看人家跳跳舞，唱唱歌，走到那个广场里去嬉嬉，再那个大坝高头去走走，从家里走去尼，要走到弄堂口子，再调头，再走回来。走回来尼，再到广场休息一下。休息一下尼，看他们跳舞尼，那我们也去唱两句，唱唱歌嘛，也去唱两句咯。那么，大家尼都是蛮认到，都是街上人，那么，碰到都是毛亲切咯，聊聊天，讲讲

话，哈，现在咯生活毛好哩，保险金买了哩，一点点讲讲，大家都毛高兴，好像是，葛生活是越过越愉快了。

ŋo⁴⁴ma⁰tɕiã⁴⁴tɕiã⁵³ɕiɛ̃²⁴dzɛ²¹kəʔ⁵sən⁴⁴uaʔ⁵，a⁰。ɕiɛ̃²⁴dzɛ²¹kəʔ⁵sən⁴⁴
uaʔ⁵to⁴⁴so⁴⁴ɕin²⁴fuəʔ⁵to⁴⁴so⁴⁴y²⁴kuɛ²¹，dəʔ¹²piəʔ⁵zʅ²⁴ŋo⁴⁴mən²¹n̠iɛ̃²¹tɕi²⁴
da²⁴kəʔ⁵n̠in²¹，n̠i⁴⁴ɕiã⁴⁴ɕiã⁵³kʰã̃²⁴，tө⁴⁴zʅ²⁴ko²⁴kəʔ⁵mɔ²¹y²¹kuɛ²⁴ko²⁴
kəʔ⁵mɔ²¹xɔ⁵³。iɛ²⁴vã⁵³tɕʰyəʔ⁵tɕʰy²⁴ma⁰，tɕʰy²⁴tsө⁴⁴tsө⁵³lu²⁴，kʰã̃²⁴kʰã̃²⁴
n̠in²¹tɕia⁴⁴tʰiɔ²⁴tʰiɔ²¹u⁵³，tsʰã̃²⁴tsʰã̃²¹ko⁴⁴，tsө⁴⁴tɔ²⁴na²⁴kəʔ⁵kuã̃⁴⁴dzã̃²¹
li⁰tɕʰy²⁴ɕi⁴⁴ɕi⁴⁴，tsɛ²⁴na²⁴kəʔ⁵da²⁴pa²¹kɔ⁴⁴lө²¹tɕʰy²⁴tsө⁴⁴tsө⁵³，dzoŋ²¹
tɕia⁴⁴li⁰tsө⁴⁴tɕʰy²⁴n̠i⁰，iɔ²⁴tsө⁴⁴tɔ²⁴noŋ²⁴dã̃²¹kʰө⁴⁴tsʅ⁰，tsɛ²⁴diɔ²⁴dө²¹，
tsɛ²³tsө⁵³uɛ²¹lɛ²¹。tsө⁵³uɛ²¹lɛ²¹n̠i⁰，tsɛ²⁴tɔ²¹kuã̃⁴⁴dzã̃²¹ɕiө⁴⁴ɕi⁰iəʔ⁵ia²¹。
ɕiө⁴⁴ɕi⁰iəʔ⁵ia²¹n̠i⁰，kʰã̃²⁴tʰa⁴⁴mən²¹tʰiɔ²⁴u⁵³n̠i⁰，na²⁴ŋo⁴⁴mən²¹iɛ⁴⁴tɕʰy²⁴
tsʰã̃²⁴liã̃⁵³tɕy²¹，tsʰã̃²⁴tsʰã̃²¹ko⁴⁴ma⁰，iɛ⁴⁴tɕʰy²⁴tsʰã̃²⁴liã̃⁵³tɕy²¹kəʔ⁵。na²⁴
ma⁰，da²⁴tɕia⁴⁴n̠i⁰tө⁴⁴zʅ²⁴mã̃²¹n̠in²⁴tɔ²¹，tө⁴⁴zʅ²⁴kɛ⁴⁴zã̃²⁴n̠in²¹，na²⁴ma⁰，
pən²⁴tɔ²¹tө⁴⁴zʅ²⁴mɔ²¹tɕʰin⁴⁴tɕʰiəʔ⁵kəʔ⁵，liɔ²¹liɔ²⁴tʰiɛ̃⁴⁴，tɕia⁴⁴tɕiã̃²⁴xua²⁴，
xa⁰，y²⁴tsã̃²¹kəʔ⁵sən⁴⁴uaʔ⁵mɔ²¹xɔ⁴⁴li⁰，pɔ⁴⁴ɕiɛ̃⁵³tɕin⁴⁴mɛ⁵³liɔ²¹li⁰，iəʔ⁵
ti⁴⁴ti⁴⁴tɕia⁴⁴tɕiã⁵³，da²⁴tɕia⁴⁴tө⁴⁴mɔ²¹kɔ⁴⁴ɕin²⁴，xɔ⁴⁴ɕiã²⁴zʅ²⁴，kəʔ⁵sən⁴⁴
uaʔ⁵zʅ²⁴yəʔ¹²ko²⁴yəʔ¹²y²¹kuɛ²⁴la⁰。

　　我来讲讲现在的生活。现在的生活非常幸福、愉快，特别是我们年纪大的人，晚饭吃过后，就散散步，看看人家跳舞，唱唱歌，逛到广场去玩，大家都是一条街上的人，互相之间都认识，碰到都很亲切，会聊聊天，寒暄几句，总是说我们现在的生活变好了，养老保险也买了，大家都很高兴，说这生活是越过越愉快。

　　我们年纪大咯人尼别样不求什么，那么就要求身体健康，身体健康就是我们咯本，身体健康尼什么事体都好做。我们现在尼勒家里都想啊：葛日子尼是好过，共产党尼拨我们咯好日子，啊，你像他

们一样，走出去，年轻人走出去，多少愉快多少幸福。对于我们老年人来讲尼也是毛幸福，也是蛮愉快咯。那么夜饭吃好了，两老去走走路啊，广场高头去嬉嬉，超市里嘛去转转，有好买咯买点，有好吃咯买点回来，比以前是，比以前是好咯木老老了。日子我是想越过越幸福。

ŋo⁴⁴ mən²¹ n̻i ɛ̃²¹ tɕi²⁴ da²⁴ kəʔ⁵ n̻in²¹ n̻i⁰ piəʔ⁵ i ã²⁴ pəʔ⁵ dʑiɵ²¹ sʅ⁴⁴ ma⁰, na²⁴ ma⁰ dʑiɵ²⁴ iɔ⁴⁴ dʑiɵ²¹ sən⁴⁴ tʰi⁴⁴ tɕi ɛ̃²⁴ kʰ ã⁴⁴, sən⁴⁴ tʰi⁴⁴ tɕi ɛ̃²⁴ kʰ ã⁴⁴ dʑiɵ²⁴ zʅ²¹ ŋo⁴⁴ mən²¹ kəʔ⁵ pən⁵³, sən⁴⁴ tʰi⁴⁴ tɕi ɛ̃²⁴ kʰ ã⁴⁴ n̻i⁰ sʅ⁴⁴ ma⁰ zʅ²⁴ tʰi⁵³ tɵ⁴⁴ xɔ⁵³ tso²⁴。ŋo⁴⁴ mən²¹ ɕi ɛ̃²⁴ tsɛ²¹ n̻i⁰ le²¹ tɕia⁴⁴ li⁰ tɵ⁴⁴ ɕia⁵³ a⁰, kəʔ⁵ n̻iəʔ⁵ tsʅ⁰ n̻i⁰ zʅ²⁴ xɔ⁵³ ko²⁴, goŋ¹³ tsʰ ã⁵³ t ã⁴⁴ n̻i⁰ pəʔ⁵ ŋo⁴⁴ mən²¹ kəʔ⁵ xɔ⁴⁴ n̻iəʔ⁵ tsʅ⁰, a⁰, n̻i⁴⁴ ɕia²⁴ tʰa⁴⁴ mən²¹ iəʔ⁵ i ã²⁴, tsɵ⁴⁴ tɕʰ yəʔ⁵ tɕʰ y²⁴, n̻i ɛ̃²¹ tɕʰin⁴⁴ n̻in²¹ tsɵ⁴⁴ tɕʰ yəʔ⁵ tɕʰ y²⁴, to⁴⁴ sɔ⁴⁴ y²¹ kʰ uɛ²⁴ to⁴⁴ sɔ⁴⁴ ɕin²⁴ fuəʔ⁵。te²⁴ y²¹ ŋo⁴⁴ mən²¹ lɔ⁴⁴ n̻i ɛ̃²¹ n̻in²¹ lɛ²¹ tɕia⁵³ n̻i⁰ iɛ⁴⁴ zʅ²⁴ mɔ²¹ ɕin²⁴ fuəʔ⁵, iɛ⁴⁴ zʅ²⁴ mɔ²¹ y²¹ kʰ uɛ²⁴ kəʔ⁵。na²⁴ ma⁰ ia²⁴ v ã²¹ tɕʰiəʔ⁵ xɔ⁵³ la⁰, lia⁴⁴ lɔ⁵³ tɕʰ y²⁴ tsɵ⁴⁴ tsɵ⁴⁴ lu²⁴ a⁰, ku ã⁴⁴ dza²¹ kɔ⁴⁴ lɵ⁴⁴ tɕʰ y²⁴ ɕi⁴⁴ ɕi⁴⁴, tsʰ ɔ⁴⁴ zʅ²⁴ li⁰ ma⁰ tɕʰ y²⁴ tɕy ã²⁴ tɕy ã²¹, iɵ⁴⁴ xɔ⁵³ mɛ⁴⁴ kəʔ⁵ mɛ⁵³ ti⁴⁴, iɵ⁴⁴ xɔ⁵⁴ tɕʰ iəʔ⁵ kəʔ⁵ mɛ⁵³ ti⁵⁵ ue²¹ lɛ²⁴, pi⁵³ i⁴⁴ dʑi ɛ̃²¹ zʅ²⁴, pi⁵³ i⁴⁴ dʑi ɛ̃²¹ zʅ²⁴ xɔ⁵³ kəʔ⁵ mu²⁴ lɔ⁴⁴ lɔ⁵³ la⁰。n̻iəʔ¹² tsʅ⁰ ŋo⁴⁴ zʅ²⁴ ɕi ã⁴⁴ yəʔ⁵ ko²⁴ yəʔ⁵ ɕin²⁴ fuəʔ⁵。

我们年纪大的人别无他求，身体健康就好，身体健康就是最大的资本，身体健康什么事都能做得好。我们有时候待在家里就想：这日子过得很好，都是共产党给我们带来的好日子，年轻人生活十分幸福愉快，我们老年人也是如此。有时候我们去逛逛超市，买点东西，有好吃的也买回来尝尝，和以前相比变化真的很大，日子是越过越幸福了。

（2018 年 8 月 15 日，分水，发音人：刘春美）

家庭情况

我讲讲我们家里咯事体,哈,婆媳关系啊,家里咯大大小小啊,哈,都蛮好毛咯,都蛮好咯,哈。特别是,我们那个新妇啊,又能干,又毛佬肯做,葛新妇,在乡里大队里啊做事体啊,多做咯蛮好,人家隔壁邻舍,人家都,毛佬欢喜她咯。她毛通情达理呢。在我们家里嘛,她做点事体嘛,我们家里也毛佬支持她咯。那么葛接下去尼,我们都蛮那个咯,啊。蛮好,毛好。

ŋo⁴⁴tɕia̰⁵³tɕia̰¹³ŋo⁵³mən⁰tɕia⁴⁴li⁰kəʔ⁵zɿ²⁴tʰi²¹, xa⁰, bo²¹ɕi²⁴kua̰⁴⁴ɕi²⁴a⁰, tɕia⁴⁴li⁵³kəʔ⁵da²⁴ da²¹ɕiɔ⁵³ɕiɔ¹³a⁰,xa⁰, tø⁴⁴ma̰²¹xɔ⁵⁵mɔ²¹kəʔ⁵, tø⁴⁴ma̰²¹xɔ⁵⁵kəʔ⁵,xa⁰。dəʔ¹²pieʔ⁵zɿ²⁴,ŋo⁴⁴mən²¹la²⁴kəʔ⁵ɕin⁴⁴fu⁰a⁰, iɵ²⁴lən²¹ka²⁴,iɵ²⁴mɔ²¹lɔ²⁴kʰən⁴⁴tso²⁴, kəʔ⁵ɕin⁴⁴fu⁰, tsɛ²⁴ ɕia̰⁴⁴li⁵³da²⁴tei²¹li⁰a⁰tso²⁴zɿ²⁴tʰi²¹a⁰, to⁴⁴tso²⁴kəʔ⁵ma̰²¹xɔ⁵⁵, ɲin²¹tɕia⁴⁴kəʔ⁵pieʔ⁵lin²¹saʔ⁵, ɲin²¹tɕia⁴⁴tø⁴⁴, mɔ²¹lɔ²⁴xua̰⁴⁴ɕiɔ⁵³tʰa⁴⁴kəʔ⁵。tʰa⁴⁴mɔ²¹tʰoŋ⁴⁴dʑin²²ta²¹li⁵⁵na⁰。tsɛ²⁴ŋo⁴⁴mən²¹tɕia⁴⁴li⁰ma⁰, tʰa⁴⁴tso²⁴tia̰²¹zɿ²⁴tʰi²¹ma⁰, ŋo⁴⁴mən²¹tɕia⁴⁴li⁰iɛ⁵³ mɔ²¹lɔ²⁴tsɿ⁴⁴dzɿ²⁴tʰa⁴⁴kəʔ⁵。na²⁴ma⁰kəʔ⁵tɕiəʔ⁵ɕia²⁴tɕy²¹ɲi⁰,ŋo⁴⁴mən²¹tø⁴⁴ma̰²¹na²⁴kəʔ⁵kəʔ⁵,a⁰。ma̰²¹xɔ⁵⁵,mɔ²¹xɔ⁵⁵。

我讲讲我们家里的事情。我们家里的婆媳关系啊,大大小小啊,都很好。特别是我们儿媳妇,又能干又能吃苦。我们儿媳妇在大队里做事,她做得很好,人家都很喜欢她。她通情达理,她做事,我们家里也很支持,我们很好。

再,我们咯孙子尼,也听话咯。那么下个年尼,要读初三里,也蛮懂道理呢。走进走出,一弄堂里啊,大队高头啊,人家都蛮欢喜他。在我们家里呢,总是葛样子,啊,一般啊,走出去,就让人家讲声好,那么,就高兴啊。做大人咯人嘛,只叫他们小辈好呢,我们做大人咯人尼，就高兴，就放心，啊。

tsɛ²⁴，ŋo⁴⁴mən²¹kəʔ⁵sən⁴⁴tsʅ⁰n̩i⁰，ia⁴⁴tʰin⁴⁴xua²⁴kəʔ⁵。na²⁴ma⁰ɕia²⁴
ko²¹n̩iɛ̃²¹n̩i⁰，iɔ²⁴dθ²¹tsʰu⁴⁴sã⁴⁴li⁰，ia⁴⁴mã²¹toŋ⁴⁴dɔ²⁴li⁴⁴na⁰。tsθ⁴⁴tɕin²⁴
tsθ⁴⁴tɕʰyəʔ⁵，iəʔ⁵loŋ²⁴dã²¹li⁴⁴a⁰，da²⁴tei²¹kɔ⁴⁴lə²¹a⁰，n̩in²¹tɕia⁴⁴tθ⁴⁴mã²¹
xuã⁴⁴ɕi⁵³tʰa⁴⁴。tsɛ²⁴ŋo⁴⁴mən²¹tɕia⁴⁴li⁰na⁰，tsoŋ⁴⁴zʅ²⁴kəʔ⁵iã²⁴tsʅ⁰，a⁰，
iəʔ⁵pã⁴⁴a⁰，tsθ⁴⁴tɕʰyəʔ⁵tɕʰy²⁴，dʑiθ²⁴zã²¹n̩in²¹tɕia⁴⁴tɕiã⁴⁴sən⁴⁴xɔ⁵³，na²⁴
ma⁰，dʑiθ²⁴kɔ⁴⁴ɕin²⁴a⁰。tso²⁴da²⁴n̩in²¹kəʔ⁵n̩in²¹ma⁰，tsʅ⁴⁴tɕia²⁴tʰa⁴⁴
mən²¹ɕiɔ⁴⁴pei²⁴xɔ⁵³na⁰，ŋo⁴⁴mən²¹tso²⁴da²⁴n̩in²¹kəʔ⁵n̩in²¹n̩i⁰，dʑiθ²⁴
kɔ⁴⁴ɕin²⁴，dʑiθ²⁴fã²⁴ɕin⁴⁴，a⁰。

我们的孙子也很听话。明年就要读初三了，他很懂道理。弄堂
里的人啊，大队的人啊，都很喜欢他。我们家里，就是这样子，走出
去，就要让人家讲声好，那么，我们就会很高兴。做大人啊，只要他
们小辈好，我们就高兴、放心。

再么，那我们，不管怎么样子，我们农民一家老少，做做吃吃咯，
不讲什么，身体好又好咯，啊，不管怎么样子嘛，就是讲是，总是家和
万事兴呢。在家里咯事体，搞了好咯，我们嘛都是葛样子，进进出出
嘛，都是葛点事体，反正，讲讲嘛，也没有什么事体好讲。

tsɛ²⁴ma⁰，na²⁴ŋo⁴⁴mən²¹，pəʔ⁵kuã⁵³tsən²¹ma⁰iã²⁴tsʅ⁰，ŋo⁴⁴mən²¹
noŋ²¹min⁵⁵iəʔ⁵tɕia⁴⁴lɔ⁴⁴sɔ²⁴，tso²⁴tso²⁴tɕʰiəʔ⁵tɕʰieʔ⁵kəʔ⁵，pəʔ⁵tɕiã⁵³sʅ²¹
ma⁰，sən⁴⁴tʰi⁵³xɔ⁵³iθ²⁴xɔ⁵³kəʔ⁵，a⁰，pəʔ⁵kuã⁵³tsən²¹ma⁰iã²⁴tsʅ⁰ma⁰，
dʑiθ²⁴zʅ²⁴tɕiã⁴⁴zʅ²⁴，tsoŋ⁴⁴zʅ²⁴tɕia⁴⁴vu²¹vã²⁴zʅ²¹ɕin⁴⁴na⁰。tsɛ²⁴tɕia⁴⁴li⁰kəʔ⁵
zʅ²⁴tʰi⁵³，kɔ⁴⁴la⁰xɔ⁵³kəʔ⁵，ŋo⁴⁴mən²¹ma⁰tθ⁴⁴zʅ²⁴kəʔ⁵iã²⁴tsʅ⁰，tɕin²⁴tɕin²¹
tɕʰyəʔ⁵tɕʰyəʔ⁵ma⁰，tsθ⁴⁴zʅ²⁴kəʔ⁵tiɛ̃⁵³zʅ²⁴tʰi⁵³，fã⁴⁴tsən²⁴，tɕiã⁴⁴tɕiã̃⁵³
ma⁰，ia⁴⁴mei²¹iθ⁵⁵zʅ²ma⁰zʅ²⁴tʰi⁵³xɔ⁴⁴tɕiã̃⁵³。

我们，不管怎样，我们农民，一家老小，做做吃吃。不管怎样，就

是俗话说的"家和万事兴"。家里的事,进进出出,就是这样子,也没什么好讲的。

　　分水葛两年嘛,都是葛两样,什么保险买了哩,一点保险金,什么里,大家都买了。蛮和气咯,人家弄来弄去啊,走来走去啊,都是毛佬和和气气咯。家里咯人嘛,人家亲家婆家里来。那我们娘亲,娘亲家里嘛,老子是没有嘞,娘亲勒咯,再我们都蛮那个咯。哎,家里弟郎弟新妇,大家都是毛好咯,蛮好毛好。一点事体嘛,都坐下来商量咯,商量好嘛,大家就动手,反正今年子,我们弟郎他们造房子咯,再我们妈呢,呆我们家里咯,吃饭里到我弟郎家里去吃饭,我妈蹲我们家里嘛,也满意咯。啊。女儿家里蹲蹲,儿子家里嘛饭吃吃,都蛮好咯,大家都毛高兴咯。

　　fən⁴⁴sue⁵³kəʔ⁵liã⁴⁴n̠iɛ̃²¹ma⁰, tsɵ²⁴zɿ²¹kəʔ⁵liã⁴⁴iã²⁴, sɿ²¹ma⁰pɔ⁴⁴ɕiɛ̃⁵³mɛ⁴⁴liɔ⁵³li⁰, iəʔ⁵tiɛ̃⁵³pɔ⁴⁴ɕiɛ̃⁵³tɕin⁴⁴, sɿ²¹ma⁰li⁰, da²⁴tɕia⁴⁴tɵ⁴⁴mɛ⁴⁴la⁰。mã²¹vu²¹tɕʰi²⁴kəʔ⁵, n̠in²¹tɕia⁴⁴noŋ²¹lɛ²¹noŋ²⁴tɕʰy²¹a⁰, tsɵ⁴⁴lɛ²¹tsɵ⁴⁴tɕʰy²⁴a⁰, tɵ⁴⁴zɿ²⁴mɔ²¹lɔ²⁴vu²¹vu²⁴tɕʰi²⁴tɕʰi²¹kəʔ⁵。tɕia⁴⁴li⁰kəʔ⁵n̠in²¹ma⁰, n̠in²¹tɕia⁴⁴tɕʰin²⁴tɕia⁴⁴pɔ²¹tɕia⁴⁴li⁰lɛ²¹。na²⁴ŋɵ⁴⁴mən²¹n̠iã²¹tɕʰin⁴⁴, n̠iã²¹tɕʰin⁴⁴tɕia⁴⁴li⁰ma⁰, lɔ⁴⁴tsɿ⁰zɿ²⁴mei²¹iɵ⁵⁵lɛ²¹, n̠iã²¹tɕʰin⁴⁴lɛ²⁴kəʔ⁵, tsɛ²⁴ŋɵ⁴⁴mən²¹tɵ⁴⁴mã²¹na²⁴kəʔ⁵kəʔ⁵。ɛ²⁴, tɕia⁴⁴li⁰di²⁴lã²⁴di²⁴ɕin⁴⁴fu²⁴, da²⁴tɕia⁴⁴tɵ⁴⁴zɿ²⁴mɔ²¹xɔ⁵³kəʔ⁵, mã²¹xɔ⁵³mɔ²¹xɔ⁵³。iəʔ⁵tiɛ̃⁵³zɿ²⁴tʰi⁵³ma⁰, tɵ⁴⁴dzo²⁴ɕia²¹lɛ²⁴sã⁴⁴liã²¹kəʔ⁵, sã⁴⁴liã²¹xɔ⁴⁴ma⁰, da²⁴tɕia⁴⁴dzɿɵ²⁴doŋ²⁴sɵ⁵³, fã⁴⁴tsən²⁴kən⁴⁴n̠iɛ̃²¹tsɿ⁰, ŋɵ⁴⁴mən²¹di²⁴lã²¹tʰa⁴⁴mən²¹zɔ²⁴vã̃²¹tsɿ⁰kəʔ⁵,tsɛ²⁴ŋɵ⁴⁴mən²¹ma⁰na⁰, tɵ⁴⁴ŋɵ⁴⁴mən²¹tɕia⁴⁴li⁰kəʔ⁵tɕʰiəʔ⁵vã²⁴li⁰tɔ²¹ŋɵ⁵³di²⁴lã²¹tɕia⁴⁴li⁰tɕʰy²⁴tɕʰiəʔ⁵vã²⁴, ŋɵ⁴⁴ma⁴⁴tən⁴⁴ŋɵ⁴⁴mən²¹tɕia⁴⁴li⁰ma⁰, ia²¹mã⁴⁴i²⁴kəʔ⁵。a⁰。n̠y⁴⁴ɵ²¹tɕia⁴⁴li⁰tən⁴⁴tən⁴, ɵ²¹tsɿ⁰tɕia⁴⁴li⁰ma⁰vã²⁴tɕʰiəʔ⁵tɕʰiəʔ⁵, tɵ⁴⁴mã²¹xɔ⁵³kəʔ⁵, da²⁴tɕia⁴⁴tɵ⁴⁴mɔ²¹kɔ⁴⁴ɕin²⁴kəʔ⁵。

分水这两年嘛，大家都买了保险。大家来来往往，都很和气。我们亲家也很和气，我们相处得很好。我们娘家，父亲不在了，母亲还在。我们娘家人也很和气。今年，弟弟、弟媳盖房子，大家都很好，都很和气，遇到事情坐下来一起商量，商量好了才动手做。今年我弟弟他们盖房子，我母亲就住在我家里，在弟弟家吃饭。母亲在我们家也很满意，在女儿家里住，在儿子家里吃。都很好，大家都很高兴。

再就讲，那身体好点，哈，再我们家一家人嘛，就是我们家老妈妈了，大家对她好点，让她度过晚年，幸福咯万年，哈，只叫她身体健康，我们大家都高兴。基本上尼，只有葛样子，农民家里嘛，都是葛样子一回事，啊，大家都是做做吃吃咯，叫全家身体健康嘛，好了，啊。要嘛，大家，隔壁邻舍，好嘛点，啊，嬉来嬉去，都蛮好咯。人嘛，大队里嬉嬉，哈，电视嘛看看，那你们呢，像我们一样呢，家务事做做，衣裳嘛洗洗，饭嘛烧烧，也没什么大不了咯事体。

tsɛ²⁴ dʑiɵ²⁴ tɕi ã⁵³, na²⁴ sən⁴⁴ tʰi⁵³ xɔ⁴⁴ ti ɛ̃⁵³, xa⁰, tsɛ²⁴ ŋɔ⁴⁴ mən²¹ ka⁴⁴ iəʔ⁵tɕia⁴⁴ n̠in²¹ ma⁰, dʑiɵ²⁴ zɿ²¹ ŋɔ⁴⁴ mən²¹ ka⁴⁴ lɔ⁵³ ma⁴⁴ ma⁴⁴ la⁰, da²⁴tɕia⁴⁴ te²⁴tʰa⁴⁴ xɔ⁴⁴ti ɛ̃⁵³, i ã²⁴ tʰa⁴⁴ du²⁴ ko²¹ u ã⁴⁴ n̠i ɛ̃²¹, ɕin²⁴ fəʔ⁵ kəʔ⁵ u ã⁴⁴ n̠i ɛ̃²¹, xa⁰, tsɿ⁴⁴ tɕiɔ²⁴ tʰa⁴⁴ sən⁴⁴ tʰi⁵³ tɕi ɛ̃²⁴ k ã⁴⁴, ŋɔ⁴⁴ mən²¹ da²⁴ tɕia⁴⁴ tɵ⁴⁴ kɔ⁴⁴ ɕin²⁴ 。tɕi⁴⁴ pən⁵³ za²⁴ n̠i⁰, tsɿ⁴⁴ iɵ⁵³ kəʔ⁵ i ã²⁴ tsɿ⁰, noŋ²¹ min²⁴tɕia⁴⁴ li⁰ma⁰, tɵ⁴⁴ zɿ²⁴ kəʔ⁵ i ã²⁴ tsɿ⁰ iəʔ⁵ ue²¹ zɿ²⁴, a⁰, da²⁴ tɕia⁴⁴ tɵ⁴⁴ zɿ²⁴ tsɔ²⁴ tsɔ²⁴ tɕʰiəʔ⁵tɕʰiəʔ⁵ kəʔ⁵,tɕiɔ²⁴ dʑy ã²¹ tɕia⁴⁴ sən⁴⁴ tʰi²¹ tɕi ɛ̃²⁴ kʰ ã⁴⁴ ma⁰, xɔ⁴⁴ liɔ⁰, a⁰。iɔ²⁴ ma⁰,da²⁴tɕia⁴⁴, kəʔ⁵ piəʔ⁵ lin²¹ saʔ⁵, xɔ⁴⁴ ma⁰ti ɛ̃⁵³, a⁰, ɕi⁴⁴ lɛ²¹ ɕi⁴⁴ tɕʰy²⁴, tɵ⁴⁴ m ã²¹ xɔ⁵³ kəʔ⁵ 。n̠in²¹ ma⁰, da²⁴ te²¹ li⁵³ ɕi⁴⁴ ɕi⁴⁴, xa⁰, di ɛ̃²⁴ zɿ²¹ ma⁰ kʰ ã²⁴ kʰ ã²¹, na²⁴ n̠i⁴⁴ mən²¹ na⁰, ɕi ã²⁴ ŋɔ⁴⁴ mən²¹ iəʔ⁵ i ã²⁴ na⁰, tɕia⁴⁴ u²⁴

z̩²⁴tso²⁴tso²⁴，i⁴⁴za̰²⁴ma⁰ɕi⁴⁴ɕi⁵³，va̰²⁴ma⁰sɔ⁴⁴sɔ⁴⁴，iɛ⁴⁴me²¹s̩²¹ma⁰da²⁴
pəʔ⁵liɔ⁵³kəʔ⁵z̩²⁴tʰi⁵³。

我们一家人，我老母亲还健在，大家对她好点，让她安度晚年，
她身体健康，我们都高兴。基本上，就是这样，农民嘛，都是做做吃
吃，全家身体健康，就很好。或者，和关系好的邻居一起玩，去大队
里玩。年轻人看看电视，我们做做家务，洗洗衣裳烧烧饭，也没什么
大不了的事。

现在嘛，好来，田里不去做来，又轻松啊，又愉快来多了。以前
是要到田里去咯，做起来是毛佬晒咯，吃嘛也没得吃了好。现在生
活条件好，现在不管什么西啊，样样东西啊，都有得买。像葛种，一
般东西啊，都一般，过来过去咯，啊，你讲买点吃吃嘛，也方便，啊，像
我们是，分水镇，奔小康，哈，什么都做毛佬好哎。你讲，老街啊，新
街啊，都弄哎毛佬好。下去做人尼，毛佬幸福咯，日子尼，一天比一
天好过。现在嘛，那像葛个七月份嘛，又加点工资来，多嘛不多，一
个一百来块钱，也好咯，家里。

ɕiɛ̰²⁴tsɛ²¹ma⁰，xɔ⁴⁴lɛ²¹，diɛ̰²¹li⁵³pəʔ⁵tɕʰy²⁴tso²⁴lɛ²¹，iθ²⁴tɕʰin⁴⁴soŋ⁴⁴
a⁰，iθ²⁴y²⁴kʰuɛ²¹lɛ²¹to⁴⁴lɛ²¹。i²¹dʑiɛ̰²⁴z̩²⁴iɔ²¹tɔ²⁴diɛ̰²¹li⁵³tɕʰy²⁴kəʔ⁵，tso²⁴
tɕʰi⁴⁴lɛ²¹z̩²⁴mɔ²¹lɔ⁴⁴sɛ²⁴kəʔ⁵，tɕʰiəʔ⁵ma⁰iɛ²¹me²¹təʔ⁵tɕʰiəʔ⁵la⁰xɔ⁵³。
ɕiɛ̰²⁴tsɛ²¹sən⁴⁴uəʔ⁵diɔ²¹tɕiɛ̰²⁴xɔ⁵³，ɕiɛ̰²⁴tsɛ²¹pəʔ⁵kua̰⁵³s̩²¹ma⁰toŋ⁴⁴ɕi⁴⁴
a⁰，ia̰²⁴ia̰²⁴toŋ⁴⁴ɕi⁴⁴a⁰，tθ⁴⁴iθ⁵³təʔ⁵me⁵³。ɕia̰²⁴kəʔ⁵tsoŋ⁵³，iəʔ⁵pa̰⁴⁴toŋ⁴⁴
ɕi⁴⁴a⁰，tθ⁴⁴iəʔ⁵pa̰⁴⁴，ko⁴⁴lɛ²¹ko⁴⁴tɕʰy²⁴kəʔ⁵，a⁰，ȵi⁴⁴tɕia̰⁴⁴mɛ⁴⁴tiɛ̰⁵³tɕʰiəʔ⁵
tɕʰiəʔ⁵ma⁰，iɛ⁴⁴fa̰⁴⁴pia̰²⁴，a⁰，ɕia̰²⁴ŋɔ⁴⁴mən²¹z̩²⁴，fən⁴⁴sue⁵³tsən²⁴，pən⁴⁴
ɕiɔ⁴⁴kʰa̰⁴⁴，xa⁰，s̩²¹ma⁰tθ⁴⁴tso²⁴mɔ²¹lɔ⁵³xɔ⁴⁴ɛ²¹。ȵi⁴⁴tɕia̰⁵³，lɔ⁴⁴kɛ⁴⁴a⁰，
ɕin⁴⁴kɛ⁴⁴a⁰，tθ⁴⁴noŋ²⁴ɛ²¹mɔ²¹lɔ⁵³xɔ⁵³。ɕia²⁴tɕʰy²¹tso²⁴ȵin²¹ȵi⁰，mɔ²¹
lɔ⁵³ɕin²⁴fəʔ⁵kəʔ⁵，ȵiəʔ¹²ts̩⁰ȵi⁰，iəʔ⁵tʰiɛ̰⁴⁴pi⁵³iəʔ⁵tʰiɛ̰⁵³xɔ⁴⁴ko²⁴。ɕiɛ̰²⁴

tsɛ²¹ ma⁰，na²⁴ ɕia̰²¹ kəʔ⁵ kəʔ⁵ tɕʰiəʔ⁵ yəʔ⁵ fən²⁴ ma⁰，iɵ²⁴ tɕia⁴⁴ tiɛ̃⁵³ koŋ⁴⁴ tsɿ⁴⁴ lɛ²¹，to⁴⁴ ma⁰ pəʔ⁵ to⁴⁴，iəʔ⁵ kəʔ⁵ iəʔ⁵ pəʔ⁵ lɛ²¹ kʰuɛ²⁴ dʑiɛ̃²¹，iɛ⁴⁴ xɔ⁴⁴ kəʔ⁵，tɕia⁴⁴ li⁰。

现在好啊，不用去田里干活了，又轻松又愉快。以前要到田里去干活，做起来很晒，吃也吃不好。现在生活条件好，不管什么东西，样样东西都买得到。买点吃吃也很方便。分水镇，现在奔小康了，什么都做得很好，老街、新街，都弄得很好。分水的人民呢，很幸福啊，日子一天比一天好过。七月份，我们又涨退休工资了，涨了一百多，很好。

再讲我们嘛，大家嘛，好嘛，身体健康，啊，不管什么事体尼，都好讲话咯。朋友啊，亲眷啊，大家走拢来尼，都是毛佬高兴咯，嘻嘻哈哈，日子好过了，啊。以前生产队里做做咯生活，你要做到快夜边，太阳下山，那时做起来尼，是毛佬吃力咯，那回来吃尼，也没得吃了好咯。哪像于＝暂＝一样，嬉了嘎好，吃了嘎好，于＝暂＝咯人，想想，太幸福了，那就讲。讲来讲去就是，共产党领导好。啊，领导有方哎，领导领导咯好哎。老百姓又过咯好，像江滨公园啊，夜横头啊，葛种广场舞啊，葛种练剑啊，什么啊，做操啊，找讲头啊，都是毛佬好咯。再讲，我们也，早晨头没得事嘛，去做做葛种娱乐十分钟，做做操，唱唱歌，都蛮好咯，锻炼锻炼身体。

tsɛ²⁴ tɕia̰⁵³ ŋo⁴⁴ mən²¹ ma⁰，da²⁴ tɕia⁴⁴ ma⁰，xɔ⁴⁴ ma⁰，sən⁴⁴ tʰiɛ⁵³ tɕiɛ̃²⁴ kʰã⁴⁴，a⁰，pəʔ⁵ kua̰⁵³ sɿ²¹ ma⁰ zɿ²⁴ tʰiɛ⁵³ ɳi⁰，tɵ⁴⁴ xɔ⁴⁴ tɕia̰⁴⁴ xua²⁴ kəʔ⁵。bən²¹ iɵ²⁴ a⁰，tɕʰin⁴⁴ tɕya̰²⁴ a⁰，da²⁴ tɕia⁴⁴ tsɵ⁴⁴ loŋ⁵³ lɛ²¹ ɳi⁰，tɵ⁴⁴ zɿ²⁴ mɔ²¹ lɔ⁵³ kɔ⁴⁴ ɕin²⁴ kəʔ⁵，ɕi⁴⁴ ɕi⁴⁴ xa⁴⁴ xa⁴⁴，ɳiəʔ¹² tsɿ⁰ xɔ⁴⁴ ko²⁴ la⁰，a⁰。i⁴⁴ dʑiɛ̃²¹ sən⁴⁴ tsʰã⁵³ te²⁴ li⁴⁴ tso²⁴ tso²⁴ kəʔ⁵ sən⁴⁴ uəʔ⁵，ɳi⁴⁴ iɔ²⁴ tso²⁴ tɔ²¹ kʰua²⁴ ia²⁴ piɛ̃⁴⁴，tʰɛ²⁴ ia̰²¹ ɕia²⁴ sã⁴⁴，na²⁴ zɿ²¹ tso²⁴ tɕʰi⁴⁴ lɛ²¹ ɳi⁰，zɿ²⁴ mɔ²¹ lɔ⁵³ tɕʰiəʔ⁵ liəʔ⁵ kəʔ⁵，na²⁴

ue²¹lɛ²⁴tɕʰiəʔ⁵n̥i⁰，iɛ²¹me²¹təʔ⁵tɕʰiəʔ⁵laˀxɔ⁴⁴kəʔ⁵。na²¹ɕia̰²⁴y²¹tsã²⁴iəʔ⁵
ia̰²⁴，ɕi⁴⁴laˀka²¹xɔ⁴⁴，tɕʰiəʔ⁵laˀka²¹xɔ⁴⁴，y²¹tsã²⁴kəʔ⁵n̥in²¹，ɕia⁴⁴ɕia̰⁵³，
tʰɛ²⁴ɕin²⁴fəʔ⁵laˀ，na²⁴dziə²⁴tɕia̰⁴⁴。tɕia⁴⁴lɛ²¹tɕia⁴⁴tɕʰy²⁴dziə²⁴zɿ²¹，goŋ²⁴
tsʰã⁵³tã⁴⁴lin²¹tɔ⁵⁵xɔ⁵³。aˀ，lin²¹tɔ⁵⁵iɵ⁴⁴fã⁵³ɛˀ，lin²¹tɔ⁵⁵lin²¹tɔ⁵⁵kəʔ⁵xɔ⁵³
ɛˀ。lɔ⁴⁴pəʔ⁵ɕin²⁴iɵ²⁴ko²⁴kəʔ⁵xɔ⁵³，ɕia̰²⁴tɕia⁴⁴pin⁴⁴koŋ⁴⁴ya̰²²aˀ，ia̰²⁴ua̰²¹
dɵ²⁴aˀ，kəʔ⁵tsoŋ⁵³kua̰⁴⁴tsʰã⁵³u⁵³aˀ，kəʔ⁵tsoŋ⁵³liɛ̰²⁴tɕiɛ̰²¹aˀ，sɿ²¹maˀaˀ，
tso²⁴tsʰɔ⁴⁴aˀ，tsɔ⁵³kã⁴⁴dɵ²¹aˀ，tɵ⁴⁴zɿ²⁴mɔ²¹lɔ⁵³xɔ⁴⁴kəʔ⁵。tsɛ²⁴tɕia⁵³，ŋɔ⁴⁴
mən²¹iɛ²¹，tsɔ⁴⁴dzən²¹dɵ²¹me²¹təʔ⁵zɿ²⁴maˀ，tɕʰy²⁴tso²⁴tso²⁴kəʔ⁵tsoŋ⁵³
y²¹tsɿ²⁴zɿ²¹fən⁴⁴tsoŋ⁴⁴，tso²⁴tso²⁴tsʰɔ⁴⁴，tsʰã²⁴tsʰã²⁴ko⁴⁴，tɵ⁴⁴mã²¹xɔ⁵³
kəʔ⁵。tua̰²⁴lia̰²¹tua̰²⁴lia̰²¹sən⁴⁴tʰi⁵³。

我们大家身体健康，不管什么事都好说。亲戚朋友，大家都过
得很好，都很高兴。以前在生产队干活，要干到天黑，太阳下山，那
时做起来很吃力，回到家也吃不好。哪像现在这样，玩得好，吃得
好。现在的人，想想，太幸福了。说来说去，就是共产党领导有方、
领导得好。领导得好，老百姓过得又好，夜里去江滨公园跳广场舞
啊、练剑啊、做操啊、聊天啊，都很好。再者，我们也没什么事情，去
做做操、唱唱歌、锻炼锻炼身体，挺好的。

现在我们老年人不求什么，就身体健康。不过大家都一样，都
差不多，只要身体健康，什么事体都好做。啊，做点高事体嘛，时间
嘛安排好，生活嘛做好了，你再出去嬉，夜里，到哪里去，夜里，都是
毛佬感觉到幸福咯。蛮愉快咯，啊。不是像以前一样，干了葛里干
了那里，再讲，一天到夜没见工分，没有做了，吃里，回到家嘛，又没
有吃得这么好。现在是，做人真咯真是，真舒服。再讲，我们葛种年
纪大咯人尼，真咯真，越过越快活，啊真，叫了，哈。本来嘛，像我们
葛年纪，上不上，下不下咯，还去做，不讲什么，自己葛点饭钞票总要

去做，对不对啊？再讲葛样子嘛，有介点退休金拿拿，那要舒服了多来，每个月生活，有两千来块钱好拿拿。共产党好，社会主义嘛，也好，啊，领导领略好。领导大家平安无事，万事如意。

$\varphi i\tilde{\varepsilon}^{24}\,ts\varepsilon^{21}\,\eta o^{44}\,m\eta n^{21}\,l\sigma^{44}\,\eta i\,\tilde{\varepsilon}^{21}\,\eta in^{21}\,p\vartheta?^{5}\,dzie^{21}\,s\eta^{21}\,ma^{0}$, $dzie^{24}\,s\eta n^{44}$ $t^{h}i^{53}\,t\varphi i\tilde{\varepsilon}^{24}\,k^{h}\tilde{a}^{44}$ 。 $p\vartheta?^{5}\,ko^{24}\,da^{24}\,t\varphi ia^{44}\,t\vartheta^{44}\,i\vartheta?^{5}\,ia^{24}$, $t\vartheta^{44}\,ts^{h}a^{44}\,p\vartheta?^{5}\,to^{44}$, $ts\eta^{44}$ $i\sigma^{24}\,s\eta n^{44}\,t^{h}i^{53}\,t\varphi i\,\tilde{\varepsilon}^{24}\,k^{h}\tilde{a}^{44}$, $s\eta^{21}\,ma^{0}\,z\eta^{24}\,t^{h}i^{53}\,t\vartheta^{44}\,x\sigma^{44}\,tso^{24}$ 。 a^{0} , $tso^{24}\,ti\,\tilde{\varepsilon}^{44}$ $k\sigma^{44}\,z\eta^{24}\,t^{h}i^{53}\,ma^{0}$, $z\eta^{21}\,t\varphi i\tilde{\varepsilon}^{44}\,ma^{0}\,\tilde{a}^{44}\,p^{h}\varepsilon^{21}\,x\sigma^{53}$, $s\eta n^{44}\,u\vartheta?^{5}\,ma^{0}\,tso^{24}\,x\sigma^{53}\,la^{0}$, $\eta i^{44}\,ts\varepsilon^{24}\,t\varphi^{h}y\vartheta?^{5}\,t\varphi^{h}y^{24}\,\varphi i^{44}$, $ia^{24}\,li^{53}$, $t\sigma^{24}\,na^{21}\,li^{53}\,t\varphi^{h}y^{24}$, $ia^{24}\,li^{53}$, $t\vartheta^{44}\,z\eta^{24}$ $m\sigma^{21}\,l\sigma^{53}\,k\tilde{a}^{44}\,t\varphi y\vartheta?^{5}\,t\sigma^{24}\,\varphi in^{24}\,f\vartheta?^{5}\,k\vartheta?^{5}$ 。 $m\tilde{a}^{21}\,y^{21}\,k^{h}ue^{24}\,k\vartheta?^{5}$, a^{0} 。 $p\vartheta?^{5}\,z\eta^{24}$ $\varphi ia^{24}\,i^{21}\,dzi\tilde{\varepsilon}^{24}\,i\vartheta?^{5}\,ia^{24}$, $k\tilde{a}^{24}\,la^{0}\,k\vartheta?^{5}\,li^{53}\,k\tilde{a}^{24}\,la^{0}\,na^{24}\,li^{53}$, $ts\varepsilon^{24}\,t\varphi i\tilde{a}^{53}$, $i\vartheta?^{5}$ $t^{h}ia^{44}\,t\sigma^{24}\,ia^{21}\,me^{21}\,t\varphi i\tilde{\varepsilon}^{24}\,ko\eta^{44}\,f\eta n^{44}$, $me^{21}\,i\vartheta^{53}\,tso^{24}\,la^{0}$, $t\varphi^{h}i\vartheta?^{5}\,li^{0}$, $ue^{21}\,t\sigma^{24}$ $t\varphi ia^{44}\,ma^{0}$, $i\vartheta^{24}\,me^{21}\,i\vartheta^{53}\,t\varphi^{h}i\vartheta?^{5}\,t\vartheta?^{5}\,k\vartheta?^{5}\,ma^{0}\,x\sigma^{53}$ 。 $\varphi i\tilde{\varepsilon}^{24}\,ts\varepsilon^{21}\,z\eta^{24}$, $tso^{24}\,\eta in^{21}$ $ts\eta n^{44}\,k\vartheta?^{5}\,ts\eta n^{44}\,z\eta^{24}$, $ts\eta n^{44}\,\varphi y^{44}\,fa?^{5}$ 。 $ts\varepsilon^{24}\,t\varphi i\tilde{a}^{53}$, $\eta o^{44}\,m\eta n^{21}\,k\vartheta?^{5}\,tso\eta^{53}$ $\eta i\tilde{\varepsilon}^{21}\,t\varphi i^{24}\,da^{24}\,k\vartheta?^{5}\,\eta in^{21}\,\eta i^{0}$, $ts\eta n^{44}\,k\vartheta?^{5}\,ts\eta n^{44}$, $y\vartheta?^{5}\,ko^{24}\,y\vartheta?^{5}\,k^{h}ue^{24}\,u\vartheta?^{5}$, $a^{0}\,ts\eta\sigma^{24}$, $t\varphi i\sigma^{24}\,la^{0}$, xa^{0} 。 $p\eta n^{44}\,l\varepsilon^{21}\,ma^{0}$, $\varphi ia^{24}\,\eta o^{44}\,m\eta n^{21}\,k\vartheta?^{5}\,\eta i\tilde{\varepsilon}^{21}\,t\varphi i^{24}$, $z\tilde{a}^{24}$ $p\vartheta?^{5}\,z\tilde{a}^{24}$, $\varphi ia^{24}\,p\vartheta?^{5}\,\varphi ia^{24}\,k\vartheta?^{5}$, $a^{21}\,t\varphi^{h}y^{24}\,tso^{24}$, $p\vartheta?^{5}\,t\varphi i\tilde{a}^{53}\,s\eta^{21}\,ma^{0}$, $ts\eta^{24}$ $t\varphi i^{53}\,k\vartheta?^{5}\,ti\tilde{\varepsilon}^{53}\,v\tilde{a}^{24}\,ts^{h}\sigma^{44}\,p^{h}i\sigma^{24}\,tso\eta^{44}\,i\sigma^{24}\,t\varphi^{h}y^{24}\,tso^{24}$, $te^{24}\,p\vartheta?^{5}\,te^{24}\,a^{0}$? $ts\varepsilon^{24}$ $t\varphi i\tilde{a}^{53}\,k\vartheta?^{5}\,ia\tilde{~}^{24}\,ts\eta^{0}\,ma^{0}$, $i\vartheta^{44}\,ka^{24}\,ti\tilde{\varepsilon}^{53}\,t^{h}ue^{24}\,\varphi i\vartheta^{44}\,t\varphi in^{44}\,na^{21}\,na^{24}$, $na^{24}\,i\sigma^{21}$ $\varphi y^{44}\,f\vartheta?^{5}\,la^{0}\,to^{44}\,l\varepsilon^{21}$, $me^{21}\,ko^{24}\,y\vartheta?^{5}\,s\eta n^{44}\,u\vartheta?^{5}$, $i\vartheta^{44}\,li\tilde{a}^{44}\,t\varphi^{h}i\tilde{\varepsilon}^{44}\,l\varepsilon^{21}\,k^{h}ue^{24}$ $dzi\tilde{\varepsilon}^{21}\,x\sigma^{53}\,na^{21}\,na^{24}$, $go\eta^{24}\,ts^{h}\tilde{a}^{53}\,t\tilde{a}^{53}\,x\sigma^{53}$, $s\vartheta?^{5}\,ue^{21}\,tsu^{44}\,i^{24}\,ma^{0}$, $i\varepsilon^{44}\,x\sigma^{53}$, a^{0} , $lin^{21}\,t\sigma^{53}\,lin^{21}\,k\vartheta?^{5}\,x\sigma^{53}$ 。 $lin^{21}\,t\sigma^{53}\,da^{24}\,t\varphi ia^{44}\,bin^{21}\tilde{a}^{44}\,u^{21}\,z\eta^{24}$, $v\tilde{a}^{24}\,z\eta^{21}$ $zu^{21}\,i^{24}$ 。

我们老年人不求什么，只要身体健康。大家都一样，都差不多，只要身体健康，什么事都好做。做什么事，把时间安排好，事情做好了再出去玩。夜里出去玩，感觉很幸福很愉快。不像以前，干了这里干那里，一天到晚见不到多少工分。回到家，吃得也不好。现在的人真幸福。我们年纪大的人,越过越快活。本来像我们这样年纪的人,上不上下不下,别的不说,自己的吃饭钱总要去赚。现在嘛,有退休金拿,每个月两千多块钱,日子舒服多了。共产党好,社会主义好,领导得好,大家平安无事、万事如意。

（2018 年 8 月 15 日,分水,发音人:刘春美）

（三）方言青男

个人经历

我跟大家讲讲我个人经历。我是土生土长分水人,从小就在葛里,那个应该是,可能是最早咯祖宗大概是民国时期就来葛里了。我姓吴,属于大姓了。我们村尼就是吴家门,毛多人姓吴。

ŋo⁴⁴ kən⁴⁴ da²⁴ tɕia⁴⁴ tɕi a⁴⁴ tɕi ã⁵³ ŋo⁵³ kəʔ⁵ n̩in²¹ tɕin⁴⁴ liəʔ¹² 。ŋo⁴⁴ zɿ²⁴ du⁴⁴ sən⁴⁴ du⁴⁴ tsa⁴⁴ fən⁴⁴ sue⁵³ n̩in²¹ , dzoŋ²¹ ɕio⁵³ dʑiɵ²⁴ dzɛ²¹ kəʔ⁵ li⁰ , na²⁴ kəʔ⁵ in⁴⁴ kɛ⁴⁴ zɿ²⁴ , ko⁴⁴ nən²¹ zɿ²⁴ tsue²⁴ tsɔ⁵³ kəʔ⁵ tsu⁴⁴ tsoŋ⁴⁴ da²⁴ kɛ²¹ zɿ²⁴ min²¹ kuəʔ⁵ zɿ²¹ tɕi ɛ̃⁴⁴ dʑiɵ²⁴ lɛ²¹ kəʔ⁵ li⁰ la⁰ 。ŋo⁴⁴ ɕin²⁴ u²¹ , səʔ⁵ y²¹ da²⁴ ɕin²¹ la⁰ 。 ŋo⁴⁴ mən²¹ tsʰun⁴⁴ n̩i⁰ dʑiɵ²⁴ zɿ²¹ u²¹ tɕia⁴⁴ mən²² , mɔ²¹ to⁴⁴ n̩in²¹ ɕin²⁴ u²¹ 。

我给大家讲讲我的个人经历。我是土生土长的分水人,从小就在这里长大,祖先可能在民国时期就到这里了。我姓吴,"吴"属于大姓了,我们村里很多人都姓吴。

再我就,一直就,自从出生到现在一直在分水。小学嘛就在完小①读咯,离我家蛮近,有,大概有两百米路,只有,走走蛮快咯。完小,总共,完小里面没几个班,它一年级到六年级是有咯,但是每个年

---

① 指一到六年级都有的小学。20 世纪八九十年代,分水有的小学只有一二年级。

级只有一个班,最多两个班。完小,到现在话是,觉得,应该是,条件相对还是比较差,不像分水其他,当时还有另外学校,如西关小学,还有另外一个,都比完小好。那么因为离家近,所以就完小读书了。

tsɛ²⁴ ŋo⁵³ dʑiɵ²⁴ , iəʔ⁵ tsəʔ⁵ dʑiɵ²⁴ , zɿ²⁴ dzoŋ²¹ tɕʰyəʔ⁵ sən⁴⁴ tɔ²⁴ ɕiɛ̃²⁴ tsɛ²¹ iəʔ⁵ tsəʔ⁵ tsɛ²⁴ fən⁴⁴ sue⁵³ 。ɕiɔ⁴⁴ iəʔ⁵ maº dʑiɵ²⁴ tsɛ²¹ u a̅²¹ ɕiɔ⁵³ dəʔ¹² kəʔ⁵ , li²¹ ŋo⁴⁴ tɕia⁴⁴ ma̅²¹ dʑin²⁴ , iɵ⁵³ , da²⁴ kɛ²¹ iɵ⁵³ lia̅⁵³ pəʔ⁵ mi⁵³ lu²⁴ , tsɿ⁴⁴ iɵ⁵³ , tsɵ⁴⁴ tsɵ⁵³ ma̅²¹ kʰue²⁴ kəʔ⁵ 。u a̅²¹ ɕiɔ⁵³ , tsoŋ⁴⁴ goŋ²⁴ , u a̅²¹ ɕiɔ⁵³ li⁴⁴ miɛ̃²⁴ me²¹ tɕi⁴⁴ kəʔ⁵ pa̅⁴⁴ , tʰa⁴⁴ iəʔ⁵ n̠iɛ̃²¹ tɕi²⁴ tɔ²⁴ ləʔ¹² n̠iɛ̃²¹ tɕi²⁴ zɿ²⁴ iɵ⁵³ kəʔ⁵ , da̅²⁴ zɿ²¹ me²¹ kəʔ⁵ n̠iɛ̃²¹ tɕi²⁴ tsɿ⁴⁴ iɵ⁴⁴ iəʔ⁵ kəʔ⁵ pa̅⁴⁴ , tsue²⁴ to⁴⁴ lia̅⁴⁴ kəʔ⁵ pa̅⁴⁴ 。u a̅²¹ ɕiɔ⁵³ , tɔ²⁴ ɕiɛ̃²⁴ tsɛ²¹ xua̅²¹ zɿ²⁴ , tɕyəʔ⁵ təʔ⁵ , in⁴⁴ kɛ⁴⁴ zɿ²⁴ , diɔ²¹ tɕiɛ̃²⁴ ɕia̅⁴⁴ te²⁴ ue²¹ zɿ²⁴ pi⁴⁴ tɕiɕ²⁴ tsʰa⁴⁴ , pəʔ⁵ ɕia²⁴ fən⁴⁴ sue⁵⁴ dʑi²¹ tʰa⁴⁴ , t a̅⁴⁴ zɿ²¹ uɛ²¹ iɵ⁵³ lin²⁴ ua²¹ iəʔ⁵ ɕiɔ²⁴ , lu⁴⁴ ɕi⁴⁴ ku a̅⁴⁴ ɕiɔ⁴⁴ iəʔ⁵ , uɛ²¹ iɵ⁵³ lin²⁴ ua²¹ iəʔ⁵ kəʔ⁵ , tɵ⁴⁴ pi⁵³ u a̅⁴⁴ ɕiɔ⁵³ xɔ⁵³ 。na²⁴ maº in⁴⁴ ue²¹ li²¹ tɕia⁴⁴ dʑin²⁴ , so⁴⁴ i⁴⁴ dʑiɵ²⁴ u a̅²¹ ɕiɔ⁵³ duəʔ¹² ɕy⁴⁴ laº 。

我从出生到现在一直在分水,我小学是在完小读的,离我家很近,大概两百米路,走过去很快。完小没有几个班,它一到六年级是都齐全的,但每个年级只有一个,最多两个班。完小条件还是比较差的,不像其他学校,但因为离家近,就在这里读书了。

完小,当时我记得还是完小嘛,嗯,我可能是,因为,成绩总体可以咯,体育比较突出,大概是五年级咯时候,分水要选人到桐庐去比赛,他是代表每个镇咯,我当时有幸被选到了,五年级那样子,那是跟西关小学,几个跟我年龄差不多咯,代表分水去比赛。我当时我记得是报 400 米,还有跳远。因为中长跑还可以,短跑不成功,当时我报 400 米时候,我记得有拿奖,好像是,拿了个第三名还不知道第四名,但我当时毛高兴咯,因为第一次出去就拿奖了。而且我记得,比赛前一天夜晚我太兴奋了，又没见识过葛种比赛。当时学校里比赛那都是小比赛了，到桐庐，到桐庐来，嘎多人比赛还是第一次，所以比较兴奋，前一天夜晚还是毛兴奋咯，不大困得着觉。

uã²¹ ɕiɔ⁵³，tã⁴⁴ zʅ²¹ ŋɔ⁵³ tɕi²⁴ təʔ⁵ uɛ²¹ zʅ²⁴ uã²¹ ɕiɔ⁵³ ma⁰，ən⁰，ŋɔ⁵³ ko⁴⁴ nən²¹ zʅ²⁴，in⁴⁴ ue²¹，dzən²¹ tɕiəʔ⁵ tsoŋ⁴⁴ tʰi⁵³ ko⁴⁴ i²¹ kəʔ⁵，tʰi⁴⁴ y²⁴ pi⁴⁴ tɕiɔ²⁴ tʰəʔ⁵ tɕʰyəʔ⁵，da²⁴ kɛ²¹ zʅ²⁴ u⁵³ niɛ̃²¹ tɕi²⁴ kəʔ⁵ zʅ²¹ xɵ²⁴，fən⁴⁴ sue⁵³ iɔ²⁴ ɕyã⁴⁴ n̩in²¹ tɔ²⁴ doŋ²¹ lu²⁴ tɕʰy²⁴ pi⁴⁴ sɛ²⁴，tʰã⁴⁴ zʅ²⁴ tɛ²⁴ piɔ⁵³ me²¹ kəʔ⁵ tsən²⁴ kəʔ⁵，ŋɔ⁵³ tã⁴⁴ zʅ²¹ iɵ⁴⁴ ɕin²⁴ pe²⁴ ɕyã̃⁴⁴ tɔ²⁴ la⁰，u⁵³ n̩iɛ̃²¹ tɕi²⁴ na²⁴ iã²⁴ tsʅ⁰，na²⁴ zʅ²¹ kən⁴⁴ ɕi⁴⁴ kuã⁴⁴ ɕi⁴⁴ iəʔ⁵，tɕi⁴⁴ kəʔ⁵ kən⁴⁴ ŋɔ⁵³ n̩iɛ̃²¹ lin²⁴ tsʰa⁴⁴ pəʔ⁵ to⁴⁴ kəʔ⁵，tɛ²⁴ piɔ⁵³ fən⁴⁴ sue⁵³ tɕʰy²⁴ pi⁴⁴ sɛ²⁴。ŋɔ⁵³ tã⁴⁴ zʅ²¹ ŋɔ⁵³ tɕi²⁴ təʔ⁵ zʅ²⁴ pɔ²⁴ sʅ²¹ pəʔ⁵ mi⁵³，uɛ²¹ iɵ⁵³ tʰiɔ²⁴ yã⁵³。in⁴⁴ ue²¹ tsoŋ⁴⁴ dzã²¹ pʰɔ⁵³ uɛ²¹ ko⁴⁴ i²¹，tuã⁴⁴ pʰɔ⁵³ pəʔ⁵ dzən²¹ koŋ⁴⁴，tã⁴⁴ zʅ²¹ ŋɔ⁵³ pɔ²⁴ sʅ²⁴ pəʔ⁵ mi⁵³ zʅ²¹ xɵ²⁴，ŋɔ⁵³ tɕi²⁴ təʔ⁵ iɵ⁴⁴ na²¹ tɕiã⁵³，xɔ⁴⁴ ɕiã²⁴ zʅ²⁴，na²¹ la⁰ kəʔ⁵ di²⁴ sã⁴⁴ min²¹ uɛ²¹ pəʔ⁵ tsʅ⁴⁴ dɔ²⁴ di²⁴ sʅ²⁴ min²¹，dã²⁴ ŋɔ⁵³ tã⁴⁴ zʅ²¹ mɔ²¹ kɔ⁴⁴ ɕin²⁴ kəʔ⁵，in⁴⁴ ue²¹ di²⁴ iəʔ⁵ tsʰʅ²⁴ tɕʰyəʔ⁵ tɕʰy²⁴ tɕiɵ²⁴ na²¹ tɕiã⁵³ la⁰。ɵ²¹ tɕʰiəʔ⁵ ŋɔ⁵³ tɕi²⁴ təʔ⁵，pi⁴⁴ sɛ²⁴ dʑiɛ̃²¹ iəʔ⁵ tʰiɛ̃⁴⁴ iã²⁴ uã⁵³ ŋɔ⁴⁴ tʰɛ²⁴ kɔ⁴⁴ ɕin²⁴ la⁰，iɵ²⁴ me²¹ tɕiɛ̃²⁴ zəʔ⁵ ko²⁴ kəʔ⁵ tsoŋ⁵³ pi⁴⁴ sɛ²⁴。tã⁴⁴ zʅ²¹ iəʔ⁵ ɕiɔ²⁴ li⁰ pi⁴⁴ sɛ²⁴ na²⁴ tɵ⁴⁴ zʅ²⁴ ɕiɔ⁵³ pi⁴⁴ sɛ²⁴ la⁰，tɔ²⁴ doŋ²¹ lu²⁴，tɔ²⁴ doŋ²¹ lu²⁴ lɛ²¹，ka⁴⁴ to⁴⁴ n̩in²¹ pi⁴⁴ sɛ²⁴ uɛ²¹ zʅ²⁴ di²⁴ iəʔ⁵ tsʰʅ²⁴，so⁴⁴ i⁴⁴ pi⁴⁴ tɕiɔ²⁴ ɕin⁴⁴ fən²⁴，dʑiɛ̃²¹ iəʔ⁵ tʰiɛ̃⁴⁴ iã²⁴ uã⁵³ uɛ²¹ zʅ²⁴ mɔ²¹ ɕin⁴⁴ fən²⁴ kəʔ⁵，pəʔ⁵ da²⁴ kun²⁴ təʔ⁵ tsuəʔ⁵ kɔ²⁴。

当时我成绩还可以的，体育比较突出。大概五年级时，分水要选人代表镇上到桐庐参加比赛，当时我有幸被选到了，我记得当时参加的是 400 米短跑，还有跳远。我中长跑还可以，短跑不怎么好，但那天 400 米短跑我好像竟还拿了个第三还是第四名，我当时特别高兴，自己第一次参加比赛就拿奖了。比赛前一天晚上我很兴奋，因为没有见识过这种比赛。学校里的比赛我倒参加过，但那都是小比赛，到桐庐来参加这么多人的比赛，还是第一次，所以比较兴奋，比赛前一天晚上都不怎么睡得着觉。

再后来，到每年，到初中之后，连续几年我都去到桐庐比赛，因为那时可以算是学校里咯，校体队咯，固定人嘛，那辰光。到初中，初中就是现在咯工农中学里，那辰光还没有女娃阶段，女娃中学阶段，老咯校区是勒工农中学里，我早辰光那边读书。当时工农中学，我觉得已经蛮好了，我去咯辰光，房子都蛮新咯，有教学楼，还有综合楼，还有宿舍，早辰光是没有，我那辰光读书有嘞，宿舍还是比较好咯。初中我记得分普通班跟多媒体班，多媒体班嘛就两个班，像我当时我就没报多媒体班，报了个普通班，多媒体班当时我记得是要多交钞票咯，我就没去报了。还有几个村里同学都在普通班，就报了个普通班。

tsɛ²⁴xɵ²⁴lɛ²¹，tɔ²⁴me²¹n̠iɛ̃²⁴，tɔ²⁴tsʰu⁴⁴tsoŋ⁴⁴tsʅ⁴⁴xɵ²⁴，liɛ̃²¹ɕy²⁴tɕi⁴⁴n̠iɛ̃²¹ŋo⁵³tɵ⁴⁴tɕʰy²⁴tɔ²⁴doŋ²¹lu²⁴pi⁴⁴sɛ²⁴，in⁴⁴ue²¹na²⁴zʅ²¹ko⁴⁴i²¹suã²⁴zʅ²¹iəʔ⁵ɕiɔ²⁴li⁰kəʔ⁵，ɕiɔ²⁴tʰi⁴⁴due²⁴kəʔ⁵，ku²⁴din²¹n̠in²¹ma⁰，na²⁴dzən²¹kuã⁴⁴。tɔ²⁴tsʰu⁴⁴tsoŋ⁴⁴，tsʰu⁴⁴tsoŋ⁴⁴dʑiɵ²⁴zʅ²¹ɕiɛ̃²⁴dzɛ²¹kəʔ⁵koŋ⁴⁴noŋ²¹tsoŋ⁴⁴iəʔ⁵li⁰，na²⁴dzən²¹kuã⁴⁴xuɛ²¹mɛ²¹iɵ⁵³n̠y⁴⁴ua²²tɕiɛ⁴⁴tuã²⁴，n̠y⁴⁴ua²²tsoŋ⁴⁴iəʔ⁵tɕiɛ⁴⁴tuã²⁴，lɔ⁴⁴kəʔ⁵ɕiɔ²⁴tɕʰy⁴⁴zʅ²⁴le²⁴koŋ⁴⁴noŋ²¹tsoŋ⁴⁴iəʔ⁵li⁰，ŋo⁵³tsɔ⁵³dzən²¹kuã⁴⁴na²⁴piɛ̃²⁴duəʔ¹²ɕy⁴⁴。tã⁴⁴zʅ²¹koŋ⁴⁴noŋ²¹tsoŋ⁴⁴iəʔ⁵，ŋo⁵³tɕyəʔ⁵təʔ⁵i⁴⁴tɕin⁴⁴mã²¹xɔ⁵³la⁰，ŋo⁴⁴tɕʰy²⁴kəʔ⁵dzən²¹kuã⁴⁴，fã²¹tsʅ⁰tɵ⁴⁴mã²¹ɕin⁴⁴kəʔ⁵，iɵ⁴⁴tɕiɔ²⁴iəʔ⁵lɵ²¹，uɛ²¹iɵ⁵³tsoŋ⁴⁴xəʔ⁵lɵ²¹，uɛ²¹iɵ⁵³su²⁴səʔ⁵，tsɔ⁵³dzən²¹kuã⁴⁴zʅ²⁴mɛ²¹iɵ⁵³，ŋo⁵³na²⁴dzən²¹kuã⁴⁴tuəʔ⁵ɕy⁴⁴iɵ⁵³le⁰，su²⁴səʔ⁵uɛ²¹zʅ²⁴pi⁴⁴tɕiɔ²⁴xɔ⁴⁴kəʔ⁵。tsʰu⁴⁴tsoŋ⁴⁴ŋo⁵³tɕi²⁴təʔ⁵fən⁴⁴pʰu⁴⁴tʰoŋ⁴⁴pã⁴⁴kən⁴⁴to⁴⁴mɛ²¹tʰi⁵³pã⁴⁴，tɵ⁴⁴mɛ²¹tʰi⁵³pã⁴⁴ma⁰dʑiɵ²⁴liã⁴⁴kəʔ⁵pã⁴⁴，ɕiã²⁴ŋo⁵³tã⁴⁴zʅ²¹ŋo⁵³dʑiɵ²⁴mɛ²¹pɔ²⁴to⁴⁴mɛ²¹tʰi⁵³pã⁴⁴，pɔ²⁴la⁰kəʔ⁵pʰu⁴⁴

$t^ho\eta^{44}pa\tilde{}^{44}$, $to^{44}me^{21}t^hi^{53}pa\tilde{}^{44}ta\tilde{}^{44}z\textsubscript{l}^{21}\eta o^{53}t\textctcc i^{24}t\textschwa\textglotstop^5 z\textsubscript{l}^{24}i\textopeno^{21}to^{44}t\textctcc i\textopeno^{44}ts^h\textopeno^{44}$
$p^hi\textopeno^{24}k\textschwa\textglotstop^5$, $\eta o^{44}dzi\theta^{24}me^{21}t\textctcc^hy^{24}p\textopeno^{24}la^0$. $u\textepsilon^{21}i\theta^{53}t\textctcc i^{44}k\textschwa\textglotstop^5 ts^h\textschwa n^{44}li^0 do\eta^{21}$
$i\textschwa\textglotstop^5 t\theta^{44}dz\textepsilon^{24}p^hu^{44}t^ho\eta^{44}pa\tilde{}^{44}$, $dzi\theta^{24}p\textopeno^{24}la^0 k\textschwa\textglotstop^5 p^hu^{44}t^ho\eta^{44}pa\tilde{}^{44}$ 。

初中之后，连续几年我都到桐庐去参加比赛，那时可以算是校队的，参加比赛的每年都固定是那么几个人。初中是在现在的工农中学读，当时我觉得工农中学挺好的了，房子都挺新的，有教学楼、综合楼，还有宿舍，宿舍算是比较好的。学校里有普通班和多媒体班，多媒体班只有两个，我当时没有报多媒体班，多媒体班我记得是要多交学费的，而且当时我村里的几个同学都在普通班，我就报了个普通班。

在工农中学读书咯三年，有一件事体比较让我印象深刻，那辰光可能是，被政教处叫到名字过，那辰光有什么事体，好像是闯点祸，好像是，通报批评，比较印象深刻，当着全校师生被通报批评，那辰光初二，感觉通报批评，头都抬不起来，真咯是印象深刻。又拨我老子也叫到学堂训话。那辰光，初一初二读书其实都还好咯，再后来就是嬉心重，嬉心重，那么，就是跟一些同学到外面去嬉电脑、搞游戏，那辰光觉得毛新鲜，电脑游戏。我记得有连续两个月泡网吧里，就是讲，中午不是有休息时间嘛，跑网吧里，虽然一两个钟头不长，然后就慢慢成绩就退下来了。

$dz\textepsilon^{24}ko\eta^{44}no\eta^{21}tso\eta^{44}i\textschwa\textglotstop^5 du\textschwa\textglotstop^{12}\textctcc y^{44}k\textschwa\textglotstop^5 sa\tilde{}^{44}\textltailn i\tilde{}\textepsilon^{21}$, $i\theta^{44}i\textschwa\textglotstop^5 t\textctcc i\tilde{}\textepsilon^{24}$
$z\textsubscript{l}^{21}t^hi^{53}pi^{44}t\textctcc i\textopeno^{53}za\tilde{}^{24}\eta o^{53}in^{24}\textctcc ia\tilde{}^{21}s\textschwa n^{44}k\textschwa\textglotstop^5$, $na^{24}dz\textschwa n^{21}kua\tilde{}^{44}ko^{44}n\textschwa n^{21}$
$z\textsubscript{l}^{24}$, $pe^{24}ts\textschwa n^{24t}\textctcc i\textopeno^{21}ts^hu^{24}t\textctcc i\textopeno^{24}t\textopeno^{21}min^{21}z\textsubscript{l}^{24}ko^{24}$, $na^{24}dz\textschwa n^{21}kua\tilde{}^{44}i\theta^{53}$
$s\textsubscript{l}^{44}ma^0 z\textsubscript{l}^{21}t^hi^{53}$, $x\textopeno^{44}\textctcc ia\tilde{}^{24}z\textsubscript{l}^{24}ts^hua\tilde{}^{44}ti^{53}u\textschwa\textglotstop^5$, $x\textopeno^{44}\textctcc ia\tilde{}^{24}z\textsubscript{l}^{24}$, $t^ho\eta^{44}p\textopeno^{24}$
$p^hi^{44}p^hin^{21}$, $pi^{44}t\textctcc i\textopeno^{24}in^{24}\textctcc ia\tilde{}^{21}s\textschwa n^{44}k\textschwa\textglotstop^5$, $ta\tilde{}^{44}ts\textschwa\textglotstop^5 dz\textyogh a\tilde{}^{21}\textctcc i\textopeno^{21}s\textsubscript{l}^{44}s\textschwa n^{44}pe^{24}$
$t^ho\eta^{44}p\textopeno^{24}pi^{44}p^hin^{21}$, $na^{24}dz\textschwa n^{21}kua\tilde{}^{44}ts^hu^{44}\theta^{24}$, $ka\tilde{}^{44}t\textctcc y\textschwa\textglotstop^5 t^ho\eta^{44}p\textopeno^{24}$

pi⁴⁴pʰin²¹，də²¹tɵ⁴⁴tʰɛ²¹pəʔ⁵tɕʰi⁴⁴lɛ²¹，tsən⁴⁴kəʔ⁵zɿ²⁴in²⁴ɕiã²¹sən⁴⁴kəʔ⁵。iɵ²⁴pəʔ⁵ŋo⁵³lɔ⁴⁴tsɿ⁰iɛ⁴⁴tɕiɔ²⁴tɔ²¹iəʔ⁵dã²¹xun²⁴xua²¹。na²⁴dzən²¹kuã⁴⁴，tsʰu⁴⁴iəʔ⁵tsʰu⁴⁴ɵ²⁴dəʔ¹²ɕy⁴⁴tɕʰi⁴⁴səʔ⁵tɵ⁴⁴uɛ²¹xɔ⁵³kəʔ⁵，tsɛ²⁴xɵ²¹lɛ²⁴dziɵ²⁴zɿ²¹ɕi⁴⁴ɕin⁴⁴tsoŋ²⁴，ɕi⁴⁴ɕin⁴⁴tsoŋ²⁴，na²⁴maˀ⁰，dziɵ²⁴zɿ²¹kən⁴⁴iəʔ⁵ɕiɛ⁴⁴doŋ²¹iəʔ⁵tɔ²⁴uã²⁴miɛ̃²¹tɕʰy²⁴ɕi⁴⁴diɛ̃²¹nɔ⁵³，kɔ⁵³iɵ²¹ɕi²⁴，na²⁴dzən²¹kuã⁴⁴tɕyəʔ⁵təʔ⁵mɔ²¹ɕin⁴⁴ɕiɛ̃⁴⁴，diɛ̃²⁴nɔ⁵³iɵ²¹ɕi²⁴。ŋo⁵³tɕi²⁴təʔ⁵iɵ⁵³liɛ̃²¹ɕy²⁴liã⁴⁴kəʔ⁵yəʔ⁵pʰɔ²⁴uã⁴⁴pa⁴⁴li⁵³，dziɵ²⁴zɿ²¹tɕiã⁵³，tsoŋ⁴⁴u⁵³pəʔ⁵zɿ²⁴iɵ⁴⁴ɕiɵ⁴⁴ɕiˀ⁰zɿ²¹tɕiɛ̃⁴⁴maˀ⁰，pʰɔ⁵³uã⁴⁴pa⁰liˀ⁰，sue²¹za²⁴iəʔ⁵liã⁴⁴kəʔ⁵tsoŋ⁴⁴də²¹pəʔ⁵dzã²¹，zã̃²¹xɵ²⁴dziɵ²⁴mã²⁴mã²¹dzən²¹tɕiəʔ⁵dziɵ²⁴tʰe²⁴iã²⁴lɛ²¹laˀ⁰。

　　在工农中学读书的三年中，初二有一件事让我印象深刻，当时我好像闯了点祸，被政教处点名通报批评，当着全校师生被通报批评，感觉头都抬不起来，政教处还把我父亲也叫到学校去。我初一初二时读书其实也都还算好的，后来就放松了，跟一些同学一起到外面玩电脑、打游戏，那时我觉得很新鲜。我记得有段时间连续两个月泡网吧，中午休息的两个小时都跑去网吧，慢慢地成绩就退步了。

　　我记得当时班主任跟我讲，你咯成绩考分中是没有问题咯，后来，成绩不成功了吧。成绩到后几名了，班里是比较有名咯，以前是中上游，肯定有咯，退下来蛮快咯。到初中考试，初三考试那辰光，没考上分中。公费线，我记得，公费线是 400 分，我当时考 360 分，自费线是，好像是 380，但是要交，多交一万多块钱，我当时家里条件不怎么好，就没，没去交葛钞票，就没读了。让我职高，我觉得，当时也看不上职高，因为我觉得职高，职高里读书是混日子，两年三年再出来都差不多，就没读书了。

ŋo⁴⁴tɕi²⁴təʔ⁵tã⁴⁴zɿ²¹pã̃⁴⁴tsu⁴⁴zən²⁴kən⁴⁴ŋo⁵³tɕiã̃⁵³，n̠i⁴⁴kəʔ⁵dzən²¹tɕiəʔ⁵kʰɔ⁵³fən⁴⁴tsoŋ⁴⁴zɿ²⁴me²¹iɵ⁵³uən²¹tʰiˀ⁵³kəʔ⁵，xɵ²⁴lɛ²¹，dzən²¹tɕiəʔ⁵

pəʔ⁵ dzən²¹ koŋ⁴⁴ la⁰ pa⁰。dzən²¹ tɕiə⁵ tɔ²⁴ xɵ²⁴ tɕi⁴⁴ min²¹ la⁰，pã⁴⁴ li⁰ zʅ²⁴ pi⁴⁴ tɕiɔ²⁴ iɵ⁴⁴ min²¹ kəʔ⁵，i⁴⁴ dʑiɛ̃²¹ zʅ²⁴ tsoŋ⁴⁴ zã²⁴ iɵ²¹，kʰən⁴⁴ din²⁴ iɵ⁴⁴ kəʔ⁵，te²⁴ ia²⁴ lɛ²¹ mã̃²¹ kʰuɛ²⁴ kəʔ⁵。tɔ²⁴ tsʰu⁴⁴ tsoŋ⁴⁴ kʰɔ⁴⁴ zʅ²⁴，tsʰu⁴⁴ sã⁴⁴ kʰɔ⁴⁴ zʅ²⁴ na²⁴ dzən²⁴ kuã⁴⁴，me²¹ kʰɔ⁴⁴ zã²⁴ fən⁴⁴ tsoŋ⁴⁴。koŋ⁴⁴ fi²⁴ ɕiɛ̃²⁴，ŋɔ⁴⁴ tɕi²⁴ təʔ⁵，koŋ⁴⁴ fi²⁴ ɕiɛ̃²⁴ zʅ²⁴ sʅ²⁴ pəʔ⁵ fən⁴⁴，ŋɔ⁴⁴ tã̃⁴⁴ zʅ²¹ kʰɔ⁵³ sã⁴⁴ pəʔ⁵ ləʔ¹² zəʔ¹² fən⁴⁴，zʅ²⁴ fi²¹ ɕiɛ̃²⁴ zʅ²⁴，xɔ⁴⁴ ɕia²⁴ zʅ²⁴ sã⁴⁴ pəʔ⁵ paʔ⁵。dã²⁴ zʅ²¹ iɔ²⁴ tɕiɔ⁴⁴，to⁴⁴ tɕiɔ⁴⁴ iəʔ⁵ uã²⁴ to⁴⁴ kʰuɛ²⁴ dʑiɛ̃²¹，ŋɔ⁴⁴ tã̃⁴⁴ zʅ²¹ tɕia⁴⁴ li⁰ diɔ²¹ tɕiɛ̃²⁴ pəʔ⁵ tsən²¹ ma⁰ xɔ⁵³，dʑiɵ²⁴ me²¹，me²¹ tɕʰy²⁴ tɕiɔ⁴⁴ kəʔ⁵ tsʰɔ⁴⁴ pʰiɔ²⁴，dʑiɵ²⁴ me²¹ duəʔ² la⁰。zã²⁴ ŋɔ⁵³ tsəʔ⁵ kɔ⁴⁴，ŋɔ⁵³ tɕyəʔ⁵ təʔ⁵，tã̃⁴⁴ zʅ²¹ iɛ⁴⁴ kʰã̃²⁴ pəʔ⁵ zã²⁴ tsəʔ⁵ kɔ⁴⁴，in⁴⁴ ue²¹ ŋɔ⁵³ tɕyəʔ⁵ təʔ⁵ tsəʔ⁵ kɔ⁴⁴，tsəʔ⁵ kɔ⁴⁴ li⁰ duəʔ¹² ɕy⁴⁴ zʅ²⁴ xun²⁴ ȵieʔ¹² tsʅ⁰，lia⁴⁴ ȵiɛ̃²¹ sã⁴⁴ ȵiɛ̃²¹ tsɛ²⁴ tɕʰyəʔ⁵ lɛ²¹ tɵ⁴⁴ tsʰa⁴⁴ pəʔ⁵ to⁴⁴，dʑiɵ²⁴ me²¹ duəʔ¹² ɕy⁴⁴ la⁰。

　　我记得当时班主任和我讲过，说以我的成绩考分中是没有问题的，后来却没有成功。我的成绩以前在班里是中上游，后来越来越靠后，退步得挺快的。到初三考试，没考上分中，公费线是 400 分，我当时考了 360 分，自费线好像是 380，但是要多交一万多块钱，我当时家里条件不怎么好，就没读了。要我去职高，我当时也看不上职高，因为我觉得去职高就是混日子，混个两年三年再出来工作，也都是差不多的，后来就没读书了。

　　我有两个同学是来分中读，有个同学也是爱嬉，嬉到后头，他也不成功，考大学考不上，后头，就去当兵了。我当时，我是比他低两年，就在工作了，他高中读下之后就去当兵了，到现在，还在部队里。但我刚开始上班，我年轻，上班，生活我什么尼，做一个生活做不到几个月就不做了，再到二十岁那年才定下来，做葛一块，我欢喜做葛一块，做了有十年了。

ŋo⁴⁴iɵ⁵³lia̰⁴⁴kəʔ⁵doŋ²¹iəʔ⁵zɿ²⁴lɛ²¹fən⁴⁴tsoŋ⁴⁴duəʔ² ，iɵ⁴⁴kəʔ⁵doŋ²¹iəʔ¹²
iɛ⁴⁴zɿ²⁴ɛ²⁴ɕi⁴⁴，ɕi⁴⁴tɔ²⁴xɵ²⁴dɵ²¹，tʰa⁴⁴iɛ⁴⁴pəʔ⁵dzən²¹koŋ⁴⁴，kʰɔ⁵³da²⁴iəʔ⁵
kʰɔ⁵³pəʔ⁵za̰²⁴，xɵ²⁴dɵ²¹，dziɵ²⁴tɕʰy²¹ta̰⁴⁴pin⁴⁴la⁰．ŋo⁴⁴ta̰⁴⁴zɿ²¹，ŋo⁵³zɿ²⁴
pi⁴⁴tʰa̰⁴⁴ti⁴⁴lia̰⁴⁴n̠i ɛ̃²¹，dziɵ²⁴dzɛ²¹koŋ⁴⁴tso²⁴la⁰．tʰa̰⁴⁴kɔ⁴⁴tsoŋ⁴⁴duəʔ¹²
ɕia²⁴tsɿ⁴⁴xɵ²⁴dziɵ²⁴tɕʰy²⁴ta̰⁴⁴pin⁴⁴la⁰，tɔ²⁴ɕi ɛ̃²⁴dzɛ²¹，uɛ²¹dzɛ²⁴pu²⁴dɵ²¹
li⁰．da̰²⁴ŋo⁵³ka̰⁴⁴kʰɛ³³sɿ⁵³za̰²⁴pa̰⁴⁴，ŋo⁴⁴n̠i ɛ̃²¹tɕin²⁴，za̰²⁴pa̰⁴⁴，sən⁴⁴uəʔ⁵
ŋo⁵³sɿ⁴⁴ma⁰n̠i⁰，tso²⁴iəʔ⁵kəʔ⁵sən⁴⁴uəʔ⁵tso²⁴pəʔ⁵tɔ²⁴tɕi⁴⁴kəʔ⁵yəʔ⁵dziɵ²⁴
pəʔ⁵tso²⁴la⁰，tsɛ²⁴tɔ²¹ɵ²⁴zəʔ²sue²⁴na²⁴n̠i ɛ̃²¹dzɛ²¹din²⁴ia²⁴lɛ²¹，tso²⁴kəʔ⁵
iəʔ⁵kʰuɛ²⁴，ŋo⁴⁴xua̰⁴⁴ɕi⁴⁴tso²⁴kəʔ⁵iəʔ⁵kʰuɛ²⁴，tso²⁴la⁰iɵ⁴⁴zəʔ²n̠i ɛ̃²¹la⁰．

　　我有两个同学就是在分中读，有个同学也是爱玩，玩到后面，没
有考上大学，就去当兵了。我是比他晚两届，就去工作了，他高中毕
业后就去当兵了，现在还在部队里。我刚开始上班时比较年轻，很
爱玩，一份工作往往做不到几个月就不做了，再到二十岁才定下来，
做制笔的工作，做了有十年。

　　　　　　　　　　　　　（2018 年 8 月 18 日，分水，发音人：吴志华）

家庭情况

　　个人经历就到葛里了，我跟大家讲讲我咯家庭情况。我们家里
总共四个人，我上面还有一个阿姊。阿姊比我大三岁，大三岁，因为
之前，不是大三岁，之前，当时不好生小鬼，只有五岁之后才可以生
小鬼，但我，但是，我早出生。其实我葛条命，也是我们娘亲逃出来
咯，逃命逃出来咯。当时计划生育不是讲，五岁之内不好生啊，再生
了嘛，要镇里啊，要来搭啊，要去打掉。那我姆妈怀了我之后，就到
啊，到我外公家里去，当时外公家里不是还有一个山，山里要管，一
个山棚，躲那个棚里，躲了蛮长时间。

　　　　ko²⁴n̠in²¹tɕin⁴⁴liəʔ⁵dziɵ²⁴tɔ²¹kəʔ⁵li⁰la⁰，ŋo⁴⁴kən⁴⁴da²⁴tɕia⁴⁴tɕi a̰⁴⁴

tɕiã⁵³ ŋo⁴⁴ kəʔ⁵tɕia⁴⁴ tʰin⁰dʑin²¹ kʰuã²⁴。ŋo⁴⁴ mən²¹ tɕia⁴⁴ li⁵³ tsoŋ⁴⁴ goŋ²⁴
sʅ²⁴ kəʔ⁵ n̩in²¹，ŋo⁴⁴zã²⁴mi ɛ̃²¹ a²¹ iə⁵³ iəʔ⁵ko²⁴ a⁴⁴tsʅ⁴⁴. a⁴⁴tsʅ⁴⁴ pi⁵³ ŋo⁴⁴ da²⁴
sã⁴⁴ sue²⁴，da²⁴ s ã⁴⁴ sue²⁴，in⁴⁴ ue²¹ tsʅ⁴⁴ dʑi ɛ̃²¹，pəʔ⁵zʅ²⁴ da²⁴ s ã⁴⁴ sue²⁴，
tsʅ⁴⁴ dʑi ɛ̃²¹，t ã⁴⁴ zʅ²¹ pəʔ⁵ xɔ⁵³ sən⁴⁴ ɕiə⁴⁴ kue⁴⁴，tsʅ⁴⁴ iə⁴⁴ u⁴⁴ sue²⁴ tsʅ⁴⁴ xə²⁴
dzɛ²¹ ko⁴⁴ i²⁴ sən⁴⁴ ɕiə⁴⁴ kue⁴⁴，d ã²⁴ ŋo⁵³，d ã²⁴ zʅ²¹，ŋo⁴⁴ tsɔ⁵³ tɕʰ yəʔ⁵ sən⁴⁴。
tɕʰi⁴⁴ zəʔ⁵ ŋo⁴⁴ kəʔ⁵diə²¹ min²⁴，iɛ⁴⁴ zʅ²⁴ ŋo⁴⁴ mən²¹ n̩i ã²¹ tɕʰin⁴⁴ də²¹
tɕʰyəʔ⁵lɛ²¹kəʔ⁵，də²¹ min²⁴ də²¹ tɕʰyəʔ⁵lɛ²¹kəʔ⁵。t ã⁴⁴ zʅ²¹ tɕi²⁴ uaʔ⁵ sən⁴⁴ y²⁴
pəʔ⁵zʅ²⁴ tɕiã⁵³，u⁴⁴ sue²⁴ tsʅ⁴⁴ ne²⁴ pəʔ⁵ xɔ⁵³ sən⁴⁴ a⁰，tsɛ²⁴ sən⁴⁴ la⁰ma⁰，iɔ²⁴
tsən²⁴li⁰ a⁰，iɔ²⁴ lɛ²¹ kʰua²⁴ a⁰，iɔ²⁴ tɕʰy²¹ ta⁴⁴ diɔ²¹。na²⁴ ŋo⁴⁴ m⁴⁴ ma⁴⁴ uɛ²¹
la⁰ ŋo⁵³tsʅ⁴⁴xə²⁴，dʑiə²⁴tɔ²¹ a⁰，tɔ²⁴ ŋo⁴⁴ uɛ²⁴ koŋ⁴⁴tɕia⁴⁴ li⁰tɕʰy²⁴，t ã⁴⁴ zʅ²¹
uɛ²⁴ koŋ⁴⁴tɕia⁴⁴ li⁰ pəʔ⁵zʅ²⁴ a²¹ iə⁵³ iəʔ⁵ kəʔ⁵s ã⁴⁴，s ã⁴⁴ li⁰ iɔ²⁴ ku ã⁵³，iəʔ⁵ kəʔ⁵
s ã⁴⁴ bən²¹，to⁵⁴na²⁴ kəʔ⁵s ã⁴⁴ bən²¹ li⁵³，to⁵³ la⁰ma²¹ dz ã²⁴ zʅ²¹ tɕi ɛ̃⁴⁴。

　　个人经历就讲到这里，我给大家讲讲我的家庭情况。我们家有
四口人，我上面有一个姐姐。姐姐比我大三岁，当时计划生育政策规
定老大三岁，不可以生二胎，要五岁才行。但是，我出生比较早。其
实我这条命，是我母亲逃出来的。老大五岁之内，不让生啊，要是怀
孕了，镇里要来抓去打掉的。我母亲怀了我之后，就逃到我外公家
里，当时我外公家有山，山里有山棚，我母亲就在山棚里躲了很长时间。

　　再后来到过一些亲眷家里，但是一些亲眷家里，当时不是讲，怀
孕啊，大肚皮，不好蹲家里嘛，好像是蛮倒运葛种那种，减福啊，就没
蹲了。当时生我辰光，我记得，我听我们娘亲讲，我还是在，生咯，生
在猪圈里咯。因为拨我生家里，生家里，倒运啊。出来辰光，我们那
个小娘舅，就拨我称了一下，五斤二两，好像是。当时，就葛样生下
来，再么，因为，当时，家里咯，娘亲家里咯，嫁过来了，家里咯朋友开
出来，家族都不愿出来。所以讲，我葛条命，是我娘亲逃出来咯命。

tsɛ²⁴ xɵ²⁴ lɛ²¹ tɔ²⁴ ko²¹ iəʔ⁵ ɕiɛ⁴⁴ tɕʰin⁴⁴ tɕyã²⁴ tɕia⁴⁴ li⁰ ，daã²⁴ zɿ²¹ iəʔ⁵ ɕiɛ⁴⁴ tɕʰin⁴⁴ tɕyã²⁴ tɕia⁴⁴ li⁰ ，tã⁴⁴ zɿ²¹ pəʔ⁵ zɿ²⁴ tɕiã⁵³ ， uɛ²¹ yən²⁴ a⁰ ，da²⁴ tɵ²⁴ bi²¹ ，pəʔ⁵ xɔ⁵³ tən⁴⁴ tɕia⁴⁴ li⁰ ma⁰ ， xɔ⁴⁴ ɕiã²⁴ zɿ²⁴ mã²¹ tɔ²⁴ yən²¹ na²⁴ tsoŋ⁵³ ， tɕiɛ⁴⁴ fəʔ⁵ a⁰ ，dʑiɵ²⁴ me²¹ tən⁴⁴ la⁰ 。tã⁴⁴ zɿ²¹ sen⁴⁴ ŋɔ⁵³ dzən²¹ ku ã⁴⁴ ，ŋɔ⁴⁴ tɕi²⁴ təʔ⁵ ，ŋɔ⁴⁴ tʰin⁴⁴ ŋɔ⁴⁴ mən²¹ ɳiã²¹ tɕʰin⁴⁴ tɕiã⁵³ ， ŋɔ⁴⁴ a²¹ zɿ²⁴ tsɛ²⁴ ， sən⁴⁴ kəʔ⁵ ，sən⁴⁴ tsɛ²⁴ tɕy⁴⁴ tɕyã²⁴ li⁵³ kəʔ⁵ 。in⁴⁴ uɛ²¹ pəʔ⁵ ŋɔ⁴⁴ sən⁴⁴ tɕia⁴⁴ li⁰ ， sən⁴⁴ tɕia⁴⁴ li⁰ ，tɔ²⁴ yən²¹ a⁰ 。tɕʰyəʔ⁵ lɛ²¹ dzən²¹ ku ã⁴⁴ ， ŋɔ⁴⁴ mən²¹ na²⁴ kəʔ⁵ ɕiɔ⁵³ ɳiã²¹ dʑiɵ²⁴ ， dʑiɵ²⁴ pəʔ⁵ ŋɔ⁵³ tsʰən⁴⁴ la⁰ iəʔ⁵ ɕia²⁴ ， u⁴⁴ tɕin⁴⁴ ɵ²⁴ liã⁵³ ，xɔ⁴⁴ ɕiã²⁴ zɿ²⁴ 。tã⁴⁴ zɿ²¹ ，dʑiɵ²⁴ kəʔ⁵ iã²⁴ sən⁴⁴ ɕia²⁴ lɛ²¹ ，tsɛ²⁴ ma⁰ ， in⁴⁴ uɛ²¹ ，tã⁴⁴ zɿ²¹ ， tɕia⁴⁴ li⁰ kəʔ⁵ ， ɳi ã²¹ tɕʰin⁴⁴ tɕia⁴⁴ li⁰ kəʔ⁵ ， tɕia²⁴ ko²⁴ lɛ²¹ la⁰ ， tɕia⁴⁴ li⁰ kəʔ⁵ bən²¹ iɵ²⁴ kʰɛ⁴⁴ tɕʰyəʔ⁵ lɛ²¹ ， tɕia⁴⁴ tsuəʔ⁵ tɵ⁴⁴ pəʔ⁵ y ã²⁴ tɕʰyəʔ⁵ lɛ²¹ 。so⁴⁴ i²¹ tɕiã⁵³ ，ŋɔ⁴⁴ kəʔ⁵ diɔ²¹ min²⁴ ，zɿ²⁴ ŋɔ⁵³ ɳiã²¹ tɕʰin⁴⁴ dɔ²¹ tɕʰyəʔ⁵ lɛ²¹ kəʔ⁵ min²⁴ 。

后来也到过一些亲戚家里，但是亲戚家里嘛，当时认为孕妇不能蹲在家里，否则会带来霉运，就没有蹲在亲戚家里了。我记得我母亲说过，生我的时候，是生在猪圈里的。生下来的时候，我小舅舅把我称了一下，好像是五斤二两。所以说，我这条命是母亲逃出来的。

娘亲老子都是务农咯，那时小辰光嘛，条件不大好。老子嘛，就是做做，就是造造房子啊，各种搞点，做生活。再，娘亲嘛，就是勒厂里做，因为分水当时，只有，笔杆厂啊。笔杆厂，做做笔，我小辰光，也是去，当时，也是帮帮她做做生活。反正我做，做，做做，做事情做不长，做一下要嬉，那辰光，辰光一样，我们年轻嘛，当时家里条件不怎么好嘛。都是做咯人嘛。但我阿姊，她是，情况一般般。我阿姐呢，就葛点，她学历比较低，小学时候，但是她实际上也不欢喜读书，嬉来嬉去，嬉来嬉去，当时条件有关系嘛，后来她又不读了。那么就是我一个人读书了。

ȵiã̠²¹ tɕʰin⁴⁴ lɔ⁴⁴ tsʅ⁰ tɵ⁴⁴ zʅ²⁴ u²⁴ noŋ²¹ kəʔ⁵，na²⁴ zʅ²¹ ɕiɔ⁵³ dzən²¹ kuã̠⁴⁴ ma⁰，diɔ²¹ tɕiɛ̠̃²⁴ pəʔ⁵ da²⁴ xɔ⁵³。lɔ⁴⁴ tsʅ⁰ ma⁰，dʑiɵ²⁴ zʅ²¹ tso²⁴ tso²⁴，dʑiɵ²⁴ zʅ²¹ zɔ²⁴ zɔ²¹ vã̠²¹ tsʅ⁰ a⁰，kəʔ⁵ tsoŋ⁵³ kɔ⁴⁴ tiɛ̠̃⁵³，tso²⁴ sən⁴⁴ uəʔ⁵。tsɛ²⁴，ȵiã̠²¹ tɕʰin⁴⁴ ma⁰，dʑiɵ²⁴ zʅ²¹ le²⁴ tsʰã̠⁴⁴ li⁰ tso²⁴，in⁴⁴ ue²¹ fən⁴⁴ sue⁵³ tã̠⁴⁴ zʅ²¹，tsʅ⁴⁴ iɵ⁴⁴，piəʔ⁵ kã̠⁵³ tsʰã̠⁵³ a⁰。piəʔ⁵ kã̠⁵³ tsʰã̠⁵³，tso²⁴ tso²⁴ piəʔ⁵，ŋo⁴⁴ ɕiɔ⁵³ dzən²¹ kuã̠⁴⁴，iɛ⁴⁴ zʅ²⁴ tɕʰy²⁴，tã̠⁴⁴ zʅ²¹，iɛ⁴⁴ zʅ²⁴ pã̠⁴⁴ pã̠⁴⁴ tʰa⁴⁴ tso²⁴ tso²⁴ sən⁴ uəʔ⁵。fã̠⁴⁴ tsən²⁴ ŋo⁴⁴ tso²⁴，tso²⁴，tso²⁴ tso²⁴，tso²⁴ zʅ²⁴ dʑin²¹ tso²⁴ pəʔ⁵ dzã̠²¹，tso²⁴ iəʔ⁵ ɕia²⁴ iɔ²⁴ ɕi⁴⁴，na²⁴ dzən²¹ kuã̠⁴⁴，dzən²¹ kuã̠⁴⁴ iəʔ⁵ ia²⁴，ŋo⁴⁴ mən²¹ ȵiɛ̠̃²¹ tɕʰin⁴⁴ ma⁰，tã̠⁴⁴ zʅ²¹ tɕia⁴⁴ li⁰ diɔ²¹ tɕiɛ̠̃²⁴ pəʔ⁵ tsən²¹ ma⁰ xɔ⁵³ ma⁰。tɵ⁴⁴ zʅ²⁴ tso²⁴ kəʔ⁵ ȵin²¹ ma⁰。dã̠²⁴ ŋo⁵³ a⁴⁴ tsʅ⁴⁴，tʰa⁴⁴ zʅ²⁴，dʑin²¹ kʰuã̠²⁴ iəʔ⁵ pã̠⁴⁴ pã̠⁴⁴，ŋo⁴⁴ a⁴⁴ tsʅ⁴⁴ na⁰，dʑiɵ²⁴ kəʔ⁵ tiɛ̠̃⁵³，tʰa⁴⁴ yəʔ⁵ liəʔ⁵ pi⁴⁴ tɕiɔ²⁴ ti⁴⁴，ɕiɔ⁴⁴ yəʔ⁵ zʅ²¹ xɵ²⁴，dã̠²⁴ zʅ²¹ tʰa⁴⁴ səʔ⁵ tɕiəʔ⁵ zã̠²⁴ iɛ⁵³ pəʔ⁵ xuã̠⁴⁴ ɕi⁵³ dɵ²¹ ɕy⁴⁴，ɕi⁴⁴ lɛ²¹ ɕi⁴⁴ tɕʰy²⁴，ɕi⁴⁴ lɛ²¹ ɕi⁴⁴ tɕʰy²⁴，tã̠⁴⁴ zʅ²¹ diɔ²¹ tɕiɛ̠̃²⁴ iɵ⁵³ kuã̠⁴⁴ ɕi ma⁰，xɵ²⁴ lɛ²¹ tʰa⁴⁴ iɵ²⁴ pəʔ⁵ dɵ²¹ la⁰。na²⁴ ma⁰ dʑiɵ²⁴ zʅ²¹ ŋo⁴⁴ iəʔ⁵ kəʔ⁵ ȵin²¹ dɵ²¹ ɕy⁴⁴ la⁰。

我父母都务农，家庭条件不大好。我父亲就是做做建筑工人之类的事，母亲在笔厂上班，分水就是笔厂多。我小时候，会去帮母亲做事，但是做事做不长，做一回儿玩一会儿，喜欢玩。当时家里条件不好，都是做事的人。我姐姐情况很一般，她学历比较低，小学时她很爱玩，不爱读书，玩来玩去的，后来就没有读书了。那么就是我一个人读书了。

小辰光，她毛早就跟我娘亲做生活了。做了大概，再她后头，不是做笔，后头到另外地方上上班，可能，饭店里做过啊，做过东西蛮多咯，她。再，到二十几岁，二十，二十三岁，结咯婚。再后头，结婚结婚，但是，嫁咯，比较，就是讲，按我们分水话讲，就是山窝里了。

娘亲老子不同意，但是她硬要嫁，嫁到山窝里咯。再是过几年，可能两年吧，年轻，但是谈恋爱比较早，年轻，再嘛后头，结婚没几年，她嘛离婚了。再跟旧年子开始，旧年子跟我现在姐夫结婚了。

ɕiɔ⁵³dzən²¹kuã²⁴, tʰa⁴⁴mɔ²¹tsɔ⁵³dʑiɵ²⁴kən⁴⁴ŋo⁴⁴ȵia²¹tɕʰin⁴⁴tso²⁴sən⁴⁴uəʔ⁵laº。tso²⁴laºda²⁴kɛ²¹, tsɛ²⁴tʰa⁴⁴xɵ²⁴dɵ²¹, pəʔ⁵zɿ²⁴tso²⁴piəʔ⁵, xɵ²⁴dɵ²¹tɔ²⁴lin²⁴uɛ²¹di²⁴fã⁴⁴zã²⁴za²¹pã⁴⁴, ko⁴⁴nən²¹, vã²⁴di ɛ̃²¹li⁵³tso²⁴koʔ²¹aº, tso²⁴koʔ²¹toŋ⁴⁴ɕi⁴⁴mã²¹to⁴⁴kəʔ⁵, tʰa⁴⁴。tsɛ²⁴, tɔ²⁴ɵ²⁴zɿ²¹tɕi⁵³sue²⁴, ɵ²⁴zɿ²¹, ɵ²⁴zɿ²¹sã⁴⁴sue²⁴, tɕiəʔ⁵kəʔ⁵xuən⁴⁴。tsɛ²⁴xɵ²⁴dɵ²¹, tɕiəʔ⁵xuən⁴⁴tɕiəʔ⁵xuən⁴⁴, dã²⁴zɿ²¹, tɕia²⁴kəʔ⁵, pi⁴⁴tɕiɔ⁵³, dʑiɵ²⁴zɿ²¹tɕiã⁵³, ã²⁴ŋo⁴⁴mən²¹fən⁴⁴sue⁵³xua²⁴tɕiã⁵³, dʑiɵ²⁴zɿ²¹sã⁴⁴u⁴⁴liºlaº。ȵia²¹tɕʰin⁴⁴lɔ²¹tsɿºpəʔ⁵doŋ²¹i²⁴, dã²⁴zɿ²¹tʰa⁴⁴ŋa²⁴iɔ²¹tɕia²⁴, tɕia²⁴tɔ²¹sã⁴⁴u⁴⁴li⁵³kəʔ⁵。tsɛ²⁴zɿ²¹koʔtɕi⁴⁴ȵiɛ̃²¹, ko⁴⁴nən²¹liã⁴⁴ȵiɛ̃²¹paº, ȵiɛ̃²¹tɕʰin⁴⁴, dã²⁴zɿ²¹tʰã²¹li ɛ̃²⁴ɛ̃²¹pi⁴⁴tɕia²⁴tsɔ⁵³, ȵi ɛ̃²¹tɕʰin⁴⁴, tsɛ²⁴maºxɵ²⁴dɵ²¹, tɕiəʔ⁵xuən⁴⁴me²¹tɕi⁴⁴ȵi ɛ̃²¹, tʰa⁴⁴maºli ɛ̃²⁴xuən⁴⁴laº。tsɛ²⁴kən⁴⁴dʑiɵ²⁴ȵi ɛ̃²¹tsɿºkʰɛ⁴⁴sɿ⁵³, dʑiɵ²⁴ȵi ɛ̃²¹tsɿºkən⁴⁴ŋo⁵³ɕi ɛ̃²⁴tsɛ²¹tɕi⁴⁴fuºtɕiəʔ⁵xuən⁴⁴laº。

小时候，阿姐很早就跟着我母亲做事。后头，她不做笔，到别的地方上班，在饭店里做过，在很多地方做过。二十几岁，二十三岁，她结婚了。但是，她嫁得比较……用我们分水话说，就是嫁到山窝里了。我父母不同意这门婚事，但是她硬要嫁，就嫁到山窝里了。结婚没几年，她就离婚了。去年，她跟我现在的姐夫结婚。

今年子，小外甥，我小外甥，毛，太可爱了。当时，我阿姊生小鬼咯辰光，啊，我已经在，就在那个产房门口。我比较紧张，毕竟我阿姊生小鬼。生出来辰光，当时抱出来辰光，在我大妈那旁边，问是男是女，因为，不是现在，有些大人，不是重男轻女嘛，生了个儿子，啊，都高兴死了。生了个儿子，因为我这个，我这个姐夫，前面有个女娃子，女娃子跟了前面老婆，老婆那边了。所以讲，这个儿子，他家里特为欢喜啊。娘亲老子都毛欢喜。

kən^{44}ȵiɛ̃^{21}tsɿ^{0}，ɕiɔ^{44}uɛ^{24}sən^{44}，ŋo^{44}ɕiɔ^{44}uɛ^{24}sən^{44}，mɔ^{21}，tʰɛ^{24}ko^{44}ɛ^{24}la^{0}。tã^{44}zɿ^{21}，ŋo^{44}a^{44}tsɿ^{44}sən^{44}ɕiɔ^{44}kue^{53}kəʔ^{5}dzən^{21}kuã^{44}，a^{0}，ŋo^{44}i^{21}tɕin^{44}tsɛ^{24}，dʑiɵ^{24}tsɛ^{21}na^{24}kəʔ^{5}tsʰã^{44}vã^{21}mən^{21}kʰɵ^{53}。ŋo^{44}pi^{44}tɕiɔ^{53}tɕin^{44}tsã^{44}，piəʔ^{5}tɕin^{24}ŋo^{44}a^{44}tsɿ^{44}sən^{44}ɕiɔ^{44}kue^{53}。sən^{44}tɕʰyəʔ^{5}lɛ^{21}dzən^{21}kuã^{44}，tã^{44}zɿ^{21}pɔ^{24}tɕʰyəʔ^{5}lɛ^{21}dzən^{21}kuã^{44}，tsɛ^{24}ŋo^{44}da^{24}ma^{44}na^{24}bã^{21}piɛ̃^{44}，uən^{24}zɿ^{24}nan^{21}zɿ^{24}ȵy^{53}，in^{44}ue^{21}，pəʔ^{5}zɿ^{24}ɕiɛ̃^{24}tsɛ^{21}，iɵ^{44}ɕiɛ^{44}da^{24}ȵin^{21}，pəʔ^{5}zɿ^{24}tsoŋ^{24}nã^{21}tɕʰin^{44}ȵy^{53}ma^{0}，sən^{44}la^{0}kəʔ^{5}ɵ^{21}tsɿ^{0}，a^{0}，tɵ^{44}kɔ^{44}ɕin^{24}sɿ^{53}la^{0}. sən^{44}la^{0}kəʔ^{5}ɵ^{21}tsɿ^{0}，in^{44}ue^{21}ŋo^{44}tsə^{24}kəʔ^{5}，ŋo^{44}tsə^{24}kəʔ^{5}tɕi^{44}fu^{0}，dʑiɛ̃^{21}miɛ̃^{24}iɵ^{44}kəʔ^{5}ȵy^{44}ua^{44}tsɿ^{0}，ȵy^{44}ua^{44}tsɿ^{0}kən^{44}la^{0}dʑiɛ̃^{21}miɛ̃^{24}lɔ^{44}bo^{21}，lɔ^{44}bo^{21}na^{24}piɛ̃^{44}la^{0}。so^{44}i^{21}tɕiã^{53}，tsə^{24}kəʔ^{5}ɵ^{21}tsɿ^{0}，tʰa^{44}tɕia^{44}li^{0}dəʔ^{5}ue^{24}xuã^{44}ɕi^{44}a^{0}。ȵiã^{21}tɕʰin^{44}lɔ^{44}tsɿ^{0}tɵ^{44}mɔ^{21}xuã^{44}ɕi^{44}。

今年，我的小外甥出生。我小外甥太可爱了。我阿姐生小孩的时候，我在产房外面等，我比较紧张，毕竟是我阿姐生小孩。小孩生出来时，抱到我大妈的旁边，我问是男是女，因为，现在有些老人，重男轻女嘛。生了个儿子，高兴死了。因为我这个姐夫，前面有个女儿，是和他前妻生的，跟着他前妻。所以，这个孙子，他父母都特别喜欢。

再现在，天气热了，因为他们娘亲老子比较忙，抱，抱我们家来了。每天早赶来，夜晚我拨她送回去，她家离我们毛近咯，大概只有七八里路啊。所以讲每天我拨她送回去。早赶来，我小外甥，我是真咯毛欢喜，眼睛大，又笑。我老子，以前我小辰光，我小辰光生下来辰光，他都不大抱。抱我那个外甥是，毛欢喜抱，抱外头嬉，外头嬉咯，因为他困不牢呢，所以抱外头嬉，抱了容易困倒咯。再娘亲老子帮她带带，就这样，也是蛮好咯，我觉得他们。葛是结了婚之后，我那姐夫嘛开了个店。

tsɛ²⁴ɕiɛ̃²⁴tsɛ²¹，tʰiɛ̃⁴⁴tɕʰi²⁴ȵiəʔ⁵laᵒ，in⁴⁴ue²¹tʰa⁴⁴mən²¹ȵia²¹tɕʰin⁴⁴lɔ⁴⁴tsŋᵒpi⁴⁴tɕiɛ⁵³ma²¹，bɔ¹³，bɔ¹³ŋo⁴⁴mən²¹tɕia⁴⁴lɛ²¹laᵒ．me²¹tʰiɛ̃⁴⁴tsɔ⁴⁴kã⁴⁴lɛ²¹，iɛ²⁴uã⁵³ŋo⁴⁴paʔ⁵tʰa⁴⁴soŋ²⁴ue²¹tɕʰy²⁴，tʰa⁴⁴tɕia⁴⁴li²¹ŋo⁴⁴mən²¹mɔ²¹dʑin²⁴kəʔ⁵，da²⁴kɛ²¹tsŋ⁴⁴iə⁵³tɕʰiəʔ⁵paʔ⁵li⁵³lu²⁴aᵒ．so⁴⁴i²⁴tɕiã⁵³me²¹tʰiɛ̃⁴⁴ŋo⁴⁴paʔ⁵tʰa⁴⁴soŋ²⁴ue²¹tɕʰy²⁴．tsɔ⁴⁴kã⁵³lɛ²¹，ŋo⁴⁴ɕiɔ⁵³ue²⁴sən⁴⁴，ŋo⁴⁴zŋ²⁴tsən⁴⁴kəʔ⁵mɔ²¹xuã⁴⁴ɕi⁴⁴，ŋã⁴⁴tɕin⁴⁴da²⁴，iə²⁴ɕiɔ²¹．ŋo⁴⁴lɔ⁴⁴tsŋᵒ，i²¹dʑiɛ̃²⁴ŋo⁴⁴ɕiɔ⁵³dʑən²¹kuã⁴⁴，ŋo⁴⁴ɕiɔ⁵³dʑən²¹kuã⁴⁴sən⁴⁴ɕia²⁴lɛ²¹dʑən²¹kuã⁴⁴，tʰa⁴⁴tθ⁴⁴pəʔ⁵da²⁴bɔ²⁴．bɔ¹³ŋo⁴⁴na²⁴kəʔ⁵ue²⁴sən⁴⁴zŋ²⁴，mɔ²¹xuã⁴⁴ɕi⁴⁴bɔ¹³，bɔ¹³ue²⁴dθ²¹ɕi⁴⁴，ue²⁴dθ²¹ɕi⁴⁴kəʔ⁵，in⁴⁴ue²¹tʰa⁴⁴kʰuən²⁴pəʔ⁵lɔ⁵³naᵒ，so⁴⁴i²⁴bɔ²⁴ue²⁴dθ²¹ɕi⁴⁴，bɔ²⁴laᵒzoŋ²¹i²⁴kʰuən²⁴tɔ⁵³kəʔ⁵．tsɛ²⁴ȵia²¹tɕʰin⁴⁴lɔ⁴⁴tsŋ̩pã⁴⁴tʰa⁴⁴tɛ²⁴tɛ²⁴，dʑiθ²⁴tsə²⁴iã²¹，iɛ⁴⁴zŋ²⁴mã²¹xɔ⁵³kəʔ⁵，ŋo⁴⁴tɕyəʔ⁵təʔ⁵tʰa⁴⁴mən²¹．kəʔ⁵zŋ²⁴tɕiəʔ⁵laᵒxuən⁴⁴tsŋ⁴⁴xθ²⁴，ŋo⁴⁴na²⁴tɕi⁴⁴fuᵒmaᵒkʰɛ⁴⁴laᵒkəʔ⁵tiɛ̃²⁴．

现在，天气热了，因为他父母很忙，就抱到我们家来了。每天早上过来，晚上我再把他送回去。他家离我们家很近，有七八里路。我每天都会把他送回去。我很喜欢我小外甥，他眼睛大大的，又爱笑。我小时候，我父亲都没怎么抱，但他很喜欢抱我小外甥，抱到外面玩。因为小外甥睡不着，所以抱到外面玩，抱了他容易睡着。我父母帮我姐姐带带孩子，我觉得很好。姐姐和姐夫结婚后，姐夫开了个店。

再我，我反正是，现在是已经谈了个朋友了，打算明年子结婚啊。那我葛个朋友，认到有，有大概两三年了。那只管认到，认到，一直都没谈,但是也是今年子开始谈。但是我没谈,就是,苦到没有啊。但是我们,互相,比方,彼此都了解,勒今年子才开始谈。但我希望是,也是明年子能跟她结婚。她们家里也是,其实也是催咯,比较急,因为她跟我同年咯,女娃子到葛个年龄,可能相对而言,家里也是比较急咯,所以讲,也催咯。我希望是,明年子能结婚。再葛个,我家庭情况,基本上就到葛里了。

tsɛ²⁴ ŋo⁴⁴, ŋo⁴⁴ fã̃⁴⁴ tsən²⁴ zʅ²⁴, ɕiɛ̃²⁴ tsɛ²¹ zʅ²¹ i⁴⁴ tɕin⁴⁴ dã̃²¹ la⁰ kəʔ⁵ bən²¹ iɵ²⁴ la⁰, ta⁴⁴ suã̃²⁴ min²¹ n̠iɛ̃²⁴ tsʅ⁰ᵗ ɕiə ʔ⁵ xuən⁴⁴ a⁰。na²⁴ ŋo⁴⁴ kəʔ⁵ kəʔ⁵ bən²¹ iɵ²⁴, n̠in²⁴tɔ²¹ iɵ⁵³, iɵ⁵³ da²⁴ kɛ²¹ lĩ̃⁴⁴ sã̃⁴⁴ n̠iɛ̃²¹ la⁰。na²⁴ tsʅ⁴⁴ kuã̃⁵³ n̠in²⁴tɔ²¹, n̠in²⁴tɔ²¹, iəʔ⁵ tsəʔ⁵tɵ⁴⁴ me²¹dã̃²⁴, dã̃²⁴zʅ²¹ iɛ̃²¹zʅ²⁴ kən⁴⁴ n̠iɛ̃²¹ tsʅ⁰ kʰɛ⁴⁴ sʅ⁵³dã̃²¹。dã̃²⁴zʅ²¹ ŋo⁴⁴ me²¹dã̃²¹, dʑiɵ²⁴zʅ²¹, kʰuã̃⁴⁴tɔ²⁴ me²¹ iɵ⁵³ a⁰。dã̃²⁴zʅ²¹ ŋo⁴⁴ mən²¹, xu²⁴ ɕiã̃⁴⁴, pi⁴⁴ fã̃⁴⁴, pi²¹ tsʰʅ⁵³ tɵ⁴⁴ liɔ²¹ tɕiɛ⁵³, lɛ²⁴ kən⁴⁴ n̠iɛ̃²¹ tsʅ⁰ dzɛ²¹ kʰɛ⁴⁴ sʅ⁵³dã̃²¹。dã̃²⁴ ŋo⁴⁴ ɕi⁴⁴ uã̃²⁴zʅ²⁴, iɛ⁴⁴zʅ²⁴ min²¹ n̠iɛ̃²⁴ tsʅ⁰ nən²¹ kən⁴⁴ tʰa⁴⁴ tɕiəʔ⁵ xuən⁴⁴。tʰa⁴⁴ mən²¹ tɕia⁴⁴ li⁰ iɛ⁴⁴ zʅ²⁴, tɕʰi⁴⁴ zəʔ⁵ iɛ⁴⁴ zʅ²⁴ cue⁴⁴ kəʔ⁵, pi⁴⁴ tɕiɔ²⁴ tɕiəʔ⁵, in⁴⁴ ue²¹ tʰa⁴⁴ kən⁴⁴ ŋo⁴⁴ doŋ²¹ n̠iɛ̃²⁴ kəʔ⁵, n̠y⁴⁴ ua⁴⁴tsʅ⁴⁴tɔ⁴⁴ kəʔ⁵ kəʔ⁵ n̠iɛ̃²¹ lin²⁴, ko⁴⁴ nən²¹ ɕiã̃⁴⁴ te²⁴ ɵ²¹ iɛ̃²⁴, tɕia⁴⁴ li⁰ iɛ⁴⁴ zʅ²⁴ pi⁴⁴ tɕiɔ²⁴ tɕiəʔ⁵ kəʔ⁵, so⁴⁴ i²¹ tɕiã̃⁵³, iɛ⁴⁴ tsʰue⁴⁴ kəʔ⁵。ŋo⁴⁴ ɕi⁴⁴ uã̃²⁴zʅ²⁴, min²¹ n̠iɛ̃²⁴ tsʅ⁰ nən²¹ tɕiəʔ⁵ xuən⁴⁴。tsɛ²⁴ kəʔ⁵ kəʔ⁵, ŋo⁴⁴ tɕia⁴⁴ tʰin²¹ dʑin²¹ kʰuã̃²⁴, tɕi⁴⁴ pən⁵³ zã̃²⁴ dʑiɵ²⁴tɔ²¹ kəʔ⁵ li⁰ la⁰。

我呢,现在谈了个女朋友,打算明年结婚。我和我女朋友认识两三年了,但是直到今年才开始谈恋爱。我们互相了解,今年开始谈。我希望明年能和她结婚。其实她家里也催的,她和我同年,女孩子到这个年龄,可能家里都比较急。我希望明年能结婚。关于我的家庭情况,基本上就到这里了。

(2018 年 8 月 18 日,分水,发音人:吴志华)

(四)方言青女

传统节日

我们葛边到那个清明时间,要包清明果。葛个清明果呢,是怎么包呢? 是,我记得,还没到清明时间,前半个月样子,我妈妈呢,就要到那个,田里啊,去摘咯那种野草,葛个野草呢,是一种青咯颜色咯,那个,蛮嫩咯,摘来之后呢,再拨它洗干净,洗干净之后,拨它用水撩泼,之后再拨它摆动,摆动之后呢,我妈妈要准备毛多咯东西,比如讲笋子,毛笋,到山高头去挖咯,毛大咯毛笋,挖来,还要准备腌菜,准备毛多咯菜,菜是毛多咯。一到清明咯时间,毛多人回家帮忙包清明果。

ŋo⁴⁴ mən²¹ kəʔ⁵ piɛ̃⁴⁴to²⁴ na²⁴ kəʔ⁵ tɕʰin⁴⁴ min²¹ zɿ²¹ tɕiɛ̃⁴⁴ , iɔ²⁴ pɔ⁴⁴ tɕʰin⁴⁴ min⁴⁴ ko⁵³ 。 kəʔ⁵ kəʔ⁵ tɕʰin⁴⁴ min⁴⁴ ko⁵³ nə⁰ , zɿ²⁴ tsən²¹ ma⁰ pɔ⁴⁴ nə⁰ ? zɿ²⁴ , ŋo⁴⁴ tɕi²⁴ təʔ⁵ , a²¹ me²¹ to²⁴ tɕʰin⁴⁴ min²¹ zɿ²¹ tɕiɛ̃⁴⁴ , dʑiɛ²¹ pã²⁴ kəʔ⁵ yəʔ¹² iã²⁴ tsɿ⁰ , ŋo⁵³ ma²¹ ma²¹ nə⁰ , dʑiɵ²⁴ iɔ²¹ to²⁴ na²⁴ kəʔ⁵ , di ɛ̃²¹ liⁿa⁰ , tɕʰy²⁴ tsəʔ⁵ kəʔ⁵ na²⁴ tsoŋ⁵³ iɛ⁴⁴ tsʰɔ⁵³ , kəʔ⁵ kəʔ⁵ iɛ⁴⁴ tsʰɔ⁵³ nə⁰ , zɿ²⁴ iəʔ⁵ tsoŋ⁵³ tɕin⁴⁴ kəʔ⁵ ŋɛ̃²¹ səʔ⁵ kəʔ⁵ , na²⁴ kəʔ⁵ , mã²¹ nən²⁴ kəʔ⁵ , tsəʔ⁵ lɛ²¹ tsɿ⁴⁴ xɵ²⁴ nə⁰ , tsɛ²⁴ pəʔ⁵ tʰa⁴⁴ sɿ⁴⁴ kã⁴⁴ ʑin²⁴ , sɿ⁴⁴ kã⁴⁴ ʑin²⁴ tsɿ⁴⁴ xɵ²⁴ , pəʔ⁵ tʰa⁴⁴ ioŋ²⁴ sue⁵³ liɔ⁴⁴ pʰəʔ⁵ , tsɿ⁴⁴ xɵ²⁴ tsɛ²⁴ pəʔ⁵ tʰa⁴⁴ pɛ⁴⁴ doŋ²⁴ , pɛ⁴⁴ doŋ²⁴ tsɿ⁴⁴ xɵ²⁴ nə⁰ , ŋo⁴⁴ ma⁴⁴ ma⁴⁴ iɔ²⁴ tɕyn⁴⁴ pe²⁴ mɔ²¹ to⁴⁴ kəʔ⁵ toŋ⁴⁴ ɕi⁴⁴ , pi⁴⁴ zu²¹ tɕiã⁵³ sən⁴⁴ tsɿ⁰ , mɔ²¹ sən⁵³ , tɔ²⁴ sã⁴⁴ kɔ⁴⁴ lə²¹ tɕʰy²⁴ uaʔ⁵ kəʔ⁵ , mɔ²¹ da²⁴ kəʔ⁵ mɔ²¹ sən⁵³ , uaʔ⁵ lɛ²¹ , a²¹ iɔ²⁴ tɕyn⁴⁴ pe²⁴ i ɛ̃⁴⁴ tsʰɛ²⁴ , tɕyn⁴⁴ pe²⁴ mɔ²¹ to⁴⁴ kəʔ⁵ tsʰɛ²⁴ , tsʰɛ²⁴ zɿ²⁴ mɔ²¹ to⁴⁴ kəʔ⁵ 。 iəʔ⁵ tɔ²⁴ tɕʰin⁴⁴ min²¹ kəʔ⁵ zɿ²¹ tɕiɛ̃⁴⁴ , mɔ²¹ to⁴⁴ ȵin²¹ ue²¹ tɕia⁴⁴ pã⁴⁴ mã²¹ pɔ⁴⁴ tɕʰin⁴⁴ min²¹ ko⁴⁴ 。

我们这到清明时要包清明果。这种清明果是怎么包的呢? 我记得在清明前半个月,我妈妈就要到田里采野草,这种草是青色的,挺嫩的，采来后洗干净再捞出来摆在那里。这之后我妈妈还要准备很多东西，比如说笋，到山里去挖的，很大一个，还要准备腌菜，还有其他菜。一到清明时节，很多人回家包清明果。

葛个清明果呢，它是怎么包咯呢？它是，之前就准备好，葛种，葛种，我们叫艾青，分水话叫艾青，葛个艾青准备好之后，再来掺加白咯，叫什么粉呀，再在锅子里拌、拌、拌、拌了之后呢，再用那个，搬了那个石头，石头做咯那个像桶一样，那个勺呢，那个，槌子，在那旋咯，一锤，一锤，一锤，一个人旋，旋下去之后，那个槌子拎起来，还有一个人拨艾青清一下，旋到旁边咯艾青，一直清，清好之后，一个人又旋，一清，一旋，一清，葛个要两个人搭配起来咯。

kəʔ⁵ kəʔ⁵ tɕʰin⁴⁴ min²¹ ko⁵³ nə⁰，tʰa⁴⁴ zɿ²⁴ tsən²¹ ma⁰ pɔ⁴⁴ kəʔ⁵ nə⁰，tʰa⁴⁴ zɿ²⁴，tsɿ⁴⁴ dʑiɛ̃²¹ dʑiθ⁴⁴ tɕyn⁴⁴ pe²⁴ xɔ⁵³，kəʔ⁵ tsoŋ⁵³，kəʔ⁵ tsoŋ⁵³，ŋo⁴⁴ mən²¹ tɕio²⁴ ɛ²⁴ tɕʰin⁴⁴，fən⁴⁴ sue⁵³ xua²⁴ tɕio²⁴ ɛ²⁴ tɕʰin⁴⁴，kəʔ⁵ kəʔ⁵ ɛ²⁴ tɕʰin⁴⁴ tɕyn⁴⁴ pe²⁴ xɔ⁴⁴ tsɿ⁴⁴ xθ²⁴，tsɛ²⁴ lɛ²¹ tsʰã⁴⁴ tɕia⁴⁴ pəʔ⁵ kəʔ⁵，tɕio²⁴ sɿ⁴⁴ ma⁰ fən⁴⁴ ia⁰，tsɛ²⁴ dzɛ²¹ kuəʔ⁵ tsɿ⁰ li⁵³ pã²⁴、pã²⁴、pã²⁴、pã²⁴ la⁰ tsɿ⁴⁴ xθ²⁴ nə⁰，tsɛ²⁴ ioŋ²¹ na²⁴ kəʔ⁵，pã⁴⁴ la⁰ na²⁴ kəʔ⁵ zəʔ² dθ²¹，zəʔ¹² dθ²¹ tso²⁴ kəʔ⁵ na²⁴ kəʔ⁵ ɕia²⁴ tʰoŋ⁵³ iəʔ⁵ iã²⁴，na²⁴ kəʔ⁵ sɔ⁵³ nə⁰，na²⁴ kəʔ⁵，dzue²¹ tsɿ⁰，dzɛ²⁴ na²¹ ɕyã²¹ kəʔ⁵，iəʔ⁵ dzue²¹，iəʔ⁵ dzue²¹，iəʔ⁵ dzue²¹，iəʔ⁵ kəʔ⁵ ɳin²¹ ɕyã²¹，ɕyã²¹ ia²⁴ tɕʰy²¹ tsɿ⁴⁴ xθ²⁴，na²⁴ kəʔ⁵ dzue²¹ tsɿ⁰ lin²¹ tɕi⁴⁴ lɛ²¹，a²¹ iθ⁵³ iəʔ⁵ kəʔ⁵ ɳin²¹ pəʔ⁵ ɛ²⁴ tɕʰin⁴⁴ tɕʰin⁴⁴ iəʔ⁵ ia²⁴，ɕyã²¹ tɔ²⁴ bã²¹ piɛ̃⁴⁴ kəʔ⁵ ɛ²⁴ tɕʰin⁴⁴，iəʔ⁵ tsəʔ⁵ tɕʰin⁴⁴，tɕʰin⁴⁴ xɔ⁵³ tsɿ⁴⁴ xθ²⁴，iəʔ⁵ kəʔ⁵ ɳin²¹ iθ²⁴ ɕyã²¹，iəʔ⁵ tɕʰin⁴⁴，iəʔ⁵ ɕyã²¹，iəʔ⁵ tɕʰin⁴⁴，kəʔ⁵ kəʔ⁵ iɔ²⁴ lia⁴⁴ kəʔ⁵ ɳin²¹ taʔ⁵ pe²⁴ tɕʰi⁴⁴ lɛ²¹ kəʔ⁵。

清明果怎么包呢？它是提前准备好艾草，分水话叫艾青。艾青准备好之后，再加入白色的糯米粉，再在锅里搅拌。拌好之后，再放在石磨上磨。一个人负责推磨，一个人负责清扫，这个过程需要两个人配合起来做。

　　然后呢，旋好之后再拿来，再拨它搓、搓、搓、搓，搓成一个小团子，一个小团子之后，再用，那个叫，再用一揿，那种木头做咯那个板啊，一压，压成像一个一种皮子一样咯，压成像一个皮子，然后再拨，如果想吃甜咯，那么那个豆沙，豆沙拨它放进去，然后再拨它包好之后，再用力揿，专门有个木头咯印子呢，那个一个板呢，那么一压，它就有图形了，那个木头高头是什么图形，它一压，压好出来就变成什么样咯图形，葛个是甜果。菜果呢？它是，木槌里拿出来，那个旋好之后呢，一个团，它是刮片，葛个叫刮片，然后就揉、揉、揉，全部刮好之后呢，再拨葛个圆一片一片一片咯拿起来，再拨菜包进去，做成那个花，做成那个花咯造型，摆勒葛锅子里炊熟，毛老好吃咯。

zã²¹ xɵ²⁴ nə⁰, ɕy ã²¹ xɔ⁵³ tsʅ⁴⁴ xɵ²⁴ tsɛ²⁴ na²¹ lɛ²⁴, tsɛ²⁴ pəʔ⁵ tʰa⁴⁴ tsʰo⁴⁴、tsʰo⁴⁴、tsʰo⁴⁴、tsʰo⁴⁴, tsʰo⁴⁴ dzən²¹ iəʔ⁵ kəʔ⁵ ɕiɔ⁵³ du ã²¹ tsʅ⁰, iəʔ⁵ kəʔ⁵ ɕiɔ⁵³ du ã²¹ tsʅ⁰ tsʅ⁴⁴ xɵ²⁴, tsɛ²⁴ ioŋ²¹, na²⁴ kəʔ⁵ tɕiɔ²⁴, tsɛ²⁴ ioŋ²¹ iəʔ⁵ tɕʰin²⁴, na²⁴ tsoŋ⁵³ muəʔ¹² dɵ²¹ tso²⁴ kəʔ⁵ na²⁴ kəʔ⁵ pã⁵³ a⁰, iəʔ⁵ aʔ⁵, aʔ⁵ dzən²¹ ɕi ã²⁴ iəʔ⁵ kəʔ⁵ iəʔ⁵ tsoŋ⁵³ bi²¹ tsʅ⁰ iəʔ⁵ i ã²⁴ kəʔ⁵, aʔ⁵ dzən²¹ ɕi ã²⁴ iəʔ⁵ kəʔ⁵ bi²¹ tsʅ⁰, za²¹ xɵ²⁴ tsɛ²⁴ pəʔ⁵, zu²¹ ko⁵³ ɕi ã⁴⁴ tɕʰiəʔ⁵ di ɛ̃²¹ kəʔ⁵, na²⁴ ma⁰ na²⁴ kəʔ⁵ dɵ²⁴ sa⁴⁴, dɵ²⁴ sa⁴⁴ pəʔ⁵ tʰa⁴⁴ fã²⁴ tɕin²⁴ tɕʰy²¹, za²¹ xɵ²⁴ tsɛ²⁴ pəʔ⁵ tʰa⁴⁴ pɔ⁴⁴ xɔ⁵³ tsʅ⁴⁴ xɵ²⁴, tsɛ²⁴ ioŋ²⁴ liəʔ¹² tɕʰin²⁴, tɕy ã⁴⁴ mən⁴⁴ iɵ⁴⁴ kəʔ⁵ muəʔ² dɵ²¹ kəʔ⁵ in²⁴ tsʅ⁰ nə⁰, na²⁴ kəʔ⁵ iəʔ⁵ kəʔ⁵ pã⁵³ nə⁰, na²⁴ ma⁰ iəʔ⁵ aʔ⁵, tʰa⁴⁴ dzie²⁴ iɵ⁵³ du²¹ in²⁴ la⁰, na²⁴ kəʔ⁵ muəʔ¹² dɵ²¹ kɔ⁴⁴ lɵ²¹ zʅ²⁴ sʅ⁴⁴ ma⁰ du²¹ in²⁴, tʰa⁴⁴ iəʔ⁵ aʔ⁵, aʔ⁵ xɔ⁵³ tɕʰyəʔ⁵ lɛ²¹ dzie²⁴ pi ɛ̃²⁴ dzən²¹ sʅ⁴⁴ ma⁰ i ã²⁴ kəʔ⁵ du²¹ in²⁴, kəʔ⁵ kəʔ⁵ zʅ²⁴ di ɛ̃²¹ ko⁵³. tsʰɛ²⁴ ko⁵³ nə⁰? tʰa⁴⁴ zʅ²⁴, muəʔ¹² dzue²¹ li⁰ na²¹ tɕʰyəʔ⁵ lɛ²¹, na²⁴ kəʔ⁵ ɕy ã²¹ xɔ⁵³ tsʅ⁴⁴ xɵ²⁴ nə⁰, iəʔ⁵ kəʔ⁵ du ã²¹, tʰa⁴⁴ zʅ²⁴ kuaʔ⁵ pʰi ɛ̃²⁴, kəʔ⁵ kəʔ⁵ tɕiɔ²⁴ kuaʔ⁵ pʰi ɛ̃²⁴, za²¹ xɵ²⁴ dzie²⁴ ɳyəʔ¹²、ɳyəʔ¹²、ɳyəʔ¹², dʑy ã²¹ pu²⁴ kuaʔ⁵ xɔ⁵³ tsʅ⁴⁴ xθ²⁴ nə⁰ ，tsɛ²⁴ pəʔ⁵ kəʔ⁵ kəʔ⁵ y ã²¹ iəʔ⁵ pʰi ɛ̃²⁴ iəʔ⁵ pʰi ɛ̃²⁴ iəʔ⁵ pʰi ɛ̃²⁴ kəʔ⁵ na²¹ tɕʰi⁴⁴ lε²¹ ，tsɛ²⁴ pəʔ⁵ tsʰɛ²⁴ pɔ⁴⁴ tɕin²⁴ tɕʰy²¹ ，tso²⁴ dzən²¹ na²⁴ kəʔ⁵ xua⁴⁴ ，tso²⁴ dzən²¹ na²⁴ kəʔ⁵ xua⁴⁴ kəʔ⁵ tso²⁴ in²¹ ，pɛ⁴⁴ le²⁴ kəʔ⁵ kuəʔ⁵ tsʅ⁰ li⁵³ tsʰue⁴⁴ suəʔ⁵ ，mə²¹ lɔ⁵³ xɔ⁴⁴ tɕʰiəʔ⁵ kəʔ⁵ 。

磨好之后，再把它搓成一个个的小团子。有了小团子，再用木板把它压成清明果皮。如果想吃甜的，就放入豆沙馅包好。包好之后，再用木制的带图案的模具一压，上面就有图案了。这个是甜果。那么菜果呢？先揉米粉团，再用刮片把它旁边刮掉，就有了一个又一个的圆，这就是清明果皮。做好清明果皮之后，把菜包进去，再做成花的造型，放在锅里蒸熟。特别好吃。

我们呢到清明时间，还要到山高头去祭祖。去，到山高头，山高头咯祭祖咯时间呢，我们到山里祭祖时，我们会拿一种，那个叫裱，分水人叫裱纸，它是有那个剪纸呢，有白格颜色、红格颜色、黄格颜色，好几种颜色，剪纸呢，葛个剪纸呢，就是讲，插到那个坟头高头，坟头高头，拨它用毛竹缠上绳子裹好，插上高头，葛个是我们分水葛边，一种风俗，就是清明咯时间，那么，葛样呢，有些人呢，就是买那种花，葛样子。

ŋo⁴⁴ mən²¹ nə⁰ tɔ²⁴ tɕʰin⁴⁴ min²¹ zʅ²¹ tɕiɛ̃⁴⁴ ，a²¹ iɔ²⁴ tɔ²⁴ sã⁴⁴ kɔ⁴⁴ lə²¹ tɕʰy²⁴ tɕi²⁴ tsu⁵³ 。tɕʰy²⁴ ，tɔ²⁴ sã⁴⁴ kɔ⁴⁴ lə²¹ ，sã⁴⁴ kɔ⁴⁴ lə²¹ kəʔ⁵ tɕi²⁴ tsu⁵³ zʅ²¹ tɕiɛ̃⁴⁴ nə⁰ ，ŋo⁴⁴ mən²¹ tɔ²⁴ sã⁴⁴ li⁵³ tɕi²⁴ tsu⁵³ zʅ²¹ ，ŋo⁴⁴ mən²¹ ue²⁴ na²⁴ iəʔ⁵ tsoŋ⁵³ ，na²⁴ kəʔ⁵ tɕi²⁴ piɔ⁵³ ，fən⁴⁴ sue⁵³ ɲin²¹ tɕi²⁴ piɔ⁴⁴ tsʅ⁵³ ，tʰa⁴⁴ zʅ²⁴ iə⁴⁴ na²⁴ kəʔ⁵ tɕiɛ̃⁴⁴ tsʅ⁵³ nə⁰ ，iə⁵³ pəʔ⁵ kəʔ⁵ ŋɛ̃²¹ səʔ⁵ ，oŋ²¹ kəʔ⁵ ŋɛ²¹ səʔ⁵ ，uã²¹ kəʔ⁵ ŋɛ²¹ səʔ⁵ ，xɔ⁵³ tɕi⁴⁴ tʂoŋ⁵³ ŋɛ²¹ səʔ⁵ ，tɕiɛ̃⁴⁴ tsʅ⁵³ nə⁰ ，kəʔ⁵ kəʔ⁵ tɕiɛ̃⁴⁴ tsʅ⁵³ nə⁰ ，dʑiə²⁴ zʅ²¹ tɕiã⁵³ ，tsʰaʔ⁵ tɔ²⁴ na²⁴ kəʔ⁵ vən²¹ də²⁴ kɔ⁴⁴ lə²¹ ，vən²¹ də²⁴ kɔ⁴⁴ lə²¹ ，pəʔ⁵ tʰa⁴⁴ ioŋ²⁴ mɔ²¹ dzu⁴⁴ dzã²¹ zã²⁴ zən²¹ tsʅ⁰ ko⁴⁴ xɔ⁵³ ，tsʰaʔ⁵ zã²⁴ kɔ⁴⁴ lə²¹ ， kəʔ⁵ kəʔ⁵ zʅ²⁴ ŋo⁴⁴ mən²¹ fən⁴⁴ sue⁵³ kəʔ⁵ pi ɛ̃⁴⁴，iəʔ⁵ tsoŋ⁵³ fən⁴⁴ zuəʔ⁵，dʑiɵ²⁴ zʅ²¹ tɕʰin⁴⁴ min²¹ kəʔ⁵ zʅ²¹ tɕʰi ɛ̃⁴⁴，na²⁴ ma⁰，kəʔ⁵ i ã²⁴ nə⁰，iɵ⁴⁴ ɕiɛ⁴⁴ n̩in²¹ nə⁰，dʑiɵ²⁴ zʅ²¹ mɛ⁵³ na²⁴ tsoŋ⁵³ xua⁴⁴，kəʔ⁵ i ã²⁴ tsʅ⁰。

到清明时，我们要到山里去祭祖。我们到山里祭祖时，会拿一种裱，它有白颜色、红颜色、黄颜色，好几种颜色，插到那个坟头上面，用毛竹缠上绳子弄好，插在上面，这是我们分水这边清明时的一种风俗，其他有些人还会买花。

那么到端午咯时间，我们葛里要包粽子，包粽子呢，就是讲，要准备咯食材，外面咯壳呢，是那种箬壳，它是那种毛竹高头咯箬壳，箬壳，拨它摘来，摘来之后呢，水里，拨它洗一记，再把它洗干净，洗干净之后备用。备用呢，葛个粽子可以包咸咯，也可以包甜粽，也可以包肉粽，也可以包赤豆粽。我记得我小辰光，最欢喜吃咯就是赤豆粽，就是用红咯，红咯赤豆呢，拨它包勒糯米里面，是糯米，然后倒点油，啊，再是豆沙。啊，葛个箬壳，拨它握手高头，拨它弄成一个半圆形，再把糯米，那个豆沙，那个赤豆拌好咯糯米，拨它摆进去，再摆点豆沙，再摆点那个，摆几颗蜜枣，蜜枣摆几颗，再拨米放高头，拨它包好嘞，再弄个绳子拨它捆好，那么，打成一个结，一圈一圈，好几个，打成一个结，一圈一圈，一圈一圈，葛样子。我记得那个到过年边咯时间，我们也要包粽子咯。

na²⁴ ma⁰ tɔ²⁴ tu ã⁴⁴ u⁵³ kəʔ⁵ zʅ²¹ tɕi ɛ̃⁴⁴，ŋo⁴⁴ mən²¹ kəʔ⁵ li⁰ iɔ²⁴ pɔ⁴⁴ tsoŋ²⁴ tsʅ⁰，pɔ⁴⁴ tsoŋ²⁴ tsʅ⁰ nə⁰，dʑiɵ²⁴ zʅ²¹ tɕi ã⁵³，iɔ²⁴ tɕyn⁴⁴ pe²⁴ kəʔ⁵ zəʔ¹² dzɛ²¹，ua²⁴ mi ɛ̃²¹ kəʔ⁵ kʰuəʔ⁵ nə⁰，zʅ²⁴ n̩²⁴ tsoŋ⁵³ zuəʔ⁵ kʰuəʔ⁵，tʰa⁴⁴ zʅ²¹ na²⁴ tsoŋ⁵³ mɔ²¹ dzu⁴⁴ kɔ⁴⁴ lə²¹ kəʔ⁵ zuəʔ⁵ kʰuəʔ⁵，zuəʔ⁵ kʰuəʔ⁵，pəʔ⁵ tʰa⁴⁴ tsəʔ⁵ lɛ²¹，tsəʔ⁵ lɛ²¹ tsʅ⁴⁴ xɵ²⁴ nə⁰，sue⁴⁴ li⁰，pəʔ⁵ tʰa⁴⁴ sʅ⁴⁴ iəʔ⁵ tɕi²⁴，tsɛ²⁴ pəʔ⁵ tʰa⁴⁴ sʅ⁴⁴ kã⁴⁴ ʑin²⁴，sʅ⁴⁴ kã⁴⁴ ʑin²⁴ tsʅ⁴⁴ xɵ²⁴ pe²⁴ ioŋ²¹。pe²⁴ ioŋ²¹ nə⁰，kəʔ⁵ kəʔ⁵ tsoŋ²⁴

tsɿ⁰ ko⁴⁴ i⁵³ pɔ⁴⁴ ɛ²¹ kəʔ⁵ , iɛ⁵³ ko⁴⁴ i⁵³ pɔ⁴⁴ di ɛ̃²¹ tsoŋ²⁴ , iɛ⁵³ ko⁴⁴ i⁵³ pɔ⁴⁴ ȵyəʔ¹²
tsoŋ²⁴ , iɛ⁵³ ko⁴⁴ i⁵³ pɔ⁴⁴ tsʰəʔ⁵ dɵ²⁴ tsoŋ²⁴ 。 ŋo⁴⁴ tɕi²⁴ təʔ⁵ ŋo⁴⁴ ɕiɔ⁵³ kəʔ⁵ dzən²¹
ku ã⁴⁴ , tsue²⁴ xu ã⁴⁴ ɕi⁴⁴ tɕʰiəʔ⁵ kəʔ⁵ dʑiɵ²⁴ zɿ²¹ tsʰəʔ⁵ dɵ²⁴ tsoŋ²⁴ , dʑiɵ²⁴ zɿ²¹
ioŋ²⁴ oŋ²¹ kəʔ⁵ , oŋ²¹ kəʔ⁵ tsʰəʔ⁵ dɵ²⁴ nə⁰ , pəʔ⁵ tʰa⁴⁴ pɔ⁴⁴ le²⁴ no²⁴ mi⁵³ li⁴⁴ mi ɛ̃⁵³ ,
zɿ²⁴ no²⁴ mi⁵³ , zã²¹ xɵ²⁴ tɔ²⁴ ti⁵³ iɵ⁵³ , a⁰ , tsɛ²⁴ zɿ²¹ dɵ²⁴ sa⁴⁴ 。 a⁰ , kəʔ⁵ kəʔ⁵ zuəʔ⁵
kʰəʔ⁵ , pəʔ⁵ tʰa⁴⁴ uəʔ⁵ sɵ⁵³ kɔ⁴⁴ lɵ²¹ , pəʔ⁵ tʰa⁴⁴ noŋ²⁴ dzən²¹ iəʔ⁵ kəʔ⁵ pu ə̃²⁴
y ã²¹ in²¹ , tsɛ²⁴ pəʔ⁵ no²⁴ mi⁵³ , na²⁴ kəʔ⁵ dɵ²⁴ sa⁴⁴ , na²⁴ kəʔ⁵ tsʰəʔ⁵ dɵ²⁴ pu ə̃²⁴
xɔ⁵³ kəʔ⁵ no²¹ mi⁵³ , pəʔ⁵ tʰa⁴⁴ pɛ⁴⁴ tɕin²⁴ tɕʰy²¹ , tsɛ²⁴ pɛ⁴⁴ ti⁵³ dɵ²⁴ sa⁴⁴ , tsɛ²⁴
pɛ⁴⁴ ti⁵³ na²⁴ kəʔ⁵ , pɛ⁴⁴ tɕi⁴⁴ kəʔ⁵ miəʔ¹² tsɔ⁵³ , miəʔ¹² tsɔ⁵³ pɛ⁴⁴ tɕi⁴⁴ kəʔ⁵ ,
tsɛ²⁴ pəʔ⁵ mi⁵³ f ã²⁴ kɔ⁴⁴ lɵ²¹ , pəʔ⁵ tʰa⁴⁴ pɔ⁴⁴ xɔ⁵³ le²¹ , tsɛ²⁴ noŋ²¹ kəʔ⁵ zən²¹
tsɿ⁰ pəʔ⁵ tʰa⁴⁴ kʰun⁴⁴ xɔ⁵³ , na²⁴ ma⁰ , ta⁴⁴ dzən²¹ iəʔ⁵ kəʔ⁵ tɕiəʔ⁵ , iəʔ⁵ tɕʰy ã⁴⁴
iəʔ⁵ tɕʰy ã⁴⁴ , xɔ⁴⁴ tɕi⁴⁴ kəʔ⁵ , ta⁴⁴ dzən²¹ iəʔ⁵ kəʔ⁵ tɕiəʔ⁵ , iəʔ⁵ tɕʰy ã⁴⁴ iəʔ⁵ tɕʰ
y ã⁴⁴ , iəʔ⁵ tɕʰy ã⁴⁴ iəʔ⁵ tɕʰy ã⁴⁴ , kəʔ⁵ i ã²⁴ tsɿ⁰ 。 ŋo⁴⁴ tɕi²⁴ təʔ⁵ na²⁴ kəʔ⁵ tɔ²⁴ ko²⁴
ȵi ɛ̃²¹ pi ɛ̃⁴⁴ kəʔ⁵ zɿ²¹ tɕi ɛ̃⁴⁴ , ŋo⁴⁴ mən²¹ iɛ⁴⁴ iɔ²⁴ pɔ⁴⁴ tsoŋ²⁴ tsɿ⁰ kəʔ⁵ 。

　　到端午时，我们这里要包粽子，包粽子要先准备食材，再把食材洗干净备用。这种粽子可以包成肉粽或甜粽，也可以包成赤豆粽。我记得我小时候最喜欢吃赤豆粽，就是把赤豆包在糯米里面，倒点油，再是豆沙。把它握在手中，弄成半圆形再放豆沙和拌好的糯米，再摆上蜜枣，再放一层米，再把它包好，用绳子捆好，打成一个结，一圈一圈的。我记得快到过年的时候也要包粽子。

　　到那个中秋节咯辰光呢，吃咯东西也没什么，就是讲做月饼。以前是筒装月饼，我最欢喜吃咯就是赤豆月饼。记得，啊，特别是到那个，因为八月十五咯辰光，月亮基本上蛮大，到那个，我叔叔就是讲，上月、上月，我想哪个上月啊，到那个八月半时间，不管勒外面打工也好还是怎么样，都回到家来团聚，一家人来讲就是团聚，那么吃一餐饭，那么就夜饭吃好嘛，一边看月亮，一边吃葛个月饼。我记得那个时候，哈，小辰光，不是那个，有句话：月亮走，我也走；月亮停，我也停。那个时候讲，咦，为什么葛个月亮跟牢我呢？我也走了，月亮也走了，我停了之后呢，月亮也停了。那个时候想不通哎，月亮怎么就跟牢我一个人呢。

tɔ²⁴na²⁴kəʔ⁵tsoŋ⁴⁴tɕʰiɵ⁴⁴tɕiəʔ⁵kəʔ⁵dzən²¹kuã⁴⁴nə⁰，tɕʰiəʔ⁵kəʔ⁵toŋ⁴⁴ɕi⁴⁴iɛ⁴⁴me²¹sʅ⁴⁴ma⁰，dʑiɵ²⁴zʅ²¹tɕiã⁴⁴tsɔ²⁴yəʔ⁵pin⁵³。i⁴⁴dʑiɛ̃²¹zʅ²⁴doŋ⁴⁴tsuã⁴⁴yəʔ⁵pin⁵³，ŋo⁴⁴tsuɛ²⁴xuɛ⁴⁴ɕi⁴⁴tɕʰiəʔ⁵kəʔ⁵dʑiɵ²⁴zʅ²¹tsʰəʔ⁵dɵ²⁴yəʔ⁵pin⁵³。tɕi²⁴təʔ⁵，a⁰，dəʔ¹²piəʔ⁵zʅ²⁴tɔ²⁴na²⁴kəʔ⁵，in⁴⁴uɛ²¹paʔ⁵yəʔ⁵zəʔ¹²n⁴⁴kəʔ⁵dzən²¹kuã⁴⁴，yəʔ⁵liã²⁴tɕi⁴⁴pən⁵³zã²⁴mã²¹da²⁴，tɔ²⁴na²⁴kəʔ⁵，ŋo⁵³suəʔ⁵suəʔ⁵dʑiɵ²⁴zʅ²¹tɕiã⁵³，zã²⁴yəʔ⁵、zã²⁴yəʔ⁵，ŋo⁴⁴ɕiã⁵³na⁴⁴kəʔ⁵zã²⁴yəʔ⁵a⁰，tɔ²⁴na²⁴kəʔ⁵paʔ⁵yəʔ⁵puə̃²⁴zʅ²¹tɕiɛ̃⁴⁴，pəʔ⁵kuã⁵³le²¹ua²⁴miɛ̃²¹ta⁴⁴koŋ⁴⁴iɛ⁴⁴xɔ⁵³a²¹zʅ²¹tsən²¹ma⁰iã²⁴，tɵ⁴⁴uɛ²¹tɔ²⁴tɕia⁴⁴lɛ²¹duã²¹tɕy²⁴，iɛʔ⁵tɕia⁴⁴n̠in²¹lɛ²¹tɕiã⁵³dʑiɵ²⁴zʅ²¹duã²¹tɕy²⁴，na²⁴ma⁰tɕʰiəʔ⁵iəʔ⁵tsʰã⁴⁴vã²⁴，na²⁴ma⁰dʑiɵ²⁴ia²⁴vã²¹tɕʰiəʔ⁵xɔ⁵³ma⁰，iəʔ⁵piɛ̃⁴⁴kʰã²⁴yəʔ⁵liã²⁴，iəʔ⁵piɛ̃⁴⁴tɕʰiəʔ⁵kəʔ⁵kəʔ⁵yəʔ⁵pin⁵³。ŋo⁴⁴tɕi²⁴təʔ⁵na²⁴kəʔ⁵zʅ²¹xɵ²⁴，xa⁰，ɕiɔ⁵³dzən²¹kuã⁴⁴，pəʔ⁵zʅ²¹na²⁴kəʔ⁵，iɵ⁵³tɕy²⁴xua²⁴，yəʔ⁵liã²⁴tsɵ⁴⁴，ŋo⁴⁴iɛ⁴⁴tsɵ⁴⁴；yəʔ⁵¹iã²⁴din²¹，ŋo⁴⁴iɛ⁴⁴din²¹；na²⁴kəʔ⁵zʅ²¹xɵ²⁴tɕiã⁵³，i⁰，uɛ²⁴sʅ⁴⁴ma⁰kəʔ⁵kəʔ⁵yəʔ⁵liã²⁴kən⁴⁴lɔ⁵³ŋo⁴⁴nə⁰？ŋo⁴⁴iɛ⁴⁴tsɵ⁴⁴la⁰，yəʔ⁵liã²⁴iɛ⁴⁴tsɵ⁴⁴la⁰，ŋo⁴⁴din²¹la⁰tsʅ⁴⁴xɵ²⁴nəʔ⁵，yəʔ⁵liã²⁴iɛ⁴⁴din²¹la⁰。na²⁴kəʔ⁵zʅ²¹xɵ²⁴ɕiã⁵³pəʔ⁵tʰoŋ⁴⁴ɛ⁰，yəʔ⁵liã²⁴tsən²¹ma⁰dʑiɵ²⁴kən⁴⁴lɔ⁵³ŋo⁴⁴iəʔ⁵kəʔ⁵n̠in²¹nə⁰。

中秋节时，吃的东西也没什么，就是要做月饼。以前是筒装月饼，我最喜欢吃的就是赤豆月饼。八月十五的时候月亮基本上很大，到八月半时，不管是在外面打工还是怎么样，都要回家来团聚的，一起吃饭，吃好后一边看月亮一边吃月饼。我记得小时候有首童谣："月亮走，我也走；月亮停，我也停。"那个时候我觉得很奇怪：怎么这个月亮是跟着我的呢？我走了，月亮也走了，我停了，月亮也停了。那个时候想不通，就奇怪怎么月亮就跟着我一个人呢。

（2018 年 8 月 18 日，分水，发言人：江亚芬）

二、对　话

对话人：

老邱——邱水明，方言老男

志华——吴志华，方言青男

亚芬——江亚芬，方言青女

老邱：那我们来谈一谈啊，我们分水镇，啊，综合建设啊，从各方面，葛个，通过改革开放，有所大大里提高。

na²⁴ ŋo⁴⁴ mən²¹ lɛ²⁴ d a̰²⁴ iəʔ⁵ d a̰²¹ a⁰ , ŋo⁴⁴ mən²¹ fən⁴⁴ sue⁵³ tsən²⁴ , a⁰ , tsoŋ⁴⁴ u²¹ tɕiɛ̰²⁴ səʔ⁵ a⁰ , dzoŋ²¹ kəʔ⁵ f a̰⁴⁴ mi ɛ̰²⁴ , kəʔ⁵ kəʔ⁵ , toŋ⁴⁴ ko²⁴ kɛ⁴⁴ kə²¹ kʰɛ⁴⁴ f a̰²⁴ , iɵ⁵³ so⁴⁴ da²⁴ da²¹ li⁰ di²¹ kɔ⁴⁴ 。

那我们来谈一谈我们分水镇。在建设方面，通过改革开放，各方面有很大的提高。

亚芬：是咯。

zɿ²⁴ kəʔ⁵ 。

是的。

老邱：那我们就是讲一讲，我们老分水镇葛个哈。

na²⁴ ŋo⁴⁴ mən² dziɵ²⁴ zɿ²¹ tɕi a̰⁵³ iəʔ⁵ tɕi a̰⁵³ , ŋo⁴⁴ mən²¹ lɔ⁵³ fən⁴⁴ sue⁵³ tsən²⁴ kəʔ⁵ kəʔ⁵ xa⁰ 。

就是讲一讲我们的老分水镇。

亚芬：嗯。

ən⁰。

嗯。

老邱：老分水镇就是之前，从武盛到西关是一条街。啊。

lɔ⁵³fən⁴⁴sue⁵³tsən²⁴dʑiɵ²⁴zʅ²¹tsʅ⁴⁴dʑiã²¹，dzoŋ²¹u⁴⁴zən²⁴tɔ²⁴ɕi⁴⁴kue⁴⁴

zʅ²⁴iəʔ⁵diɔ²¹kɛ⁴⁴。a⁰。

老分水镇，只有一条街，从武盛到西关一条街。

亚芬：就是葛一条街。

dʑiɵ²⁴zʅ²¹kəʔ⁵ iəʔ⁵diɔ²¹kɛ⁴⁴。

就是这一条街。

老邱：嗯，这样，都是小弄堂了啊，什么江西会馆弄堂啊。

ən⁰，tɕie²⁴iã²⁴，tɵ⁴⁴zʅ²⁴ɕiɔ⁵³loŋ²⁴dã²¹la⁰a⁰，sən⁴⁴ma⁰tɕiã⁴⁴ɕi⁴⁴ue²⁴

kuã⁴⁴loŋ²⁴dã²¹a⁰。

嗯，都是小弄堂啊，江西会馆弄堂。

志华：什么江西会馆弄堂？

sən⁴⁴ma⁰tɕiã⁴⁴ɕi⁴⁴ue²⁴kuã⁴⁴loŋ²⁴dã²¹？

什么江西会馆弄堂？

亚芬：分水咯弄堂是比较多。

fən⁴⁴sue⁵³kəʔ⁵¹oŋ²⁴dã²¹zʅ²⁴pi⁴⁴tɕiɔ²⁴to⁴⁴。

分水的弄堂是比较多。

志华：什么弄堂？

sən⁴⁴ma⁰loŋ²⁴dã²¹？

什么弄堂？

老邱：都是个弄啊。

tɵ⁴⁴zʅ²⁴kəʔ⁵loŋ²⁴a⁰。

都是弄堂啊。

亚芬:弄头弄脑。

lɔŋ²⁴dɵ²¹lɔŋ²⁴nɔŋ⁴⁴。

到处都是弄堂。

志华:不是有些地方就叫什么弄什么弄咯?

pəʔ⁵zɿ²⁴iɵ⁴⁴ɕie⁴⁴di²⁴fã⁴⁴dʑiɵ²⁴tɕiɔ²⁴sən⁴⁴ma⁰lɔŋ²⁴sən⁴⁴ma⁰lɔŋ²⁴kəʔ⁵?

不是有些地方就叫什么弄什么弄的?

亚芬、老邱:哎哎,对咯。

ɛ⁰ɛ⁰, te²⁴kəʔ⁵。

哎哎哎,对的。

志华:叫是葛么叫咯?

tɕiɔ²⁴zɿ²¹kəʔ⁵ma⁰tɕiɔ²⁴kəʔ⁵?

叫是这么叫的。

老邱:都是个弄啊,梧桐弄啊,中华弄啊。

tɵ⁴⁴zɿ²⁴kəʔ⁵lɔŋ²⁴a⁰, u⁴⁴dɔŋ²¹lɔŋ²⁴a⁰, tsɔŋ⁴⁴ua²¹lɔŋ²⁴a⁰。

都是个弄啊,梧桐弄啊,中华弄啊。

亚芬:中华弄,中华弄还有个庙。

tsɔŋ⁴⁴ua²¹lɔŋ²⁴, tsɔŋ⁴⁴ua²¹lɔŋ²⁴a²¹iɵ⁵³kəʔ⁵miɔ²⁴。

中华弄,中华弄还有个庙。

老邱:别弄哎。

piəʔ⁵lɔŋ²⁴ɛ⁰。

还有别弄哎。

亚芬:嗯。

ən⁰。

嗯。

老邱:都是什么……

dɵ⁴⁴zɿ²⁴sən⁴⁴ma⁰……

都是弄。

亚芬:什么弄什么巷。

sən⁴⁴ma⁰loŋ²⁴sən⁴⁴ma⁰ɕia̱~²⁴。

什么弄什么巷。

老邱:那么,是葛一条街,葛条街尼,路都是鹅卵石铺咯,七高八

低咯。

na²⁴ma⁰,zɻ²⁴kəʔ⁵iəʔ⁵diɔ²¹kɛ⁴⁴,kəʔ⁵diɔ²¹kɛ⁴⁴ni⁰,ləu²⁴tɵ⁴⁴zɻ²⁴ŋɔ²¹

lɛ²¹zəʔ²pʰu⁴⁴kəʔ⁵,tɕʰiəʔ⁵kɔ⁴⁴paʔ⁵ti⁴⁴kəʔ⁵。

那么,是这么一条街,这条街呢,路都是鹅卵石铺的,高低

不平。

亚芬:嗯。

ən⁰。

嗯。

老邱:一条水沟上面是用石板铺铺咯。

iəʔ⁵diɔ²¹sue⁴⁴kɵ⁴⁴za̱~²⁴miɛ²¹zɻ²⁴ioŋ²¹zəʔ¹²pa̱~⁵³pʰu⁴⁴pʰu⁴⁴kəʔ⁵。

一条水沟上面是用石板铺的。

亚芬:嗯。

ən⁰。

嗯。

老邱:那么葛些弄尼,就是讲尼一部双轮车都拖不过去。

na²⁴ma⁰kəʔ⁵ɕiɛ⁴⁴loŋ²⁴ȵi⁰,dʑiɵ²⁴zɻ²¹tɕia⁵³ȵi⁰iəʔ⁵pu²⁴sa̱~⁴⁴lən²¹

tsʰa⁴⁴tɵ⁴⁴tʰo⁴⁴pəʔ⁵ko²⁴tɕʰy²⁴。

那么这些弄呢,就是说一辆双轮车都过不去。

志华:小了。

ɕiɔ⁴⁴la⁰。

小了。

老邱:哎,小啊。

　　　ε⁰,ɕiə⁴⁴a⁰。

　　　哎,小啊。

亚芬:房子挨房子,哈。

　　　vã²¹tsʅ⁰ε⁴⁴vã²¹tsʅ⁰,xa⁰。

　　　房子挨房子的。

老邱:哎,那么,都是破破烂烂啊。

　　　ε⁰,na²⁴ma⁰,tθ⁴⁴zʅ²⁴pʰo²⁴pʰo²¹lã²⁴lã²¹a⁰。

　　　哎,都是破破烂烂的。

亚芬:嗯。

　　　ən⁰。

　　　嗯。

老邱:那么通过改革开放,开始葛个新咯城镇建设啊,那么于‡暂‡
　　　看上去好像高楼大厦不少啊。

　　　na²⁴ ma⁰tʰoŋ⁴⁴ ko²⁴ kε⁴⁴ kəʔ⁵kʰε⁴⁴ f ã²⁴, kʰε⁴⁴ sʅ⁴⁴ kəʔ⁵kəʔ⁵ɕin⁴⁴
　　　kəʔ⁵dzən²¹tsən²⁴tɕiε̃²⁴səʔ⁵a⁰,na²⁴ma⁰y²⁴tsã²¹kʰã²⁴zã²⁴tɕʰy²¹xɔ⁴⁴
　　　ɕiã²⁴kɔ⁴⁴lθ⁴⁴da²⁴ɕia²¹pəʔ⁵sɔ⁵³a⁰。

　　　改革开放后,开始了新的城镇建设,那么后来看上去高楼大
　　　厦不少了。

亚芬:嗯。

　　　ən⁰。

　　　嗯。

老邱:那么老街尼也装修了一下。

　　　na²⁴ma⁰lɔ⁴⁴kε⁴⁴ȵi⁰iε⁵³tsuã⁴⁴ɕiθ⁴⁴la⁰iəʔ⁵xa²⁴。

　　　那么老街也装修了一下。

亚芬:嗯。

ən⁰。

嗯。

老邱：路面也加宽了，现在到处都是柏油路，水泥路了。

lu²⁴ mi⁵³ iɛ̃²¹ iɛ⁵³ tɕia⁴⁴ kʰu a⁴⁴ la⁰，ɕiɛ̃²⁴ dzɛ²¹ tɔ²⁴ tɕʰy²¹ tθ⁴⁴ zʅ²¹ paʔ⁵ iθ²¹ lu²⁴，sue⁴⁴ n̠i²¹ lu²⁴ la⁰。

路面也加宽了，现在到处都是柏油路、水泥路了。

亚芬：是咯，特别是像葛个实验小学对过去葛边都是农具店啊，都是蛮有规划咯。

zʅ²⁴ kəʔ⁵，dəʔ¹² piəʔ⁵ zʅ²⁴ ɕiã̃²⁴ kəʔ⁵ kəʔ⁵ sʅ²¹ iɛ̃²⁴ ɕiɔ⁴⁴ iəʔ⁵ te²⁴ ko²¹ tɕʰy²⁴ kəʔ⁵ piɛ̃⁴⁴ tθ⁴⁴ zʅ²⁴ noŋ²¹ tɕy²⁴ diɛ̃²⁴ a⁰，tθ⁴⁴ zʅ²¹ mã²¹ iθ⁴⁴ kue⁴⁴ xua²⁴ kəʔ⁵。

是的，特别是像这个实验小学，对面的农具店都是有规划的。

志华：农具店那个是买地咯。

noŋ²¹ tɕy²⁴ diɛ̃²⁴ na²⁴ kəʔ⁵ zʅ²⁴ ma⁴⁴ di²⁴ kəʔ⁵。

农具店那个是买地的。

亚芬：买地就是讲啊。

ma⁴⁴ di²⁴ dʑiθ²⁴ zʅ²¹ tɕiã̃⁵³ a⁰。

买地的就是说啊。

志华：有规划性哎。

iθ⁴⁴ kue⁴⁴ xua²⁴ ɕin²⁴ ɛ⁰。

有规划的。

亚芬：有规划性咯，不像以前，都是房子挨房子咯，挨咯毛牢咯，都是巷子里，弄堂里。

iθ⁴⁴ kue⁴⁴ xua²⁴ ɕin²⁴ kəʔ⁵，pəʔ⁵ ɕia²⁴ i⁴⁴ dʑiɛ̃²¹，tθ⁴⁴ zʅ²⁴ vã²¹ tsʅ⁰ ɛ⁴⁴ vã²¹ tsʅ⁰ kəʔ⁵，ɛ⁴⁴ kəʔ⁵ mɔ²¹ lɔ⁴⁴ kəʔ⁵，tθ⁴⁴ zʅ²⁴ ɕia²⁴ tsʅ⁰ li⁵³，loŋ²⁴ dã²¹ li⁰。

有规划的，不像以前，都是房子挨房子的，挨得很紧，都是巷子里，弄堂里。

老邱：于⁼暂⁼轿车都能开到家里了。

y²⁴tsã²¹dʑiɵ²⁴tsʰa⁴⁴tɵ⁴⁴nən²¹kʰɛ⁴⁴tɔ²⁴tɕia⁴⁴li⁴⁴la⁰。

现在轿车都能开到家里了。

亚芬：是略。

zɿ²⁴kəʔ⁵。

是的。

老邱：以前一部独轮车，一部双轮车都拖不到家，哈哈哈。

i⁴⁴dʑiɛ̃²¹iəʔ⁵pu²⁴dəʔ¹³lən²¹tsʰa⁴⁴，iəʔ⁵pu²⁴sã⁴⁴lən²¹tsʰa⁴⁴tɵ⁴⁴tʰo⁴⁴

pəʔ⁵tɔ²⁴tɕia⁴⁴。 xa⁰xa⁰xa⁰。

以前一辆独轮车、一辆双轮车都拖不到家。

亚芬：拐弯拐不来哎。

kuɛ⁴⁴uã⁴⁴kuɛ⁴⁴pəʔ⁵lɛ²¹ɛ⁰。

拐也拐不出。

志华：我们家那个三轮更加进不来，就是讲，你开个"三虎"，就是讲
那种三轮车，要拖咯，好几个人送。

ŋo⁴⁴mən²¹tɕia⁴⁴na²⁴kəʔ⁵sã⁴⁴lən²¹kən²⁴tɕia⁴⁴tɕin²⁴pɔʔ⁵lɛ²¹，dʑiɵ²⁴

zɿ²¹tɕiã⁵³，n̠i⁴⁴kʰɛ⁴⁴kəʔ⁵sã⁴⁴xu⁵³，dʑiɵ²⁴zɿ²¹tɕiã⁵³na²⁴tsoŋ⁵³sã⁴⁴

lən²¹tsʰa⁴⁴，iɔ²⁴tʰo⁴⁴kəʔ⁵，xɔ⁵³tɕi⁴⁴kəʔ⁵n̠in²¹soŋ²⁴。

我们那个三轮车更加可怜了，你开个"三虎"，就是那种三轮
车，要拖的，好几个人推。

亚芬：哪里啊？

na⁴⁴li⁵³a⁰？

你哪里的啊？

志华：洪庙。那个有个岭哎，我们是岭高头咯，要好几个人送哎，开
个"三虎"。

xoŋ²¹miɔ²⁴。 na²⁴kəʔ⁵iɵ⁴⁴kəʔ⁵lin⁵³ɛ⁰，ŋo⁴⁴mən²¹zɿ²⁴lin⁵³kɵ⁴⁴lɵ²¹ kəʔ⁵,iɔ²⁴xɔ⁵³tɕi⁴⁴kəʔ⁵ȵin²¹soŋ²⁴ɛ⁰,kʰɛ⁴⁴kəʔ⁵sã⁴⁴xu⁵³。

洪庙。有个岭,我们是岭上的,要好几个人推哎,开个"三虎"。

亚芬:是咯,那里是挺陡的。

zʅ²⁴kəʔ⁵,na²⁴li⁰zʅ²⁴din⁴⁴dɵ²¹kəʔ⁵。

是的,那里是挺陡的。

志华:毛陡哎,我们在顶上面哎,已经。

mɔ²¹dɵ²⁴ɛ⁰,ŋo⁴⁴mən²¹dzɛ²⁴tin⁵³zã²⁴miɛ̃²¹ɛ⁰,i⁴⁴tɕin⁴⁴。

很陡的,我们已经算是在最上面了。

亚芬:啊。

a⁰。

哦。

志华:吃力咯有点。那时候开"三虎"咯,都是下面街邻,叫几个人,
叫两个人一道送呀。

tɕiəʔ⁵liəʔ¹²kəʔ⁵iɵ⁴⁴tiɛ̃⁵⁴。na²⁴zʅ²¹xɵ²⁴kʰɛ⁴⁴sã⁴⁴xu⁵³kəʔ⁵,tɵ⁴⁴zʅ²⁴
ɕia²⁴miɛ̃²¹tɕiɛ⁴⁴lin²¹,tɕiɔ²⁴tɕi⁴⁴kəʔ⁵ȵin²¹,tɕiɔ²⁴liã⁴⁴kəʔ⁵ȵin²¹iəʔ⁵
dɔ²⁴soŋ²⁴ia⁰。

有点费劲的。那时候开"三虎"的人都是叫邻居几个人一起推
一下。

亚芬:那是吃力咯。

na²⁴zʅ²¹tɕʰiəʔ⁵liəʔ¹²kəʔ⁵。

那是费劲的。

志华:没办法咯那时候。

me²¹pã̃²⁴faʔ⁵kəʔ⁵na²⁴zʅ²¹xɵ²⁴。

没办法的那时候。

亚芬:那都是山哈?

na²⁴tɵ⁴⁴zʅ²⁴sã⁴⁴xa⁰?

那地方是座山是吧？

老邱：那山，小山坡。

na²⁴sã⁴⁴，ɕiɔ⁵³sã⁴⁴pʰo⁴⁴。

小山坡。

志华：小山坡，小山坡，最早是那里是庙蛮多，是庙啊。

iɔ⁵³sã⁴⁴pʰo⁴⁴，iɔ⁵³sã⁴⁴pʰo⁴⁴，tsue²⁴tsɔ⁵³zɿ²⁴na²⁴li⁵³zɿ²⁴miɔ²⁴mã²¹

to⁴⁴，zɿ²⁴miɔ²⁴a⁰。

小山坡，最开始那里是一座庙。所以叫洪庙啊。

亚芬：啊，是咯是咯。

a⁰，zɿ²⁴kəʔ⁵zɿ²⁴kəʔ⁵。

哦……是的，是有座庙的。

志华：所以叫洪庙啊。

so⁴⁴i⁴⁴tɕiɔ⁴⁴xoŋ²¹miɔ²⁴a⁰。

所以叫洪庙。

亚芬：对咯对咯。

tɕ²⁴kəʔ⁵tɕ²⁴kəʔ⁵。

对的对的。

志华：五云山脚，出了名咯。

u⁴⁴yn²¹sã⁴⁴tɕiaʔ⁵，tɕʰyəʔ⁵la⁰min²¹kəʔ⁵。

五云山脚。

亚芬：是咯是咯，那里是有座庙。

zɿ²⁴kəʔ⁵zɿ²⁴kəʔ⁵，na²⁴li⁵³zɿ²⁴iθ⁵³tsɔ²⁴miɔ²⁴。

是的是的，那里是有座庙。

亚芬：我记得小辰光，特别是实验小学葛个位置，都是店房啊！

ŋo⁴⁴tɕi²⁴təʔ⁵ɕiɔ⁵³dzən²¹kuã⁴⁴，dəʔ⁵piəʔ⁵zɿ²⁴sɿ²¹iɛ̃²⁴ɕiɔ⁴⁴iəʔ⁵kəʔ⁵kəʔ⁵

ue²⁴tsɿ⁰，tθ⁴⁴zɿ²⁴diɛ̃²⁴vã²¹a⁰。

我记得小时候,特别是实验小学这个位置都是店铺啊!

老邱:那,都是店房。

na²⁴ , tθ⁴⁴zʅ²⁴diɛ̃²⁴ṽa²¹。

都是店铺。

志华:都是店房。

tθ⁴⁴zʅ²⁴diɛ̃²⁴ṽa²¹。

都是店铺。

亚芬:都是店房啊。以前咯雪花特别大啊,以前咯温度也低。

tθ⁴⁴zʅ²⁴diɛ̃²⁴ṽa²¹a⁰。i⁴⁴dʑiɛ̃²¹kəʔ⁵ɕiəʔ⁵xua⁴⁴dəʔ⁵piəʔ⁵da²⁴a⁰,i⁴⁴dʑiɛ̃²¹kəʔ⁵uən⁴⁴tu²⁴iɛ⁴⁴ti⁴⁴。

都是店铺啊。那时候的雪特别大啊,以前的温度也低,房子上那个冰棱都是很长的。

志华:是咯是咯。

zʅ²⁴kəʔ⁵zʅ²⁴kəʔ⁵。

是的是的。

亚芬:房子上那个冰条啊,都是嘎长哎。

ṽa̰²¹tsʅ⁰z̃a²⁴na²⁴kəʔ⁵pin⁴⁴diɔ²la⁰,tθ⁴⁴zʅ²⁴ka⁴⁴dza²¹ɛ⁰。

房子上会结很长的冰条。

志华:那辰光,是咯,要冷点,冷多来,现在尼最多零下五六度,已经蛮少哎。

na²⁴dzən²¹kuã⁴⁴,zʅ²⁴kəʔ⁵,iɔ²⁴lən⁴⁴tiɛ̃⁵³,lən⁵³tɔ⁴⁴lɛ²¹,ɕiɛ̃²⁴dze²⁴ȵi⁰tsue²⁴tɔ⁴⁴lin²¹ia²⁴u⁴⁴ləʔ⁵tu²⁴,i⁴⁴tɕin²¹mã²¹sɔ⁴⁴ɛ⁰。

那时候冷多了,现在最多零下五六度,已经很少了。

亚芬:我记得以前哎,那个到冬天咯时间,不是穿单咯套鞋咯?

ŋo⁴⁴tɕi²⁴təʔ⁵i⁴⁴dʑiɛ̃²¹ɛ⁰,na²⁴kəʔ⁵tɔ²⁴toŋ⁴⁴tʰiɛ̃⁴⁴kəʔ⁵zʅ²¹tɕiɛ⁴⁴,pəʔ⁴⁴zʅ²⁴tɕʰyã⁴⁴tã⁴⁴kəʔ⁵tʰɔ²⁴xɛ²¹kəʔ⁵?

我记得以前冬天要穿短套鞋。

志华:单咯套鞋不怕冷啊?

ta͂⁴⁴kəʔ⁵tʰɔ²⁴xɛ²¹pə⁵pʰa²⁴lən⁴⁴a⁰?

短套鞋不冷呀?

亚芬:好像是穿单套鞋,没有那个棉套鞋。

xɔ⁴⁴ɕia͂²⁴zɿ²⁴tɕʰya⁴⁴ta͂⁴⁴tʰɔ²⁴xɛ²¹,me²¹iɵ⁴⁴na²⁴kəʔ⁵miɛ͂²¹tʰɔ²⁴xɛ²¹。

好像没有那个棉的。

老邱:没有棉哎。

me²¹iɵ⁴⁴miɛ͂²¹ɛ⁰。

棉的没有的。

亚芬:没有棉套鞋,就是那种羊毛里厚点袜子,哈。

me²¹iɵ⁴⁴miɛ͂²¹tʰɔ²⁴xɛ²¹,dʑiɵ²⁴zɿ²¹na²⁴tsoŋ⁴⁴ia͂²¹mɔ²⁴li⁵³gɵ²⁴tiɛ͂⁴⁴ma²⁴tsɿ⁰,xa⁰。

没有棉套鞋,都是厚点的羊毛袜。

亚芬:都是那种洋袜,脚都冻咯,到家烘火咯时间,洋袜烘破了,脚还没热。

tɵ⁴⁴zɿ²⁴na²⁴tsoŋ⁵³；ia͂²¹ma²⁴,tɕiaʔ⁵tɵ⁴⁴toŋ²⁴kəʔ⁵,tɔ²⁴tɕia⁴⁴xoŋ⁴⁴xo⁵³kəʔ⁵sɿ²¹tɕiɛ͂⁴⁴,ia͂²¹na²⁴xoŋ⁴⁴pʰo²⁴la⁰,tɕiaʔ⁵a²¹me²¹ȵiəʔ¹²。

都是那种袜子,脚都冻得……到家烤火的时候,袜子都烤破了,脚还没有热。

志华:不动了。

pəʔ⁵doŋ²⁴la⁰。

脚动不了了。

老邱:那葛个是你们后来咯人尼。后来吃,更早,像我们经历过咯。

na²⁴kəʔ⁵kəʔ⁵zɿ²⁴ȵi⁴⁴mən²¹xɵ²⁴lɛ²¹kəʔ⁵ȵin²¹ȵi⁰。xɵ²⁴lɛ²¹tɕʰiəʔ⁵,kən²⁴tsɿ⁵³,ɕia͂²⁴ŋɵ⁴⁴mən²¹tɕin⁴⁴liəʔ⁵ko²⁴kəʔ⁵。

那这个是你们后来的人了。像我们经历过的。

亚芬：啊。

a^0。

啊。

老邱：啊,那个时间十多岁,就要到田里去做生活。

a^0 , $na^{24} kə?^5 z\textgamma^{21} tɕi\tilde{ɛ}^{44} zə?^{12} to^{44} sue^{24}$, $dʑiə^{24} iɔ^{21} tɔ^{24} di\tilde{ɛ}^{21} li^0 tɕʰy^{24} tso^{24}$

$sən^{44} uə?^5$ 。

那个时候十多岁,就要下地去干活。

亚芬：嗯。

$ən^0$ 。

嗯。

老邱：那么,那个冬天穿一件,一条单裤,一,一件背心,外头加一件
外套。

$na^{24} ma^0$, $na^{24} kə?^5 toŋ^{44} tʰi\tilde{ɛ}^{44} tɕʰy\tilde{a}^{44} iə?^5 tɕi\tilde{ɛ}^{24}$, $iə?^5 diɔ^{21} t\tilde{a}^{44} kʰu^{44}$,

$iə?^5$, $iə?^5 tɕi\tilde{ɛ}^{24} pe^{24} ɕin^{44}$, $uɛ^{24} də^{21} tɕia^{44} iə?^5 tɕi\tilde{ɛ}^{24} uɛ^{24} tʰɔ^{21}$ 。

冬天穿着一条短裤,一件背心,外面加一件外套。

志华：你们那时候还热略。

$ȵi^{44} mən^{21} na^{24} z\textgamma^{21} xə^{24} a^{21} ȵiə?^{12} kə?^5$ 。

你们那个时候还热的。

老邱：打小赤脚走。

$ta^{44} ɕiɔ^{53} tsʰa?^5 tɕia?^5 tsə^{53}$ 。

光着脚。

亚芬：还不怕冷哎。

$a^{21} pə?^5 pʰa^{24} lən^{53} ɛ^0$ 。

还不怕冷呢。

老邱：那个冷啊,那个雪子下来啊,在割稻子,啊,没有,没有套鞋。

na²⁴ kəʔ⁵ lən⁵³ a⁰ , na²⁴ kəʔ⁵ ɕiəʔ⁵ tsʅ⁴⁴ ia²⁴ lɛ²¹ a⁰ , dzɛ²⁴ kəʔ⁵ dɔ²⁴ tsʅ⁰ ,

a⁰ , me²¹ iɵ⁴⁴ , me²¹ iɵ⁴⁴ tʰɔ²⁴ xɛ²¹ 。

冷啊，下霜的时候在割水稻，没有套鞋的。

亚芬:哈哈，我们还算比较好哎。

xa⁰ xa⁰ , ŋo⁴⁴ mən²¹ a²¹ suã²⁴ pi⁴⁴ tɕiɔ²⁴ xɔ⁵³ ɛ⁰ 。

我们还算好了。

老邱:你们好咯。

n̠i⁴⁴ mən²¹ xɔ⁵³ kəʔ⁵ 。

你们好的。

亚芬:有套鞋。

iɵ⁴⁴ tʰɔ²⁴ xɛ²¹ 。

有套鞋。

志华:套鞋，是咯。

tʰɔ²⁴ xɛ²¹ , iɵ⁴⁴ kəʔ⁵ 。

套鞋，是的。

老邱:没有套鞋咯。

me²¹ iɵ⁴⁴ tʰɔ²⁴ xɛ²¹ kəʔ⁵ 。

没有套鞋的。

志华:套鞋还是有哎。

tʰɔ²⁴ xɛ²¹ a²¹ zʅ²⁴ iɵ⁴⁴ ɛ⁰ 。

套鞋是有的。

老邱:反正我记得，我十七八岁咯时间，小队里做做那咯三脚猫电工啊，因为用电动打稻机打稻子。

fã⁴⁴ tsən²⁴ ŋo⁴⁴ tɕi²⁴ təʔ⁵ , ŋo⁴⁴ zəʔ¹² tɕʰiəʔ⁵ paʔ⁵ sue²⁴ kəʔ⁵ zʅ²¹ tɕiɛ̃⁴⁴ ,

ɕiɔ⁴⁴ te²⁴ li⁵³ tso²⁴ tso²⁴ na²⁴ kəʔ⁵ sã⁴⁴ tɕiaʔ⁵ mɔ⁴⁴ diɛ̃²⁴ koŋ⁴⁴ a⁰ , in⁴⁴ ue²⁴

ioŋ²⁴ diɛ̃²⁴ doŋ²¹ ta⁵³ dɔ²⁴ tɕi⁴⁴ ta⁵³ dɔ²⁴ tsʅ⁰ 。

反正我还记得,我十七八岁的时候,在小队里做那个三脚猫电工,因为要用电动打稻机打稻谷了。

亚芬:哎。

ε⁰。

哎。

老邱:要放电线啊什么,我那一回,我记得是冻咯,那年冻生病,回来冻咯发抖,冻生病。

iɔ²⁴ fã²⁴ di ɛ̃²⁴ ɕi ɛ̃²¹ a⁰ sən⁴⁴ ma⁰ , ŋɔ⁴⁴ na²⁴ iəʔ⁵ ue²¹ , ŋɔ⁴⁴ tɕi²⁴ təʔ⁵ zʅ²⁴ toŋ²⁴ kəʔ⁵ , na²⁴ ȵiɛ̃²¹ toŋ²⁴ sən⁴⁴ bin²⁴ , ue²¹ lɛ²⁴ doŋ²⁴ kəʔ⁵ faʔ⁵ tθ⁵³ , toŋ²⁴ sən⁴⁴ bin²⁴ 。

要放电线啊什么的,我记得那一年冻得一直抖,回来就冻生病了。

亚芬:啊。

a⁰。

啊。

老邱:介,呼呼,娘亲老子看我葛样,才去买了一套棉毛衫棉毛裤。

tɕiɛ²⁴ , xu⁴⁴ xu⁴⁴ , ȵia̋²¹ tɕʰin⁴⁴ lɔ⁴⁴ tsʅ⁰ kʰã²⁴ ŋɔ⁵³ kəʔ⁵ ia²⁴ , dzɛ²¹ tɕʰy²⁴ mɛ⁵³ la⁰ iəʔ⁵ tʰɔ²⁴ miɛ̃²¹ mɔ²⁴ sã⁴⁴ miɛ̃²¹ mɔ²⁴ kʰu²⁴ 。

我父母看我这样,才去买了一套秋衣秋裤给我。

亚芬:啊……

a⁰……

啊……

志华:你们那辰光有棉毛衫棉毛裤咯?

ȵi⁴⁴ mən²¹ na²⁴ dzən²¹ kuã⁴⁴ iə⁴⁴ miɛ̃²¹ mɔ²⁴ sã⁴⁴ miɛ̃²¹ mɔ²⁴ kʰu²⁴ kəʔ⁵ ?

你们那时候有秋衣秋裤了吗?

老邱:棉毛裤棉毛衫有是有啊,买不起。

miɛ̃²¹mɔ²⁴kʰu²⁴miɛ̃²¹mɔ²⁴sã⁴⁴zʅ²⁴iθ⁵³kəʔ⁵,mɛ⁴⁴pəʔ⁵tɕʰi⁵³。

秋裤秋衣有是有的,买不起。

亚芬:应该来讲你们那个时间比我们葛个温度还要……

in⁴⁴kɛ⁴⁴lɛ²¹tɕiã⁵³ɲi⁴⁴mən²¹na²⁴kəʔ⁵zʅ²¹tɕiɛ̃⁴⁴pi⁵³ŋo⁴⁴mən²¹kəʔ⁵kəʔ⁵
uən⁴⁴tu²⁴a²¹iɔ²⁴……

应该说你们那时候的温度比我们的还要低。

志华:还要低。

a²¹iɔ²⁴ti⁴⁴。

还要低。

亚芬:还要低,还要低。

a²¹iɔ²⁴ti⁴⁴,a²¹iɔ²⁴ti⁴⁴。

还要低。

老邱:温度,怎么讲尼?

uən⁴⁴tu²⁴,tsən²¹ma⁰tɕiã⁴⁴ɲi⁰?

温度,怎么讲呢?

志华:他们那辰光是蛮冷咯。

tʰa⁴⁴mən²¹na²⁴dzən²¹kuã⁴⁴zʅ²⁴mã²¹lən⁴⁴kəʔ⁵。

他们那时候是很冷的。

老邱:是咯。

zʅ²⁴kəʔ⁵。

是的。

志华:现在没有那么冷哎。

ɕiɛ̃²⁴dzɛ²¹me²¹iθ⁴⁴na²⁴ma⁰lən⁴⁴ɛ⁰。

现在是没有那么冷了。

亚芬:现在是越来越热了。

ɕiɛ̃²⁴dzɛ²¹zʅ²⁴yəʔ⁵lɛ²¹yəʔ⁵ɲiəʔ¹²la⁰。

现在是越来越热了。

老邱：现在人多了，温度有所提升了。

çiɛ̃²⁴dzɛ²¹ȵin²¹to⁴⁴la⁰，uən⁴⁴tu²⁴iɵ⁴⁴so⁵³di²¹sən⁴⁴la⁰。

现在人多了，温度有所上升了。

志华：年，暖，过年还是蛮暖和咯，那辰光我记得下雪，下雪毛冷啊。

ȵiɛ̃²²，nuã⁵³，ko²⁴ȵiɛ̃²¹a²¹zʅ²⁴mã²¹nuã⁴⁴xo⁰kəʔ⁵，na²⁴dzən²¹kuã⁴⁴
ŋo⁴⁴tɕi²⁴təʔ⁵ia²⁴çiəʔ⁵，ia²⁴çiəʔ⁵mɔ²¹lən⁴⁴a⁰。

过年还是挺暖和的了，那时候下雪，下雪很冷啊。

老邱：那辰光雪多是多了点，早咯辰光，檐口里冰条会挂起来咯。

na²⁴dzən²¹kuã⁴⁴çiəʔ⁵to⁴⁴zʅ²⁴to⁴⁴la⁰tiɛ̃⁵³，tsɔ⁴⁴kəʔ⁵dzən²¹kuã⁴⁴，iɛ̃²¹
kʰɵ⁵³li⁴⁴pin⁴⁴diɔ²¹ue²⁴kua²⁴tɕʰi⁴⁴lɛ²¹kəʔ⁵。

那时候雨雪多是多了点，早的时候，屋檐上会有冰棱挂起来的。

亚芬：哎，毛长咯冰条。

ɛ⁰，mɔ²¹dzã²¹kəʔ⁵pin⁴⁴diɔ²¹。

嗯，很长的。

志华：现在看不到了。

çiɛ̃²⁴dzɛ²¹kʰã²⁴pəʔ⁵tɔ²⁴la⁰。

现在看不到了。

亚芬：好几天才会烊掉，开太阳咯时间，就像下雨一样啊。因为以前
都是平时挂下来那种。

xɔ⁵³tɕi⁴⁴tʰiɛ̃⁴⁴dzɛ²¹ue²⁴iã²⁴tiɔ²⁴，kʰɛ⁴⁴tʰɛ²⁴iã²¹kəʔ⁵zʅ²¹tɕiɛ̃⁴⁴，dzɨɵ²⁴
çiã²¹ia²⁴y⁵³iəʔ⁵iã²⁴a。in⁴⁴ue²⁴i⁴⁴dzɨɛ̃²¹tɵ⁴⁴zʅ²⁴bin²¹zʅ²⁴kua²⁴ia²⁴
lɛ²¹na²⁴tsoŋ⁵³。

好几天才会化掉，有太阳的时候就像下雨一样的，因为以前都
是挂下来的那种。

志华：是咯。

zɿ^{24}kəʔ^{5}。

是的。

老邱：葛个，老百姓以前，农民嘛，挑草子，清明边，那个，下了雨穿着臭皮鞋在弄哎。

kəʔ^{5}kəʔ^{5}，lɔ^{44}paʔ^{5}ɕin^{24}i^{44}dʑiɛ̃^{21}，noŋ^{21}min^{24}ma^{0}，tʰiɔ^{44}tsʰɔ^{53}tsɿ^{0}，tɕʰin^{44}min^{21}piɛ̃^{44}，na^{24}kəʔ^{5}，ia^{24}la^{0}y^{53}tɕʰya^{44}tsa^{0}tsʰɵ^{24}bi^{21}xɛ^{24}dzɛ^{24}loŋ^{24}ɛ^{0}。

以前老百姓在清明节前后会挑草子，下了雨淋着雨在弄。

亚芬：草子？

tsʰɔ^{53}tsɿ^{0}？

草子？

志华：草子，是，草子。

tsʰɔ^{53}tsɿ^{0}，zɿ^{24}，tsʰɔ^{53}tsɿ^{0}。

草子，就是草。

老邱：养猪用哎。

iã^{44}tɕy^{44}ioŋ^{24}ɛ^{0}。

养猪用的。

志华：养猪咯草子。

iã^{44}tɕy^{44}kəʔ^{5}tsʰɔ^{53}tsɿ^{0}。

养猪用的草。

老邱：家家户户都要养猪咯。

tɕia^{44}tɕia^{44}u^{24}u^{24}tɵ^{44}iɔ^{24}iã^{44}tɕy^{44}kəʔ^{5}。

家家户户都要养猪的。

志华：是咯是咯，养猪用咯，养猪是要用咯。

zɿ^{24}kəʔ^{5}zɿ^{24}kəʔ^{5}，iã^{44}tɕy^{44}ioŋ^{24}kəʔ^{5}，iã^{44}tɕy^{44}zɿ^{24}iɔ^{21}ioŋ^{24}kəʔ^{5}。

是的是的，养猪用的，养猪是要用的。

老邱:那辰光做农民咯人,葛个。

na²⁴ dzən²¹ kuã⁴⁴ tso²⁴ noŋ²¹ min²⁴ kəʔ⁵ n̠in²¹ , kəʔ⁵ kəʔ⁵ 。

那时候做农民的人,这个(竖大拇指)。

亚芬:闹热是以前闹热哎,现在过年都没有过年的那个气息了。以
前过年。

nɔ²⁴ n̠iəʔ⁵ zɿ²⁴ i⁴⁴ dʑiɛ̃²¹ nɔ²⁴ n̠iəʔ⁵ ε⁰ , ɕiɛ̃²⁴ dzε²¹ ko²⁴ n̠iɛ̃²¹ tθ⁴⁴ me²¹ iɵ⁴⁴
ko²⁴ n̠iɛ̃²¹ kəʔ⁵ na²⁴ kəʔ⁵ tɕʰi²⁴ ɕi⁴⁴ la⁰ 。 i⁴⁴ dʑiɛ̃²¹ ko²⁴ n̠iɛ̃²¹ 。

热闹是以前热闹,现在过年都没有以前过年的气氛了。

老邱:以前农民伯伯是葛样子咯,农民伯伯尼三十夜一餐饭。

i⁴⁴ dʑiɛ̃²¹ noŋ⁴⁴ min²¹ paʔ⁵ paʔ⁵ zɿ²⁴ kəʔ⁵ iã²⁴ tsɿ⁰ kəʔ⁵ , noŋ⁴⁴ min²¹ paʔ⁵
paʔ⁵ n̠i⁰ sã⁴⁴ zəʔ⁵ iã²⁴ iəʔ⁵ tsʰ ã̃⁴⁴ vã²⁴ 。

以前农民伯伯是这样的,农民伯伯就一餐。

志华:一餐饭。

iəʔ⁵ tsʰ ã̃⁴⁴ vã²⁴ 。

一餐。

老邱:一年到头做咯要命,三十夜一餐,好点。

iəʔ⁵ n̠iɛ̃²¹ tɔ²⁴ dɵ²¹ tso²⁴ kəʔ⁵ iɔ²⁴ min²¹ , sã⁴⁴ zəʔ⁵ iã²⁴ iəʔ⁵ tsʰ ã̃⁴⁴ , xɔ⁴⁴
tiɛ̃⁵³ 。

一年到头要命地做,就这么一餐好点,有肉有鱼。

志华:有肉。

iɵ⁵³ n̠yəʔ¹² 。

有肉。

老邱:哎,有肉有鱼。

ε⁰ , iɵ⁵³ n̠yəʔ¹² iɵ⁵³ y²¹ 。

有肉有鱼。

志华:平常日子吃不到。

bin²¹dzã²⁴n̠iəʔ⁵tsๅ⁰tɕʰiəʔ⁵pəʔ⁵tɔ²⁴。

寻常日子吃不到。

老邱:平常日子没有咯,像现在来讲。

bin²¹dzã²⁴n̠iəʔ⁵tsๅ⁰me²¹iθ⁴⁴kəʔ⁵,ɕiã²⁴ɕiɛ̃²⁴dzɛ²¹lε²¹tɕiã⁵³。

寻常日子没有的,不像现在。

亚芬:天天是过年。

tʰiɛ̃⁴⁴tʰiɛ̃⁴⁴zๅ²⁴ko²⁴n̠iɛ̃²¹。

天天是过年。

老邱:天天有肉啦,鱼啦,吃咯就是两样咯了。

tʰiɛ̃⁴⁴tʰiɛ̃⁴⁴iθ⁵³n̠yəʔ¹²la⁰,y²²la⁰,tɕʰiəʔ⁵kəʔ⁵dziθ²⁴zๅ²¹liã⁴⁴iã²⁴kəʔ⁵ la⁰。

天天有肉啦,鱼啦,吃的就是两样的了。

亚芬:天天。

tʰiɛ̃⁴⁴tʰiɛ̃⁴⁴。

天天。

老邱:生活就有改善了。

sen⁴⁴uəʔ⁵dziθ²⁴iθ⁵³kɛ⁴⁴zã²⁴la⁰。

生活就改善了。

志华:那辰光吃不上,那辰光。

na²⁴dzən²¹kuã⁴⁴tɕʰiəʔ⁵pəʔ⁵zã²⁴,na²⁴dzən²¹kuã⁴⁴。

那时候没得吃。

老邱:再你讲我们分水改善,你看,原来一条街,现在你看多少街了,
东门大道啦,南门大道啦,院士路啦,江滨路啦,学前路啦。

tsε²⁴n̠i⁴⁴tɕiã⁵³ŋo⁴⁴mən²¹fən⁴⁴sue⁵³kε⁴⁴zã²⁴,n̠i⁴⁴kʰã²⁴,yã²¹lε²¹
iəʔ⁵diə²¹kε⁴⁴,ɕiã²⁴dzɛ²¹n̠i⁴⁴kʰã²⁴to⁴⁴sɔ⁵³kε⁴⁴la⁰,toŋ⁴⁴mən²²da²⁴
tɔ²¹la⁰,nã²¹mən²⁴da²⁴tɔ²¹la⁰,yã²⁴zๅ²¹lu²⁴la⁰,kã⁴⁴pin⁴⁴lu²⁴la⁰,

iə?⁵dʑiɛ̃²¹lu²⁴la⁰。

那你说我们分水改善了，原来是一条街，现在你看多少条街了，东门大道啦，南门大道啦，院士路啦，江滨路啦，学前路啦。

亚芬：再一直伸到西关，伸到东区，哈。

tsɛ²⁴iə?⁵tsə?⁵sən⁴⁴tɔ²⁴ɕi⁴⁴kuã⁴⁴，sən⁴⁴tɔ²⁴toŋ⁴⁴tɕʰy⁴⁴，xa⁰。

一直伸到西关，伸到东区。

老邱：哎，有多少条街了。

ɛ⁰，iɵ⁵³to⁴⁴sɔ⁵³diɔ²¹kɛ⁴⁴la⁰。

有很多路。

志华：你看现在咯房子多少高啦，以前有嘎高咯房子咯？

n̠i⁴⁴kʰã²⁴ɕiɛ̃²⁴dzɛ²¹kə?⁵vã²¹tsʅto⁴⁴sɔ⁵³kɔ⁴⁴la⁰，i⁴⁴dʑiɛ̃²¹iɵ⁴⁴ka⁴⁴kɔ⁴⁴kə?⁵vã²¹tsʅ⁰kə?⁵？

你看现在的房子造得多高啦，以前哪有这么高的房子的？

老邱：十七八层毛二十层咯房子。

zə?¹²tɕʰiə?⁵pa?⁵dzən²¹mɔ²¹ɵ²⁴zə?¹²dzən²¹kə?⁵vã²¹tsʅ⁰。

十七八层毛二十层的房子。

志华：寻也寻不到。

ɕin²¹iɛ⁴⁴ɕin²¹pə?⁵tɔ²⁴。

找也找不到啊。

老邱：别墅，啊，以前是根本没有咯，像我们尼。

piə?⁵su²⁴，a⁰，i⁴⁴dʑiɛ̃²¹zʅ²⁴kən⁴⁴pən⁴⁴me²¹iɛ⁴⁴kə?⁵，ɕiã²⁴ŋo⁴⁴mən²¹n̠i⁰。

别墅，像我们以前是根本没有的。

亚芬：老电影院咯房子以前算高咯，以前。

lɔ⁵³diɛ̃²⁴in⁵³yã²⁴kə?⁵vã²¹tsʅ⁰i⁴⁴dʑiɛ̃²¹suã²⁴kɔ⁴⁴kə?⁵，i⁴⁴dʑiɛ̃²¹。

以前老电影院的房子算高的。

志华：老电影院葛里。

　　　lɔ⁵³diɛ̃²⁴in⁵³ya⁴²⁴kəʔ⁵li⁵³。

　　　老电影院的。

亚芬：老电影院。

　　　lɔ⁵³diɛ̃²⁴in⁵³ya⁴²⁴。

　　　老电影院。

老邱：嗯，它算造咯好咯。

　　　ən⁰，tʰa⁴⁴suã²⁴zɔ²⁴kəʔ⁵xɔ⁵³kəʔ⁵。

　　　嗯，它算造得好的。

亚芬：它算造咯。

　　　tʰa⁴⁴suã²⁴zɔ²⁴kəʔ⁵。

　　　它算造得好的。

老邱：造老电影院咯，跟以前，有三十五年了。

　　　zɔ²⁴lɔ⁵³diɛ̃²⁴in⁵³ya⁴²⁴kəʔ⁵，kən⁴⁴i⁴⁴dʑiɛ̃²¹，iө⁵³sã⁴⁴zəʔ⁵u⁵³n̪iɛ̃²¹la⁰。

　　　造老电影院，有三十五年了。

亚芬：哎，以前葛是正院啊。

　　　ɛ⁰，i⁴⁴dʑiɛ̃²¹kəʔ⁵zʅ²⁴tsən²⁴ya⁂²¹a⁰。

　　　哎，以前正院啊。

志华：正院啊，老菜场。

　　　tsən²⁴ya⁂²¹a⁰，lɔ⁵³tsʰɛ²⁴dzã²¹。

　　　正院，是老菜场。

老邱：老菜场是原来咯人民大会堂。

　　　lɔ⁵³tsʰɛ²⁴dzã²¹zʅ²⁴ya⁂²¹lɛ²⁴kəʔ⁵n̪in²¹min²⁴da²⁴ue²¹dã²¹。

　　　老菜场是原来的人民大会堂。

志华：我只晓得到那里去过，另外再早我就不晓得了，那里。

　　　ŋo⁴⁴tsʅ⁴⁴ɕiɔ⁵³təʔ⁵tɔ²⁴na²⁴li⁵³tɕʰy²⁴ko²¹，lin²⁴uɛ²¹tsɛ²⁴tsɔ⁵³ŋo⁴⁴dʑiө²⁴ pəʔ⁵ ɕiɔ⁵³ təʔ⁵ la⁰ , na²⁴ li⁰ 。

我只知道到那里去过,其他的我就不知道了。

亚芬:那个老电影院咯结构也跟人民大会堂咯结构有点那个,哈,有
　　　点像咯,仿那个造咯,算好了。

na²⁴ kəʔ⁵ lɔ⁵³ di ɛ̃²⁴ in⁵³ yã²⁴ kəʔ⁵ tɕiəʔ⁵ kɵ²⁴ iɛ⁴⁴ kən⁴⁴ ɳin²¹ min²⁴ da²⁴
ue²¹ dã²¹ kəʔ⁵ tɕiəʔ⁵ kɵ²⁴ iɵ⁴⁴ ti ɛ̃⁵³ na²⁴ kəʔ⁵ , xa⁰ , iɵ⁴⁴ ti ɛ̃⁵³ ɕiã²⁴ kəʔ⁵ ,
fã⁵³ na²⁴ kəʔ⁵ zɔ²⁴ kəʔ⁵ , suã²⁴ xɔ⁵³ la⁰ 。

那个老电影院的结构和人民大会堂的结构有点像的,模仿那
个造的,算好的。

老邱:那个时间尼,葛个人民大会堂拆掉了,造电影院,戏院哎。

na²⁴ kəʔ⁵ zɿ²¹ tɕi ɛ̃⁴⁴ ɳi⁰ , kəʔ⁵ kəʔ⁵ ɳin²¹ min²⁴ da²⁴ ue²¹ dã²¹ tsʰəʔ⁵ tiɔ²⁴
la⁰ , zɔ²⁴ di ɛ̃²⁴ in⁵³ yã²⁴ , ɕi²⁴ yã²¹ ɛ⁰ 。

那个时候呢,人民大会堂拆掉了,后来造了电影院,哎,是戏院。

亚芬:哎,戏院。

ɛ⁰ , ɕi²⁴ yã²¹ 。

嗯,戏院。

老邱:葛边尼,造电影院。

kəʔ⁵ pi ɛ̃⁴⁴ ɳi⁰ , zɔ²⁴ di ɛ̃²⁴ in⁵³ yã²⁴ 。

这边呢,是造了电影院。

亚芬:哎,对,是咯。

ɛ⁰ , te²⁴ , zɿ²⁴ kəʔ⁵ 。

嗯,对,是的。

老邱:那么,那么因为什么尼? 我葛个清爽,我那个,那个时间开拖
　　　拉机,两个位置咯砖头我,我来装咯。

na²⁴ ma⁰ , na²⁴ ma⁰ in⁴⁴ ue²⁴ sɿ⁴⁴ ma⁰ ɳi⁰ , ŋo⁴⁴ kəʔ⁵ kəʔ⁵ tɕʰin⁴⁴ sã⁵³ ,
ŋo⁴⁴ na²⁴ kəʔ⁵ , na²⁴ kəʔ²⁴ zɿ²¹ tɕi ɛ̃⁴⁴ kʰɛ⁴⁴ tʰo⁴⁴ la⁴⁴ tɕi⁴⁴ , liã⁴⁴ kəʔ⁵ ue²⁴

tsʅ⁰kəʔ⁵tɕyã⁴⁴dɵ²¹ŋo⁴⁴，ŋo⁴⁴lɛ²¹tɕyã⁴⁴kəʔ⁵。

那么，为什么呢？这个我清楚，那个时候我开拖拉机，两个位置的砖头是我装的。

志华：你做过好多生活啊？

ni⁴⁴tso²⁴ko²¹xɔ⁴⁴to⁴⁴sən⁴⁴uəʔ⁵a⁰。

你做过好几个工作啊？

老邱：啊，做过几个生活。

a⁰，tso²⁴ko²¹tɕi⁴⁴kəʔ⁵sən⁴⁴uəʔ⁵。

嗯，做过几个。

亚芬：赚钱咯。

tɕyã²⁴dziɛ̃²¹kəʔ⁵。

赚钱的。

老邱：葛句话都三十五年啊。

kəʔ⁵tɕy²⁴xua²⁴tɵ⁴⁴sã⁴⁴zəʔ¹²u⁴⁴ɲiɛ̃²¹a⁰。

这就过了三十五年了啊。

志华：三十五年，三十五年我勒哪里都不晓得。

sã⁴⁴zəʔ¹²u⁴⁴ɲiɛ̃²¹，sã⁴⁴zəʔ¹²u⁴⁴ɲiɛ̃²¹ŋo⁴⁴lɛ²⁴na⁴⁴li⁰tɵ⁴⁴pəʔ⁵ɕiɔ⁴⁴təʔ⁵。

三十五年，三十五年前我在哪里都不知道。

亚芬：哈哈。

xa⁰xa⁰。

哈哈。

志华：三十五年。

sã⁴⁴zəʔ¹²u⁴⁴ɲiɛ̃²¹。

三十五年。

亚芬：哈哈，还没有我们。

xa⁰xa⁰，a²¹me²¹iɵ⁴⁴ŋo⁴⁴mən²¹。

还没有我们。

志华：我今年子只有三十一岁。

$\mathrm{\eta o^{44}\,k\partial n^{44}\,\mathfrak{n_i}i\tilde{\epsilon}^{21}\,ts\mathfrak{\eta}^0\,ts\mathfrak{\eta}^{44}\,i\theta^{44}\,s\tilde{a}^{44}\,z\partial?^{12}\,i\partial?^5\,sue^{24}}$ 。

我今年也就只有三十一岁。

亚芬：哈哈。

$\mathrm{xa^0\,xa^0}$ 。

哈哈。

老邱：文化路原来是一条弄堂，只有一部三轮车咯路，顶多，两米没有咯，一米多点。

$\mathrm{uan^{21}\,xua^{24}\,lu^{24}\,y\tilde{a}^{21}\,l\epsilon^{24}\,z\mathfrak{\eta}^{24}\,i\partial?^5\,di\partial^{21}\,lo\eta^{24}\,d\tilde{a}^{21}},\mathrm{ts\mathfrak{\eta}^{44}\,i\theta^{44}\,i\partial?^5\,pu^{24}\,s\tilde{a}^{44}}$
$\mathrm{l\partial n^{21}\,ts^h\tilde{a}^{44}\,k\partial?^5\,lu^{24}},\mathrm{tin^{44}\,to^{44}},\mathrm{li\tilde{a}^{44}\,mi^{53}\,me^{21}\,i\theta^{44}\,k\partial?^5},\mathrm{i\partial?^5\,mi^{53}\,to^{44}}$
$\mathrm{ti\tilde{\epsilon}^{53}}$ 。

文化路原来有一条弄堂，最多只有一辆双轮车的路，两米都没有的，只有一米多点。

志华：就是文化馆葛边。

$\mathrm{dz i\theta^{24}\,z\mathfrak{\eta}^{21}\,uan^{21}\,xua^{24}\,ku\tilde{a}^{53}\,k\partial?^5\,pi\tilde{\epsilon}^{44}}$ 。

就是文化馆那边。

亚芬：哎，文化馆葛里。

$\mathrm{\epsilon^0}$, $\mathrm{uan^{21}\,xua^{24}\,ku\tilde{a}^{53}\,k\partial?^5\,li^0}$ 。

嗯，文化馆的路。

老邱：还是石子路，有嘎一条弄堂咯。现在文化路有六米宽吧，六七米宽。

$\mathrm{a^{21}\,z\mathfrak{\eta}^{24}\,z\partial?^{12}\,ts\mathfrak{\eta}^{53}\,lu^{24}},\mathrm{i\theta^{44}\,ka^4\,i\partial?^5\,di\partial^{21}\,lo\eta^{24}\,d\tilde{a}^{21}\,k\partial?^5}$ 。 $\mathrm{\varepsilon i\tilde{\epsilon}^{24}\,dz\varepsilon^{21}\,uan^{21}}$
$\mathrm{xua^{24}\,lu^{24}\,i\theta^{44}\,l\partial?^{12}\,mi^{53}\,ku\tilde{a}^{44}\,pa^0}$, $\mathrm{l\partial?^{12}\,t\varepsilon^hi\partial?^5\,mi^{53}\,ku\tilde{a}^{44}}$ 。

还是石子路，有这么一条弄堂的。现在文化路有六米吧，六七米宽。

志华：有咯，现在都重新弄过了，下面都全部弄过了。

iɵ⁴⁴kə^5, ɕiɛ̃²⁴dzɛ²¹tɵ⁴⁴dzoŋ²¹ɕin⁴⁴loŋ²⁴ko²¹la⁰, ia²⁴miɛ̃²¹tɵ⁴⁴dʑya̰²¹pu²⁴loŋ²⁴ko²¹la⁰。

有的，现在都重新弄过了，下面都全部弄过了。

亚芬：像条老街，像条老街。

ɕia̰²⁴diɔ²¹lɔ⁴⁴kɛ⁴⁴, ɕia̰²⁴diɔ²¹lɔ⁴⁴kɛ⁴⁴。

像条老街，像条老街。

老邱：现在像葛个县前路，县前路是后面造咯，直通出去。

ɕiɛ̃²⁴dzɛ²¹ɕia̰²⁴kə^{5}kə^{5}ya̰²⁴dʑiɛ̃²¹lu²⁴, ya̰²⁴dʑiɛ̃²¹lu²⁴zʅ²⁴xɵ²⁴miɛ̃²¹zɔ²⁴kə^5, tsə^{5}tʰoŋ⁴⁴tɕʰyə^{5}tɕʰi²⁴。

现在像这个县前路，县前路是后面造的，直通出去。

亚芬：县前路？

ya̰²⁴dʑiɛ̃²¹lu²⁴?

县前路？

老邱：县前路。

ya̰²⁴dʑiɛ̃²¹lu²⁴。

县前路。

志华：县前路？

ya̰²⁴dʑiɛ̃²¹lu²⁴?

县前路？

亚芬：就县西咯葛个。

dʑiɵ²⁴ya̰²⁴ɕi⁴⁴kə^{5}kə^{5}kə^5。

就县西的这个。

老邱：就我们走过来葛条路。

dʑiɵ²⁴ŋo⁴⁴mən²¹tsɵ⁴⁴ko²⁴lɛ²¹kə^{5}diɔ²¹lu²⁴。

就我们走过来这条路。

亚芬:啊。

a⁰。

啊。

志华:这个叫县前路啊？

kəʔ⁵ kəʔ⁵ tɕiə²⁴ yã²⁴ dʑiɛ̃²¹ lu²⁴ a⁰ ?

这个叫县前路啊？

老邱:县前路。

yã²⁴ dʑiɛ̃²¹ lu²⁴。

县前路。

第六章　口头文化

一、歌　谣

月亮公公你姓什么

月亮公公你姓什么？　　　　yəʔ¹²liã²⁴koŋ⁴⁴koŋ⁴⁴n̠i⁵³ɕin²¹zəʔ¹²ma⁰?

我姓陈。　　　　　　　　　　ŋo⁵³ɕin²¹dzən²¹。

什么陈，陈老酒。　　　　　　zəʔ¹²ma⁰dzən²¹,dzən²¹lɔ⁴⁴tɕiɵ⁵³。

什么酒，韭菜花。　　　　　　zəʔ¹²ma⁰tɕiɵ⁵³,tɕiɵ⁵³tsʰɛ²¹³xua⁴⁴。

什么花，花扇子。　　　　　　zəʔ¹²ma⁰xua⁴⁴,xua⁴⁴suã²¹tsʅ⁰。

什么扇，扇凉风。　　　　　　zəʔ¹²ma⁰suã²⁴,suã²⁴liã²¹fən⁴⁴。

什么凉，两面通。　　　　　　zəʔ¹²ma⁰liã⁵³,liã⁵³miã²⁴tʰoŋ⁴⁴。

什么通，通儿。　　　　　　　zəʔ¹²ma⁰tʰoŋ⁴⁴,tʰoŋ²¹ɵ²¹。

什么儿，儿女。　　　　　　　zəʔ¹²ma⁰ɵ²²,ɵ²¹n̠y⁵⁵。

什么女，女婿。　　　　　　　zəʔ¹²ma⁰n̠y⁵⁵,n̠y⁵³ɕi⁰。

| 什么婿，戏台高头做个大把戏。 | zəʔ¹² ma⁰ ɕi²⁴ ,ɕi²¹ dɛ²¹ kɔ⁴⁴ lə²¹ tso²¹³ kə²¹ da²⁴ pa⁴⁴ ɕi²¹³。 |

（2018 年 8 月 1 日，分水，发音人：刘春美）

上海来了个小瘪三

上海来个小缺＝三，	za̰²⁴ xɛ²¹ lɛ²² ko²¹³ ɕiɔ⁵³ tɕʰ yəʔ⁵ sã³³ ,
身穿夹克衫，	sən⁴⁴ tɕʰ yã⁴⁴ tɕia²¹ kʰəʔ⁵ sã⁴⁴ ,
手拿小凉伞，	sə⁴⁴ na²¹ ɕiɔ⁴⁴ liã²¹ sã²¹ ,
来到分水五云山，	lɛ²¹ dɔ²⁴ fən²² sue⁴⁴ u⁵³ yn²¹ sã⁴⁴ ,
前山不走走后山。	dʑiã²¹ sã⁴⁴ pəʔ⁵ tsə⁴⁴ tsə⁴⁴ θ²⁴ sã⁴⁴ 。
屁股跌了三块三，	pʰi²¹ ku⁴⁴ tiəʔ⁵ la⁰ sã⁴⁴ kʰ uɛ²¹ sã⁴⁴ ,
打个电话三角三，	da⁴⁴ kə²¹ diã²⁴ ua²⁴ sã⁴⁴ tɕiəʔ⁵ sã⁴⁴ ,
请个医生猪头三，	tɕʰ in⁴⁴ kə²¹³ i⁴⁴ sən⁴⁴ tɕy⁴⁴ də²¹ sã⁴⁴ ,
钞票一共花了三万三千三百三十三块三角三。	tsʰə⁴⁴ pʰiɔ²⁴ iəʔ⁵ goŋ²⁴ xua⁴⁴ la⁰ sã⁴⁴ ua²⁴ sã⁴⁴ tɕʰiã⁴⁴ sã⁴⁴ pəʔ⁵ sã⁴⁴ zəʔ¹² sã⁴⁴ kʰ uɛ²¹ sã⁴⁴ tɕiəʔ⁵ sã⁴⁴ 。

（2018 年 8 月 2 日，分水，发音人：何明珠）

数字歌

一，一只鸡；	iəʔ⁵ ,iəʔ⁵ tsəʔ⁵ tɕi⁴⁴ ;
二，二会飞；	θ²⁴ ,θ²⁴ ue²¹ fi⁴⁴ ;
三，三个铜板买来的；	sã⁴⁴ ,sã⁴⁴ kə²¹ doŋ²¹ pã²⁴ mɛ⁵³ lɛ²¹ ti⁰ ;
四，四川带来的；	sɿ²⁴ ,sɿ²⁴ tɕʰ yã⁴⁴ tɛ²⁴ lɛ²¹ ti⁰ ;
五，五颜六色的；	u⁵³ ,u⁵³ iɛ̰²² ləʔ¹² səʔ⁵ ti⁰ ;

六,耳朵背来的; ləʔ¹²,ləʔ¹²to⁴⁴pe²¹lɛ²¹tiº;

七,七高八低的; tɕʰiəʔ⁵,tɕʰiəʔ⁵kɔ⁴⁴paʔ⁵ti⁴⁴tiº;

八,爸爸买来的; paʔ⁵,pa⁴⁴paºmɛ⁵³lɛ²¹tiº;

九,酒里浸过的; tɕiɵ⁵³,tɕiɵ⁵³li⁴⁴tɕin²¹ku²⁴tiº;

十,实在没有的。 zəʔ¹²,zəʔ¹²tsɛ²⁴məʔ¹²iɵ⁴⁴tiº。

(2018 年 8 月 2 日,分水,发音人:何明珠)

一个毽子跌吧跌

一个毽子跌吧跌, iəʔ⁵kəʔ⁵tɕia̱²⁴tsɿ²¹diəʔ¹²paºdiəʔ¹²,

马兰开花二十一, ma⁴⁴la̱²¹kʰɛ⁴⁴xua⁴⁴ɵ²⁴zəʔ¹²iəʔ⁵,

二五六二五七 ɵ²⁴u⁴⁴ləʔ¹²ɵ²⁴u⁴⁴tɕʰiəʔ⁵

二八二九三十一, ɵ²⁴paʔ⁵ɵ²⁴tɕiɵ⁴⁴sa̱²¹zəʔ¹²iəʔ⁵,

三五六三五七 sa̱⁴⁴u⁴⁴ləʔ⁵sa̱⁴⁴u⁴⁴tɕʰiəʔ⁵

三八三九四十一, sa̱²¹paʔ⁵sa̱⁴⁴tɕiɵ⁴⁴sɿ²⁴zəʔ¹²iəʔ⁵,

四五六四五七 sɿ²⁴u⁴⁴liəʔ¹²sɿ²⁴u⁴⁴tɕʰiəʔ⁵

四八四九五十一, sɿ²⁴paʔ⁵sɿ²⁴tɕiɵ⁴⁴u⁴⁴zəʔ¹²iəʔ⁵,

五五六五五七 u⁴⁴u⁴⁴ləʔ¹²u⁴⁴u⁴⁴tɕʰiəʔ⁵

五八五九六十一, u⁴⁴paʔ⁵u⁴⁴tɕiɵ⁴⁴ləʔ¹²zəʔ¹²iəʔ⁵,

六五六六五七 ləʔ¹²u⁴⁴ləʔ¹²ləʔ¹²u⁴⁴tɕʰiəʔ⁵

六八六九七十一, ləʔ¹²paʔ⁵ləʔ¹²tɕiɵ⁴⁴tɕʰiəʔ⁵zəʔ¹²iəʔ⁵,

七五六七五七 tɕʰiəʔ⁵u⁴⁴ləʔ¹²tɕʰiəʔ⁵u⁴⁴tɕʰiəʔ⁵

七八七九八十一, tɕʰiəʔ⁵paʔ⁵tɕʰiəʔ⁵tɕiɵ⁴⁴paʔ⁵zə¹²iəʔ⁵,

八五六八五七　　　　　　　　paʔ⁵ u⁴⁴ ləʔ¹² paʔ⁵ u⁴⁴ tɕʰiəʔ⁵

八八八九九十一。　　　　　　paʔ⁵ paʔ⁵ paʔ⁵ tɕiɵ⁴⁴ tɕiɵ⁴⁴ zʅʔ¹² iəʔ⁵。

（2018 年 8 月 2 日，分水，发音人：何明珠）

二、故　事

牛郎织女

下面我讲个故事拨大家听听，牛郎与织女。

ʑia²⁴ mian²⁴ ŋo⁵³ tɕiã⁴⁴ ko²¹ ku²² zʅ⁰ pəʔ⁵ da²⁴ tɕia⁰ tʰin⁴⁴ tʰin⁰，ȵie²¹ lã²⁴ y⁵³ tsəʔ¹² ȵy⁴⁴。

下面，我给大家讲个故事听，《牛郎与织女》。

从前，有个看牛小鬼，他家里呢蛮受苦咯，从小呢就阿爸姆妈呢死掉的。那么家里呢只有一头牛，那么葛个看牛小鬼呢毛勤劳咯毛尽力咯，砍柴火啊种田啊都来咯。那么葛个牛呢是天高头咯金牛星，它呢蛮喜欢欢喜葛个小鬼啦，它都讲哦噶善良咯又噶会做，那么它心里头想顶好他能够讨一个老婆。

dzoŋ²¹ dʑiã²⁴，iɵ⁴⁴ ko²¹ kʰã⁴⁴ ȵie²¹ ɕiɔ⁴⁴ kue⁵³，tʰa⁴⁴ tɕia⁴⁴ li⁰ nie⁰ mã²² sɵ²¹ kʰu⁴⁴ kəʔ⁰，dzoŋ²¹ ɕiɔ⁵³ nie⁰ dʑiɵ²⁴ a⁴⁴ paʔ⁰ m⁴⁴ ma⁰ nie⁰ sʅ⁴⁴ diɔ²¹ ti⁰。na²¹ ma⁰ tɕia⁴⁴ li⁰ nie⁰ tsʅ²¹ iɵ⁴⁴ iəʔ⁵ dɵ²² nie²¹，na²¹ ma⁰ kəʔ⁵ ko²⁴ kʰã²¹ ȵie²¹ ɕiɔ⁴⁴ kue⁵³ nie⁰ mɔ²⁴ dʑin²¹ lɔ²⁴ kəʔ⁵ mɔ²⁴ dʑin²¹ liəʔ¹² kəʔ⁵，kʰã⁴⁴ dzɛ²¹ xu⁴⁴ a⁰ tsoŋ²⁴ diã²¹ a⁰ tɵ⁴⁴ lɛ²¹ kəʔ⁰。na²¹ ma⁰ kəʔ⁵ ko²¹ nie²² nie⁰ zʅ²⁴ tʰiã⁴⁴ kɔ⁴⁴ lɵ²¹ kəʔ⁵ tɕin⁴⁴ ȵie²¹ ɕin⁴⁴，tʰa⁴⁴ ȵie⁰ mɔ²⁴ ɕi⁴⁴ xuã⁴⁴ xuã⁴⁴ ɕi⁴⁴ kəʔ⁵ ko²¹ ɕi⁴⁴ kue⁴⁴ la⁰，tʰa⁴⁴ tɵ⁴⁴ tɕia⁴⁴ o⁰ kaʔ⁵ zã²⁴ liã²¹ kəʔ⁵ iɵ²¹ kaʔ⁵ ue²¹ tso²⁴，na²¹ ma⁰ tʰa⁴⁴ ɕin⁴⁴ li⁰ dɵ²¹ çia̴⁴⁴tin⁴⁴xɔ⁴⁴tʰa⁴⁴nən²¹kə²⁴tʰɔ⁴⁴iəʔ⁵kɔ²⁴lə⁴⁴bo²¹。

从前,有个放牛小伙,他家境不太好,从小父母就去世了,家里只有一头牛。这个放牛小伙很勤劳,肯干,砍柴火、种田都会做。这个牛是天上的金牛星,它很喜欢这个小伙子,他很善良又很会干活,它心里想最好他能够娶一个妻子。

那么有一天呢它晓得,天高头里咯七仙女要下凡来洗澡嘞,它就托梦拨葛个小鬼,它跟他讲,天高头里咯七仙女要来了,它讲,你拨她咯衣裳拿来,拿来呢覅回头,往家里跑,那么她就会拨你做老婆咯。

na²¹ma⁰iɵ⁴⁴iəʔ⁵tʰia̴⁴⁴n̠ie⁰tʰa⁴⁴çiɔ⁴⁴te⁰,tʰia̴⁴⁴kɔ⁴⁴lə²¹li⁰kəʔ⁵tɕʰiəʔ⁵çiɔ̃⁴⁴n̠y⁴⁴iɔ²¹çia²⁴va̴²¹lɛ²²sɿ⁴⁴tsɔ⁵³le⁰,tʰa⁴⁴dʑiɵ²⁴tʰuəʔ⁵mən²⁴pəʔ⁵kəʔ⁵kɔ²⁴çiɔ⁴⁴kue⁵³,tʰa⁴⁴kən⁴⁴tʰa⁴⁴tɕia̴⁴⁴,tʰia̴⁴⁴kɔ⁴⁴lə²¹li⁰kəʔ⁵tɕʰiəʔ⁵çia̴⁴⁴n̠y⁵⁵iɔ²⁴lɛ²¹la⁰,tʰa⁴⁴tɕia⁵³,n̠i⁵³pəʔ⁵tʰa⁴⁴kəʔ⁵i⁴⁴za̴²⁴na²²lɛ²¹,na²¹lɛ²⁴n̠ie⁰piɔ²¹ue²⁴dɵ²¹,ua̴⁴⁴tɕia⁴⁴li⁰bɔ²²,na²⁴ma⁰tʰa⁴⁴dʑiɵ²⁴ue²¹pəʔ⁵n̠i⁵³tsɔ²¹lɔ²⁴bo²¹kəʔ⁵。

有一天它得知天上的七仙女要下凡洗澡,它就托梦给这个小伙子。它告诉他天上的七仙女要来了,把她的衣服拿来,拿来后不要回头,往家里跑,那么她就会成为你的妻子。

那葛个看牛小鬼呢,他想想,醒过来了,哎呀,他懵里懵懂,他讲,怕是真啊。让我试试看,管他是真咯是假咯,我去试试看。那么就到那个东边去了,走到东边个湖边呢,真咯就看到七个美女来洗澡了。他讲,就拿了她一件红咯衣裳。就往家里走,头没有回。走到家里呢,拨它挂起来了,那么,门关掉了。再到夜晚了,嘟嘟嘟,有人来敲门了。他门开开来,是真有个蛮漂亮咯女人进来了,那他就两人结婚了。结婚了呢那么两个人蛮好咯蛮恩爱咯,那么生了一个儿子一个女娃子,两个人呢也蛮开心。

na²¹kə?²⁵ko²⁴kʰã²⁴⁴ɲiɵ⁵⁵ɕiɔ⁴⁴kue⁵³nie⁰,tʰa⁴⁴ɕia⁴⁴ɕiã⁰,ɕin⁵³ku²¹lɛ²² la⁰,ɛ⁴⁴iaᵒ,tʰa⁴⁴mən²¹liᵒmən²¹toŋ⁵⁵,tʰa⁴⁴tɕiã⁵³,pʰa²⁴zɿ²⁴tsən⁴⁴aᵒ。zã²⁴ ŋo⁵³sɿ²¹sɿᵒkʰã²¹,kuã⁵³tʰa⁴⁴zɿ²⁴tsən⁴⁴kə?⁵zɿ²⁴tɕia⁵³kə?⁵,ŋo⁵³tɕʰy²¹sɿ¹ sɿᵒkʰã²¹。na²¹maᵒdʑiɵ²⁴tɔ²⁴na²⁴ko²⁴toŋ⁴⁴piã⁴⁴tɕʰy²¹laᵒ,tsɵ⁴⁴tɔ²⁴toŋ⁴⁴ piã⁴⁴kə?⁵u²¹piã⁴⁴ɲieᵒ,tsən⁴⁴kə?⁵dʑiɵ²⁴kʰã²⁴tɔ²¹tɕʰiə?⁵ko²⁴me²¹ȵy⁴⁴ lɛ²²sɿ²¹tsɔ⁵⁵laᵒ。tʰa⁴⁴tɕiã²¹,dʑiɵ²⁴na²²laᵒtʰa⁴⁴iə?⁵dʑiã²⁴oŋ²¹kə?⁵i⁴⁴zãᵒ。 dʑiɵ²⁴uã²¹tɕia⁴⁴liᵒtsɵ⁵³,dɵ²²mə?¹²iɵ⁵³ue²²。tsɵ⁴⁴tɔ²⁴tɕia⁴⁴liᵒȵieᵒ,pə?⁵ tʰa⁴⁴kua²⁴tɕʰi⁵³lɛ²²laᵒ,na²¹maᵒ,mən²²kuã⁴⁴diɔ²⁴laᵒ。tsɛ²⁴tɔ²¹ie²⁴uã⁴⁴ laᵒ,tuᵒtuᵒtuᵒ,iɵ⁴⁴ȵin²¹lɛ²²kʰɔ⁴⁴mən²¹laᵒ。tʰa⁴⁴mən²²kʰɛ⁴⁴kʰɛ⁴⁴lɛ²¹, zɿ²⁴tsən⁴⁴iɵ⁵³ko²⁴mã⁴⁴pʰiɔ²⁴liã²⁴kə?⁵ȵy⁴⁴ȵin²¹tɕin²⁴lɛ²¹laᵒ,na²¹tʰa⁴⁴ dʑiɵ²⁴liã⁴⁴ȵin²¹tɕiə?⁵xuən⁴⁴laᵒ。tɕiə?⁵xuən⁴⁴laᵒȵieᵒna²¹maᵒliã⁴⁴ko²⁴ ȵin²²mã²¹xɔ⁵³kə?⁵mã²¹ən⁴⁴ɛ⁴⁴kə?⁵,na²¹maᵒsən⁴⁴laᵒiə?⁵ko²⁴ɵ²²tsɿᵒiə?⁵ ko²⁴ȵy⁵³ua⁴⁴tsɿᵒ,liã⁴⁴ko²⁴ȵin²¹ȵieᵒie⁴⁴mã⁴⁴kʰɛ⁴⁴ɕin⁴⁴。

放牛小伙醒过来后,迷迷糊糊地想,怕不是真的吧?管他是真是假,让我试试看,我就去试试看。他就向东边走去了。走到东边的湖边,真的就看到七个美女在洗澡。他就拿了一件红衣服,就往家里走,没有回头。走到家后,把它挂了起来,然后把门关上了。到了晚上,有人来敲门。他开门后,真的有一个很漂亮的女人进来了,两人结婚了。结婚后,两个人关系很好很恩爱,生了一个儿子一个女儿,两个人很开心。

一过呢就过了三年。到三年了呢,那么,天高头咯王母娘娘晓得了。那么,叫了天兵天将下来搭这个织女嘞。啊,她讲要拨她搭上去。那么,雷,打雷公了下大雨了。那么突然之间仙女没有了么,那她咯儿子女娃子不是要哭嘞,哭着寻她妈妈嘞。那么葛样呢葛个老牛开口讲话嘞,他讲啊你们覅哭,你们妈妈呢是天高头里咯仙女,让王母娘娘带上去了,搦回去了,你要去寻你们妈妈呢,你拨我头高头咯牛角拿下来,那么我会带你到天高头去看你妈妈咯。

iəʔ⁵ ku²⁴ ȵieº dʑiɵ²⁴ ku²¹ laºs ã⁴⁴ ȵi ã²¹ 。 tɔ²⁴ s ã⁴⁴ ȵi ã²¹ laº nieº , na²¹ maº ,tʰi ã⁴⁴ kɔ⁴⁴ lɵ²¹ kəʔ⁵u ã²¹ m⁵⁵ ȵi ã²² ȵi ã°ɕiɔ⁴⁴ təʔ⁵laº 。 na²¹ maº ,tɕiɔ²⁴ laºtʰi ã⁴⁴ pin⁴⁴ tʰi ã⁴⁴ tɕi ã²⁴ ia²¹ lɛ²⁴ kʰua²⁴ tɕie²⁴ ko²¹ tsʅ⁴⁴ ȵy⁵⁵ leº 。 a⁴⁴ ,tʰa⁴⁴ tɕi ã⁵⁵ iɔ²⁴ pəʔ⁵ tʰa⁴⁴ kʰua²¹ za ã²⁴ tɕʰy²⁴ 。 na²¹ maº ,le²² ,ta⁴⁴ le²¹ koŋ⁴⁴ laºzia²¹ da²⁴ y⁵³ laº 。 na²¹ maºdəʔ¹² z ã²² tsʅ⁴⁴ tɕi ã⁴⁴ ɕi ã⁴⁴ ȵy⁵³ məʔ¹² iɵ⁵³ laº maº ,na²¹ tʰa⁴⁴ kəʔ⁵ɵ²² tsʅº ȵy⁵³ ua⁴⁴ tsʅº pəʔ⁵ zʅ²⁴ iɔ²⁴ kʰuəʔ⁵ leº , kʰuəʔ⁵ tsəʔ⁵ zin²¹ tʰa⁴⁴ ma⁴⁴ maº leº 。 na²¹ maºkəʔ⁵i ã²⁴ ȵieºkəʔ⁵ko²¹ lɔ⁴⁴ ȵiɵ²¹ kʰɛ⁴⁴ kʰɵ⁵⁵ tɕi ã⁴⁴ ua²⁴ leº ,tʰa⁴⁴ tɕi ã⁵⁵aº ȵi⁵³ mənº piɔ²⁴ kʰuəʔ⁵ , ȵi⁵³ mənº ma⁴⁴ maº ȵieº zʅ²⁴ tʰi ã⁴⁴ kɔ⁴⁴ lɵ²¹ liºkəʔ⁵ ɕi ã⁴⁴ ȵy⁵⁵ , ȵi ã²⁴ u ã²¹ m⁵⁵ ȵi ã²² ȵi ã°tɛ²¹ za²⁴ tɕʰy²¹ laº , kʰua²⁴ ue²¹ tɕʰy²¹ laº , ȵi⁴⁴ iɔ²⁴ tɕʰy²¹ zin²² ȵi⁵³ mənº ma⁴⁴ maº ȵieº , ȵi⁵³ pəʔ⁵ ŋɔ⁴⁴ dɵ²¹ kɔ⁴⁴ lɵ²¹ kəʔ⁵ȵiɵ²¹ tɕiəʔ⁵na²² zia²⁴ lɛ²¹ , na²¹ maºŋɔ⁴⁴ ue²⁴ tɛ²¹ ȵi²¹ tɔ²⁴ tʰi ã⁴⁴ kɔ⁴⁴ lɵ²¹ tɕʰy²¹ kʰ ã²¹ ȵi⁵³ ma⁴⁴ maºkəʔ⁵ 。

三年后,他们的事被天上的王母娘娘知道了,就叫了天兵天将来抓织女。打雷,下大雨,突然之间仙女就消失了。她的儿子女儿就哭了,哭着找妈妈,问妈妈在哪里。然后老牛就开口说:你们不要哭,你们的妈妈是天上的仙女,让王母娘娘抓回去了,若要去找你们的妈妈,把我头上的牛角拿下来,牛角会带你们去天宫看你们的妈妈。

讲好了呢,牛角就跌在葛个地上,变成了一个箩筐。那么,一个儿子一个女娃子背在箩筐里呢,那么牛郎挑了好,挑了肩膀之后呢,啾咯一下风一吹么，就拨他吹上去了，蛮快咯就到天高头去了。刚刚要碰到他们，追到仙女咯辰光呢，让这个王母娘娘发现了。她头高头咯金钗拔下来呢，啾的一下，划了一条河，天河，蛮宽蛮宽咯，无边无际啦，他就是追不到她。该怎么办，急死了啊。

tɕia⁴⁴ xɔ⁵³ la⁰ ȵie⁰，ȵiə²¹ tɕiəʔ⁵ dʑie²⁴ tiə⁵ dzɛ²¹ kəʔ⁵ kəʔ⁵ di²⁴ zã²⁴，pia̰²¹ dzən²⁴ la⁰ iəʔ⁵ ko²⁴ lo²¹ kʰa̰⁴⁴。na²¹ ma⁰，iəʔ⁵ ko²⁴ θ²² tsʅ⁰ iəʔ⁵ ko²⁴ ȵy⁵³ ua⁴⁴ tsʅ⁰ pe⁴⁴ dzɛ²¹ lo²¹ kʰa̰⁴⁴ li⁰ ȵie⁰，na²¹ ma⁰ ȵiə²¹ la̰⁴⁴ tʰiɔ⁴⁴ la⁰ xɔ⁴⁴，tʰiɔ⁴⁴ la⁰ tɕia⁴⁴ pa̰⁵⁵ tsʅ⁴⁴ θ²⁴ nie⁰，ɕie⁴⁴ kəʔ⁵ iəʔ⁵ ʑia²¹ fən⁴⁴ iəʔ⁵ tsʰue⁴⁴ ma⁰，dʑie²⁴ pəʔ⁵ tʰa³³ tsʰue⁴⁴ za̰²⁴ tɕʰy²⁴ la⁰，mɔ²¹ kʰuɛ²⁴ kəʔ⁵ dʑie²⁴ tɔ²⁴ tʰia̰⁴⁴ kɔ⁴⁴ lθ²¹ tɕʰy²⁴ la⁰。ka̰⁴⁴ ka̰⁴⁴ iɔ²⁴ pʰən²⁴ tɔ²¹ tʰa⁴⁴ mən⁰，tsue⁴⁴ tɔ²⁴ ɕia̰⁴⁴ ȵy⁵⁵ kəʔ⁵ dzən²¹ kua̰⁴⁴ ȵie⁰，ȵia²⁴ tɕie²⁴ ko²¹ ua̰²¹ m̩⁵⁵ ȵia²² ȵia̰²² fa⁴⁴ ʑia̰²⁴ la⁰。tʰa⁴⁴ dθ²² kɔ⁴⁴ lθ²¹ kəʔ⁵ tɕin⁴⁴ tsʰa⁴⁴ bəʔ⁵ ʑia²⁴ lɛ²¹ ȵie⁰，ɕie⁴⁴ ti⁰ iəʔ⁵ ʑia²¹，ua²¹ la⁰ iəʔ⁵ diɔ²² xo²¹，tʰia̰⁴⁴ xo²¹，mɔ²¹ kʰua̰⁴⁴ mɔ²¹ kʰua̰⁴⁴ kəʔ⁵，u⁴⁴ pia̰⁴⁴ u⁴⁴ tɕi²⁴ la⁰，tʰa⁴⁴ dʑie²⁴ zʅ²⁴ tsue⁴⁴ pəʔ⁵ tɔ²⁴ tʰa⁴⁴。kɛ⁴⁴ tsən⁴⁴ ma⁰ ba̰²⁴，tɕiəʔ⁵ sʅ⁵³ la⁰ a⁰。

讲完牛角就跌在地上，变成了一对箩筐。儿子和女儿装在箩筐里。牛郎挑好箩筐后，啾的一下，风就把他吹上天去了。刚要追到仙女，被王母娘娘发现了，她拔下头上的金钗，划了一条无边无际的天河。他就是追不到她。怎么办？他很着急。

再接了，让葛个喜鹊看到了啊，那个喜鹊呢，也让他葛种情结感动了。那么它就叫来木佬佬喜鹊来，尾巴咬尾巴，嘴巴咬尾巴，葛样子咬牢，咬牢呢，那么，蛮长一个桥搭起来了。那么葛样呢，那个牛郎呢，就过去了啊。过去了么，再碰到葛个仙女了，看到了。那么王母娘娘也感动了，她讲，既然他们两人感情嘎深呢，就让他们会面。再会面会好之后呢，她跟他们讲，你们每一年七月初七到葛里来，让你们看一面。

tsɛ²¹ tɕiəʔ⁵ la⁰ , n̠i ã²⁴ kəʔ⁵ ko²⁴ ɕi⁴⁴ tɕʰiəʔ⁵ kʰ ã²¹ tɔ²⁴ la⁰ a⁰ , na²¹ ko²⁴ ɕi⁴⁴
tɕʰiəʔ⁵ n̠ie⁰ , ie²² n̠i ã²⁴ tʰa⁴⁴ kəʔ⁵ tsoŋ⁵³ dʑin²¹ tɕiəʔ⁵ k ã⁴⁴ doŋ²⁴ la⁰ 。 na²¹
ma⁰ tʰa⁴⁴ dʑiɵ²⁴ tɕiɔ²⁴ lɛ²¹ məʔ⁵ lɔ⁴⁴ lɔ⁰ ɕi⁴⁴ tɕʰiəʔ⁵ lɛ²² , mi⁴⁴ pa⁰ ŋo⁵³ mi⁴⁴ pa⁰ ,
tsue⁵³ pa⁰ ŋo⁵³ mi⁴⁴ pa⁰ , kəʔ⁵ i ã²⁴ tsʅ⁰ ŋɔ⁵³ lɔ⁰ , ŋo⁵³ lɔ⁰ n̠ie⁰ , na²¹ ma⁰ , mɔ²¹
dzã²⁴ iəʔ⁵ ko²⁴ dʑiɔ²¹ taʔ⁵ tɕʰi⁴⁴ lɛ²¹ la⁰ 。 na²¹ ma⁰ kəʔ⁵ i ã²⁴ n̠ie⁰ , na²⁴ ko²⁴
n̠iɵ²¹ lã²⁴ n̠ie⁰ , dʑiɵ²¹ ku²⁴ tɕʰy²⁴ la⁰ a⁰ 。 ku²⁴ tɕʰy²¹ la⁰ ma⁰ , tsɛ²¹ pʰən²⁴ tɔ²¹
kəʔ⁵ ko²⁴ ɕi ã⁴⁴ n̠y⁵⁵ la⁰ , kʰ ã²⁴ tɔ²¹ la⁰ 。 na²¹ ma⁰ u ã²¹ m⁵⁵ n̠ia²² n̠i ã⁰ ie⁵³ k ã⁴⁴
doŋ²⁴ la⁰ , tʰa⁴⁴ tɕi ã⁵³ , tɕi²⁴ z ã²¹ tʰa⁴⁴ mən⁰ li ã⁴⁴ n̠in²¹ k ã⁴⁴ dʑin²¹ kaʔ⁵ sən⁴⁴
n̠ie⁰ , dʑiɵ²⁴ n̠i ã²⁴ tʰa⁴⁴ mən⁰ ue²⁴ mi ã²⁴ 。 tsɛ²¹ ue²⁴ mi ã²⁴ ue²⁴ xɔ⁴⁴ tsʅ⁴⁴ ɵ²⁴
n̠ie⁰ , tʰa⁴⁴ kən⁴⁴ tʰa⁴⁴ mən⁰ tɕi ã⁵³ , n̠i⁵³ mən⁰ me⁵³ iəʔ⁵ n̠iɛ²² tɕʰiəʔ⁵ yəʔ¹² tsʰu⁴⁴
tɕʰiəʔ⁵ tɔ²¹ kəʔ⁵ li⁰ lɛ²² , n̠ia²⁴ n̠i⁵³ mən⁰ kʰ ã²¹ iəʔ⁵ mi ã²⁴ 。

接着,被喜鹊看到了,喜鹊被他感动了,觉得他太可怜了,叫来
了很多喜鹊,互相嘴巴咬着尾巴,搭出了一个长长的鹊桥。牛郎就
过去了,与织女相遇。王母娘娘被他们感动了,觉得既然他们两人
感情这么深,就让他们见面吧。见完了之后,王母娘娘对他们说,你
们每年七月初七到这里来,让你们见一面。

那么,现在就是叫牛郎与织女。

na²¹ ma⁰ , ʑia ã²⁴ dʑɛ²⁴ dʑiɵ²⁴ zʅ²⁴ tɕiɔ²⁴ n̠iɵ²¹ lã²⁴ y⁵³ tsəʔ⁵ n̠y⁵³ 。

这就是牛郎与织女的故事。

（2018 年 8 月 3 日,分水,发音人：何明珠）

五云山烈士

五云山烈士,介个事体那么就是讲,解放战争剿匪。

u⁵³ yn²¹ sã⁴⁴ lie²¹ zʅ²⁴ , tɕiɛ²⁴ kə²¹ zʅ²⁴ tʰi²¹ na²⁴ ma²¹ tɕiɵ²⁴ zʅ²¹ tɕi ã⁵³ , tɕie⁴⁴ fã²⁴tsã²⁴tsən⁴⁴tɕiɔ⁴⁴fi²⁴。

五云山烈士这个故事讲的是解放战争剿匪。

　　那么葛支部队涅,解放军涅从百江大队,过来,过长江,一直到分水,住在,解放军住在五云山。有一天涅,介个,百江高头涅,有人来报,就是讲涅,高头有管支匪土匪。那么,葛点转眼,来了一个排。上去,升土匪咯高头,中应啊。那涅,他们正在吃饭。那碗一放,接到命令涅,就往上去。那么到了赵家村葛里,一路涅,一个班等于说,一路涅往河边,往百江方向。还有一路涅,往前村,G50 咯方向进去。

　　na²⁴ma⁰kəʔ⁵tsʅ⁴⁴pu²⁴tue²¹ȵie⁰,tɕie⁴⁴fã²⁴tɕyn⁴⁴ȵie²¹dzoŋ²¹pəʔ⁵tɕiã⁴⁴ta²⁴tue²¹,kuo²⁴lɛ²¹,kuo²⁴dzã²¹tɕiã⁴⁴,iəʔ⁵dzəʔ¹²tɔ²⁴fən⁴⁴sue⁵⁵,tɕy²⁴dz²¹,tɕie⁴⁴fã²⁴tɕyn⁴⁴tɕy²⁴dzɛ²¹u⁴⁴yn²¹sã⁴⁴。iθ⁵³iəʔ⁵tʰiã⁴⁴ȵie⁰,tɕiɛ²⁴kəʔ⁵,pəʔ⁵tɕiã⁴⁴kɔ⁴⁴lə²²ȵie⁰,iθ⁴⁴ȵin²¹lɛ²¹pɔ²⁴,dʑiθ²⁴zʅ²¹kã⁴⁴ȵie⁰,kɔ⁴⁴lə²²iθ⁵³uã⁵³tsʅ⁴⁴fe²⁴tʰu⁴⁴fe⁵³。na²⁴ma⁰,kəʔ⁵tie⁴⁴tsã⁴⁴iã⁵³,lɛ²¹la⁰iəʔ⁵kəʔ⁵bɛ²¹。zã²⁴tɕʰy²¹,sən⁴⁴tʰu⁴⁴fi⁵⁵kəʔ⁵kɔ⁴⁴lə²²,tsoŋ⁴⁴in⁴⁴a⁰。na²⁴ȵie⁰,tʰã⁴⁴mən²¹tsən²⁴dzɛ²¹tɕʰiəʔ⁵fã²⁴。na²⁴uã⁴⁴iəʔ⁵fã²⁴,tɕiəʔ⁵tɔ²⁴min²⁴lin²¹ȵie⁰,dʑiθ²⁴uã⁴⁴zã²⁴tɕʰy²¹。na²⁴ma⁰tɔ²⁴la⁰tsɔ²⁴tɕia⁴⁴tɕʰən⁴⁴kəʔ⁵li²¹,iəʔ⁵lu²⁴ȵie⁰,iəʔ⁵kθ²¹pã⁴⁴tən⁴⁴y²¹suo⁴⁴,iəʔ⁵lu²⁴ȵie⁰uã⁴⁴xuo²¹piã⁴⁴,uã⁵³pəʔ⁵tɕiã⁴⁴fã⁴⁴ɕiã²⁴。xɛ²¹iθ⁴⁴iəʔ⁵lu²¹ȵie⁰,ua²¹iã²¹tsʰən⁴⁴,tɕi⁴⁴u⁴⁴lin²²kəʔ⁵fã⁴⁴ɕiã²⁴tɕin²⁴tɕʰy²¹。

　　这支解放军部队从百江大队过分水江,一路到分水,住在五云山。有一天,百江上面有人来报,说上面有支土匪,估计有一个排。那时候,解放军正在吃饭,一接到命令,就立即放下碗往外面冲。部队到了赵家村,就分成两路,一路顺着河边,往百江方向走;另一路往前村 G50 方向走。

　　那么到了,那么,先到 G50 葛支部队涅,解放军涅,上到 G50 葛个地方。那么,葛个位置涅地势险要。那么两边都是半山,那么介个炮涅,G50 介个炮涅,不高,那么爬上去涅,要翻过去咯时候涅,那么,葛个土匪打枪哎。那就是讲,介个山脚,G50 介个山脚,持续几次没有位置涅,有个,介个少要哎要要。那么有一支,葛个,土匪有一挺机枪架高头,其余土匪涅都在山岗高头。那么解放军下去涅机枪响了,那么山岗高头咯土匪涅也枪照着,都照着解放军葛里,打过来。那解放军被迫到那个,往里葛个水沟里墩地来隐蔽。

na²⁴ma⁰tɔ²⁴la²¹,na²⁴ma⁰,ɕia⁴⁴tɔ²⁴tɕi⁴⁴u⁴⁴lin²²kəʔ⁵tsʅ⁴⁴pu²⁴tue²¹n̦ie⁰,tɕie⁴⁴fa²⁴tɕyn⁴⁴n̦ie⁰,za̦⁴tɔ²¹tɕi⁴⁴u⁴⁴lin²²kəʔ⁵kəʔ⁵di²⁴fa²¹。na²⁴ma⁰,kəʔ⁵kəʔ⁵ue²⁴tsʅ²¹n̦ie⁰di²⁴sʅ²¹ɕia⁴⁴iɔ²⁴。na²⁴ma⁰lia⁴⁴pia³³tə⁴⁴zʅ²⁴pa̦⁴sa̦⁴,na²⁴ma⁰tɕie²⁴kə²¹pʰɔ²⁴n̦ie⁰,tɕi⁴⁴lin²²tɕie²⁴kəʔ⁵pʰɔ²⁴n̦ie⁰,pu²⁴kɔ²¹,na²⁴ma⁰ba²¹za̦⁴tɕʰy²¹n̦ie⁰,iɔ²⁴fa⁴⁴kuo²⁴tɕʰy²¹kəʔ⁵zʅ²¹xə²⁴n̦ie⁰,na²⁴ma⁰,kəʔ⁵kəʔ⁵tʰu⁴⁴fi²¹ta⁵³tɕʰia̦⁴ɛ⁰。na²⁴dʑiə²⁴zʅ²¹tɕia⁵³,tɕie²⁴kəʔ⁵sa̦⁴tɕiəʔ⁵,tɕi⁴⁴u⁴⁴lin²²tɕie²⁴kəʔ⁵sa̦⁴tɕiəʔ⁵,tsʰʅ²¹ɕy²¹tɕi⁴⁴zʅ²¹mei²¹iə²⁴ue²⁴tsʅ²¹n̦ie⁰,iə⁴⁴kəʔ⁵,tɕie²⁴kəʔ⁵sɔ⁴⁴iɔ²⁴ɛ⁰iɔ²⁴iɔ²⁴。na²⁴ma⁰iə⁴⁴iəʔ⁵tsʅ⁴⁴,kəʔ⁵kəʔ⁵,tʰu⁴⁴fi²¹iə⁴⁴iəʔ⁵tʰin⁴⁴tɕi⁴⁴tɕʰia̦⁴tɕia²⁴kɔ⁴⁴lə²²,dʑi²¹y²⁴tʰu⁴⁴fi²¹n̦ie⁰tə⁴⁴dʑɛ²⁴sa̦⁴ka̦⁵⁵kɔ⁴⁴lə²²。na²⁴ma⁰tɕie⁴⁴fa̦⁴tɕyn⁴⁴ɕia²⁴tɕʰy²¹n̦ie⁰tɕi⁴⁴tɕia⁴⁴ɕia⁴⁴la⁰,na²⁴ma⁰sa̦⁴ka̦³kɔ⁴⁴lə²²kəʔ⁵tʰu⁴⁴fi²¹n̦ie⁰ie⁴⁴tɕʰia̦⁴tsɔ²⁴tsuo²¹,tə⁴⁴tsɔ²⁴tsuo²¹tɕie⁴⁴fa²⁴tɕyn⁴⁴kəʔ⁵li⁰,ta⁵³kuo²⁴lɛ²¹。na²⁴tɕie⁴⁴fa²⁴tɕyn⁴⁴pe²⁴pʰəʔ⁵tɔ²⁴na²⁴kəʔ⁵,ua̦³li¹³kəʔ⁵kəʔ⁵sue⁴⁴kə³³li²⁴kʰa̦³di²⁴lɛ²¹in⁴⁴pi²⁴。

　　到达 G50 的这支解放军部队,上到 G50 上面。这个地方地势险要,两边都是半山,这个地方不高。解放军要冲上去的时候呢,土匪就开枪。在这个地方持续了几次,解放军都没有冲上去。土匪把一挺机枪架在山上面，其余土匪也都在山上面。只要解放军一冲锋，机枪就响起来，其余土匪也都用枪照着解放军打，解放军被迫到水沟里面隐蔽。

那么在万急中涅，有来涅介个，指挥涅就是讲涅，解放军两个进行冲锋，上坎，有个坎，一上坎，又拨打中了。那么，行了，接着好几次，那么，其中涅，有一个解放军涅走散了，那么他装死，那么在葛个，葛里葛个坎下，来了个解放军，向他们往介个个护里啊，掩护下涅，他涅慢慢咯爬过去。爬到介个腰脚，再涅扔了颗手榴弹上去，拨一挺机枪炸掉。那么，介个解放军涅，葛挺机枪一击，解放军又开始打次冲锋了。

na²⁴ma⁰dzɛ²⁴u ã⁵³tɕi⁴⁴tsoŋ⁴⁴ȵie⁰，θ⁴⁴lɛ²¹ȵie⁰tɕie²⁴kəʔ⁵，tsɿ⁴⁴xue³³ȵie⁰dzθ²⁴zɿ²¹tɕia⁴⁴ȵie⁰，tɕie⁴⁴fã²⁴tɕyn⁴⁴li ã⁴⁴kəʔ⁵tɕin²⁴in²¹tsʰoŋ⁴⁴fən⁴⁴，za²⁴kʰã²⁴，iθ⁴⁴kəʔ⁵kʰã⁵³，iəʔ⁵za²⁴kʰã²⁴，iθ²⁴pəʔ⁵ta⁴⁴tsoŋ⁴⁴la²¹。na²⁴ma⁰，ɕin²¹la⁰，tɕiəʔ⁵tsəʔ⁵xɔ⁴⁴tɕi⁵³tsʰɿ²¹，na²⁴ma⁰，dzi²¹tsoŋ⁴⁴ȵie⁰，iθ⁴⁴iəʔ⁵kəʔ⁵tɕie³³fã²⁴tɕyn⁴⁴ȵie⁰tsθ⁴⁴sã⁴⁴la⁰，na²⁴ma⁰tʰa⁴⁴tɕu ã⁴⁴sɿ⁵³，na²⁴ma⁰dzɛ²⁴kəʔ⁵kəʔ⁵，kəʔ⁵li⁴⁴kəʔ⁵kəʔ¹²kʰã²⁴ɕia²⁴，lɛ²¹la⁰kəʔ⁵tɕie⁴⁴fã²⁴tɕyn⁴⁴，ɕia²⁴tʰa⁴⁴mən²¹u ã²²tɕie²⁴kəʔ⁵kəʔ⁵xu²⁴li²¹a⁰，ia⁴⁴xu²⁴ia²⁴ȵie⁰，tʰa⁴⁴ȵie⁰，mã²⁴mã²¹kəʔ⁵ba²¹kuo²⁴tɕʰy²¹。ba²¹tɔ²⁴tɕie²⁴kəʔ⁵iɔ⁴⁴tɕiəʔ⁵，tsɛ²⁴ȵie⁰zən²⁴la⁰kʰuo⁴⁴sθ⁴⁴liθ²⁴ta²⁴za²⁴tɕʰy²¹，pəʔ⁵iəʔ⁵tʰin⁴⁴tɕi⁴⁴tɕʰi ã⁴⁴tsa²⁴tiə²¹。na²⁴ma⁰，tɕie²⁴kəʔ⁵tɕie⁴⁴fã²⁴tɕyn⁴⁴ȵie⁰，kəʔ⁵tʰin⁴⁴tɕi⁴⁴tɕʰi ã⁴⁴iəʔ⁵tɕi⁴⁴，tɕie⁴⁴fã²⁴tɕyn⁴⁴iθ²⁴kʰɛ⁴⁴zɿ³³ta⁵³tsʰɿ²⁴tsʰoŋ⁴⁴fən⁴⁴la⁰。

在紧急之中，两个解放军战士进行冲锋。那里有一个山坡，一上到坡上，就被打中，接连好几次。其中有一个战士走散了，他躺在坎那里装死，暗中保护冲锋的战友。在他的保护下，有个战士慢慢爬上了山坡，丢了一颗手榴弹上去把土匪的机枪炸掉了。机枪一炸掉，战士们就再次冲锋。

　　那么，爬上坎冲上去，葛个辰光涅，就是要往出去，两三百米咯位置，有一幢房子，是农民咯，老百姓都涅等于说涅，都了上火听呀听到枪响，吓里要命。后来涅，就是讲涅，只听到外面涅有葛个，两个人涅，就是来了，家里讲，等于说葛个，有模作样啊，葛个，打架，打，那么后来涅，等枪声响涅，就是讲，解放军已经拨那个土匪已经杀掉了。那么介个解放军涅，也受了重伤。那么解放军一打冲锋涅，一弄一打涅，之后土匪涅那么倒了。

na²⁴ ma⁰ , ba²¹ z a̰²⁴ kʰ ã⁵³ tsʰoŋ⁴⁴ z a²⁴ tɕʰy²¹ , kəʔ⁵ kəʔ⁵ dzənʔ²¹ ku ã⁴⁴ ȵie⁰ , dzɵ²⁴ zɿ²¹ io²⁴ u ã²¹ tsʰu⁴⁴ tɕʰy²⁴ , li ã⁵³ s ã⁴⁴ pəʔ⁵ mi⁵³ kəʔ⁵ ue²⁴ tsɿ²¹ , iɵ⁵³ iəʔ⁵ t ã²⁴ f a̰²¹ tsɿ²⁴ , zɿ²⁴ loŋ²¹ min²⁴ kəʔ⁵ , lɔ⁵³ pəʔ⁵ ɕin²⁴ tɵ⁴⁴ ȵie⁰ tən⁵³ y²¹ suo⁴⁴ ȵie⁰ , tɵ⁴⁴ la⁰ z a̰²⁴ uo²¹ tʰin⁴⁴ ia⁴⁴ tʰin⁴⁴ tɔ²⁴ tɕʰi ã⁴⁴ ɕia⁵³ , xaʔ¹² liʔ⁰ iɔ²⁴ min²¹ 。 xɵ²⁴ lɛ²⁴ ȵie⁰ , dzɵ²⁴ zɿ²¹ tɕi ã⁴⁴ ȵie⁰ , tsɿ⁴⁴ tʰin⁴⁴ tɔ²⁴ uɛ²⁴ mi ã²¹ ȵie⁰ iɵ⁴⁴ kəʔ⁵ kəʔ⁵ , li ã⁴⁴ kəʔ⁵ zən²¹ ȵie⁰ , dzɵ²⁴ zɿ²¹ lɛ²¹ la⁰ , tɕia⁴⁴ liʔ⁰ k a̰²⁴ , tən⁴⁴ y²⁴ suo⁴⁴ kəʔ⁵ kəʔ¹² , iɵ⁴⁴ mo²² tsuəʔ⁵ i a̰²⁴ a⁰ , kəʔ⁵ kəʔ⁵ , ta⁴⁴ tɕia²⁴ , ta⁴⁴ , na²⁴ ma⁰ xɵ²⁴ lɛ²¹ ȵie⁰ , tən⁴⁴ tɕʰi a̰⁴⁴ sən⁴⁴ ɕi a̰⁵³ ȵie⁰ , dzɵ²⁴ zɿ²¹ tɕi ã⁵³ , tɕie⁴⁴ f ã²⁴ tɕyn⁴⁴ iʔ⁵ tɕin⁴⁴ pəʔ⁵ na²⁴ kəʔ⁵ tʰu⁴⁴ fi²¹ i⁵³ tɕin⁴⁴ saʔ⁵ tiɔ²⁴ la⁰ 。 na²⁴ ma⁰ tɕie²⁴ kəʔ⁵ tɕie⁴⁴ f ã²⁴ tɕyn⁴⁴ ȵie⁰ , ie⁵³ sɵ²⁴ la²¹ tsoŋ²⁴ s ã⁴⁴ 。 na²⁴ ma⁰ tɕie⁴⁴ f ã²⁴ tɕyn⁴⁴ iəʔ⁵ ta²⁴ tsʰoŋ⁴⁴ fən⁴⁴ ȵie⁰ , iəʔ⁵ noŋ²⁴ iəʔ⁵ ta⁵³ ȵie⁰ , tsɿ⁴⁴ xɵ⁴⁴ tʰu⁵³ fi⁴⁴ ȵie⁰ na²⁴ ma⁰ tɔ⁵³ la⁰ 。

　　这时候，距离这里大约两三百米的位置，有一幢农民的房子，房子里面的老百姓听到了枪响，吓得要命。后来呢，外面有人走进房子里说是解放军在打土匪。在一片枪声之后，解放军已经把土匪打掉了，很多解放军战士也受了重伤。

那么葛个，到百江方向去葛支部队涅，解放军涅，听到葛边枪声涅，就是讲，就要，到百江方向咯军人，葛个下面，葛条河里，过来到 G50。那么，跟原有咯解放军涅，一起涅拨葛个牺牲格咯同志涅，背到 G50 葛边营帐。那么带到山后涅，回到分水五云山。那么两仗之后涅，等于说，一仗之后涅，那么要当地分水咯年轻咯去，青年人那么拉咯担架，在解放军咯引路下，因为也怕，万一，就是怕努力出险，怎么意外了，那么都解放军引路，葛上去过了，真测上去过了。那么再到了 G50，再拨一个一个遗体，搬上担架，带到分水五云山。那么烈士，烈士们涅等于说涅，那么都安葬在五云山介个位置。

na²⁴ ma⁰ kəʔ⁵ kəʔ⁵ , tɔ²⁴ pəʔ⁵ tɕi ã⁴⁴ f ã⁴⁴ ɕi ã²⁴ tɕʰy²⁴ kəʔ⁵ tsɿ⁴⁴ pu²⁴ tue²¹ n̠ie⁰ , tɕie⁴⁴ f ã²⁴ tɕyn⁴⁴ n̠ie⁴⁴ , tʰin⁴⁴ tɔ²⁴ kəʔ⁵ pia⁴⁴ tɕʰi ã⁴⁴ sən⁴⁴ n̠ie⁰ , dʑie²⁴ zɿ²¹ tɕi ã⁴⁴ , dʑie²⁴ øiɔ²¹ , tɔ²⁴ pəʔ⁵ tɕi ã⁴⁴ f ã⁴⁴ ɕi ã²⁴ kəʔ⁵ tɕyn⁴⁴ zən²¹ , kəʔ⁵ kəʔ⁵ ɕia²⁴ mia²¹ , kəʔ⁵ diɔ²¹ xu²² li⁵³ , kuo²⁴ lɛ²¹ tɔ²⁴ tɕi⁴⁴ u⁴⁴ lin²¹ 。 na²⁴ ma⁰ , kən⁴⁴ y ã²¹ iɵ⁴⁴ kəʔ⁵ tɕie⁴⁴ f ã²⁴ tɕyn⁴⁴ n̠ie⁰ , iəʔ⁵ tɕʰi⁵³ n̠ie⁰ pəʔ⁵ kəʔ⁵ kəʔ⁵ ɕi⁴⁴ sən⁴⁴ kəʔ⁵ doŋ²¹ tsɿ²⁴ n̠ie⁰ , pe⁴⁴ tɔ²⁴ tɕi⁴⁴ u⁴⁴ lin²¹ kəʔ⁵ pia⁴⁴ in²¹ ts ã²⁴ 。 na²⁴ ma⁰ tɛ²⁴ tɔ²¹ s ã⁴⁴ xɵ⁴ n̠ie⁰ , ue²⁴ tɔ²¹ fən⁴⁴ sue⁵⁵ u⁵³ yn²¹ s ã⁴⁴ 。 na²⁴ ma⁰ li ã²¹ ts ã²⁴ tsɿ⁴⁴ xɵ⁴⁴ n̠ie⁰ , tən⁴⁴ y²¹ suo⁴⁴ , iəʔ⁵ ts ã²⁴ tsɿ⁴⁴ xɵ²⁴ n̠ie⁰ , na²⁴ ma⁰ iɔ²⁴ t ã⁴⁴ di²⁴ fən⁴⁴ sue⁵⁵ kəʔ⁵ ni ã²¹ tɕʰin⁴⁴ kəʔ⁵ tɕʰy²⁴ , tɕʰin⁴⁴ ni ã²² zən²¹ na²⁴ ma⁰ la⁴⁴ kəʔ⁵ t ã⁴⁴ tɕia²⁴ , dʑɛ²⁴ tɕie⁴⁴ f ã²⁴ tɕyn⁴⁴ kəʔ⁵ in⁵³ lu²⁴ ɕia²⁴ , in⁴⁴ ue²⁴ ie⁴⁴ pʰa²⁴ , u ã²⁴ iəʔ⁵ , dʑie²⁴ zɿ²¹ pʰa²⁴ lu²¹ liəʔ¹² tɕʰy⁴⁴ i ã⁵³ , tsən²¹ ma⁰ i²⁴ uɛ²¹ la⁰ , na²⁴ ma⁰ tɵ⁴⁴ tɕie⁴⁴ f ã²⁴ tɕyn⁴⁴ iəʔ⁵ lu²⁴ , kəʔ⁵ z ã²⁴ tɕʰy²⁴ kuo²⁴ la⁰ , tsən⁴⁴ tsʰəʔ⁵ z ã²⁴ tɕʰy²¹ kuo²⁴ la⁰ 。 na²⁴ ma⁰ tsɛ²⁴ tɔ²⁴ la⁰ tɕi⁴⁴ u⁴⁴ lin²¹ , tsɛ²⁴ pəʔ⁵ iəʔ⁵ ko²⁴ iəʔ⁵ ko²⁴ i²¹ tʰi⁴⁴ , p ã⁴⁴ z ã²⁴ t ã⁴⁴ tɕia²⁴ , tɛ²⁴ tɔ²¹ fən⁴⁴ sue⁵⁵ u⁴⁴ yn²¹ s ã⁴⁴ 。 na²⁴ ma⁰ liəʔ¹² zɿ¹³ , liəʔ¹² zɿ¹³ mən²¹ n̠ie⁰ tən⁴⁴ y²¹ suo⁴⁴ n̠ie⁰ , na²⁴ ma⁰ tɵ⁴⁴ ã⁴⁴ ts ã²⁴ dʑe²⁴ u⁴⁴ yn²¹ s ã⁴⁴ tɕiɛ²⁴ kəʔ⁵ ue²⁴ tsɿ²¹ 。

到百江方向去的这支部队,听到这边枪响,就跨过河来到这边支援。他们和原有的战士一起把牺牲的同志背到 G50 这边的营帐,从山后面回到分水五云山。这一仗结束后,分水的年轻人在解放军的指引下,用担架把战士们的遗体抬到分水五云山。烈士们都被安葬在五云山这个位置。

但是涅,分水原来园站,新填好,填园站,葛个陵园站,都为他们,等于说流了不少眼泪啦。那涅,烈士们涅,等于说涅,那么占了葛里涅,坟墓搬了葛里涅。那分水人民涅,年年在,每一年来扫墓啊,纪念他们。烈士们涅也永远活在分水人民略心中。那涅,葛个解放军涅,为分水人民涅,也立下了汗马功劳。

tã²⁴ zʅ²¹ ȵie⁰ , fən⁴⁴ sue⁵⁵ yã²¹ lɛ²⁴ yã²² tsã²⁴ , ɕin⁴⁴ diɛ̃²¹ xɔ⁴⁴ , diɛ̃²¹ yã²¹ tsã²⁴ , kəʔ⁵ kəʔ⁵ lin²¹ yã²² tsã²⁴ , tɵ⁴⁴ ue²⁴ tʰa⁴⁴ mən²¹ , tən⁴⁴ y²¹ suo⁴⁴ liɵ²¹ la⁰ pəʔ⁵ sɔ⁵³ iã⁴⁴ le²⁴ la⁰ 。 na²⁴ ȵie⁰ , liəʔ¹² zʅ²⁴ mən²¹ ȵie⁰ , tən⁴⁴ y²¹ suo⁴⁴ ȵie⁰ , na²⁴ ma⁰ tsã²⁴ la⁰ kəʔ⁵ li⁴⁴ ȵie⁰ , vən²¹ mu²⁴ pɛ⁴⁴ la⁰ kəʔ⁵ li⁵³ ȵie⁰ 。 na²⁴ fən⁴⁴ sue⁵⁵ zən²¹ min²⁴ ȵie⁰ , niɛ̃²¹ ȵiɛ̃²¹ dzɛ²⁴ , me⁴⁴ iəʔ⁵ ȵiɛ̃²¹ lɛ²¹ sɔ⁴⁴ mu²⁴ a⁰ , tɕi²⁴ nie²¹ tʰa⁴⁴ mən²¹ 。 liəʔ¹² zʅ²⁴ mən²¹ ȵie⁰ ie⁴⁴ ioŋ⁴⁴ yã⁵³ uə¹² dzɛ²⁴ fen⁴⁴ sue⁵⁵ zən²¹ min²² kəʔ⁵ ɕin⁴⁴ tsoŋ⁴⁴ 。 na²⁴ ȵie⁰ , kəʔ⁵ kəʔ⁵ tɕie⁴⁴ fã²⁴ tɕyn⁴⁴ ȵie⁰ , ue²⁴ fən⁴⁴ sue⁵⁵ zən²¹ min²⁴ ȵie⁰ , ie⁴⁴ liəʔ¹² ɕia²⁴ la⁰ xã²⁴ ma⁴⁴ koŋ⁴⁴ lɔ²¹ 。

但是,分水原来的陵园被填了,搬到了现在的地址五云山。分水人民每年都来扫墓,纪念他们。烈士们永远活在分水人民心中。解放军为分水立下了汗马功劳。

(2018 年 8 月 3 日,分水,发音人:邱水明)

唐状元施肩吾

我拨大家讲个故事,唐状元施肩吾。

ŋo⁴⁴ pəʔ⁵ da²⁴ tɕia⁴⁴ tɕiã⁴⁴ kəʔ⁵ ku¹³ zɿ²¹ , dã²¹ tsuã²⁴ yã²¹ sɿ⁴⁴ tɕiã⁴⁴ u⁴⁴ 。

我给大家讲个故事,《唐状元施肩吾》。

施肩吾,字希圣,唐代著名诗人。他是杭州第一个状元,更是开发台湾澎湖咯先驱者,出生于今天咯洞桥镇贤德村。

sɿ⁴⁴ tɕiɛ̃⁴⁴ u⁴⁴ , dzɿ²⁴ ɕi⁴⁴ zən⁵³ , dã²¹ dɛ²⁴ tsu²⁴ min²² sɿ⁴⁴ zən²² 。 tʰa⁴⁴ sɿ²¹ xa²¹ tsө²⁴ di¹³ iəʔ⁵ kəʔ⁵ tsuã²⁴ yã²² , kən²⁴ zɿ²¹ kʰɛ⁴⁴ fa⁴⁴ dɛ²¹ uã⁴⁴ bən²¹ xu²⁴ kəʔ⁵ ɕia⁴⁴ tɕʰy⁴⁴ tsəʔ⁵ , tsʰu⁴⁴ sən⁴⁴ y²² tɕin⁴⁴ tʰiã⁴⁴ kəʔ⁵ doŋ²⁴ dziɔ²¹ tsən²⁴ iã²¹ təʔ⁵ tsʰuən⁴⁴ 。

施肩吾,子希圣,唐代著名诗人。他是杭州地区第一个状元,也是开发台湾澎湖的先驱者。出生于今天的洞桥镇贤德村。

施肩吾淡泊名利,隐居潜心修道。他善于写诗,与白居易关系蛮好。施肩吾一生与诗歌同行,他的诗歌跟道教作品相对丰富,代表作有《西山集》等。

sɿ⁴⁴ tɕiɛ̃⁴⁴ u⁴⁴ dã²⁴ bəʔ⁵ min²¹ li²⁴ , in²¹ tɕy²⁴ tɕʰiɛ̃²⁴ ɕin²² ɕiө⁴⁴ dɔ⁵³ 。 tʰa⁴⁴ sã²⁴ y¹³ ɕie⁴⁴ sɿ⁴⁴ , y⁴⁴ bəʔ⁵ tɕy⁴⁴ i¹³ kuã⁴⁴ ɕi²¹ mã²⁴ xɔ²¹ 。 sɿ⁴⁴ tɕiã⁴⁴ u⁴⁴ iəʔ⁵ sən⁴⁴ y²⁴ sɿ⁴⁴ ko⁴⁴ doŋ²¹ ɕin²⁴ , tʰa⁴⁴ tə⁰ sɿ⁴⁴ ko⁴⁴ kən⁴⁴ dɔ²⁴ tɕiɔ²¹ tsuo²⁴ pʰin⁵³ ɕiã⁴⁴ tue²⁴ fen⁴⁴ fu²⁴ , dɛ²² piɔ⁵³ tsuo⁴⁴ iө⁵³ ɕi⁴⁴ sã⁴⁴ tɕi⁴⁴ tən⁵³ 。

施肩吾淡泊名利,潜心修道。他善于写诗,与白居易交好,一生与诗歌同行。他的诗歌里面有不少道教作品,代表作有《西山集》等。

他是一位历史传奇人物。施肩吾年少时候在五云山和尚寺就读,又现在咯分水高中。他勤学苦读,在唐元和十年,从殿试中被选为状元。现在分水中学,留存着他,他咯瑰宝。例如云顶洗砚池，以及刻有"唐状元施肩吾读书处"石碑。葛些景点都成了分水高中略亮点，也是中学子咯精神食粮。分中教学楼就以"东斋"命名，一旦下午时分，闲暇之余，中学子在与云顶探讨习题。

tʰa⁴⁴zʅ¹³iə?⁵ue²⁴liə?¹²sʅ⁵³dzuã²¹dʑi²⁴zən²¹uə?¹²。sʅ⁴⁴tɕiɛ̃⁴⁴u⁴⁴n̠ia²¹sɔ²⁴zʅ²¹xθ²⁴dzɛ²⁴u⁴⁴yn²¹sã⁴⁴xuo²¹zã²⁴zʅ²⁴tɕie²⁴də?¹²，iθ²⁴ɕia²¹dzɛ²⁴kə?⁵fən⁴⁴sue⁵⁵kɔ⁴⁴tsoŋ⁴⁴。tʰa⁴⁴dʑin²¹iə?¹²kʰu⁴⁴də?¹²，dzɛ²⁴dã²²yã²¹xuo²⁴zə?¹²n̠ie²¹，dzoŋ²²diɛ̃²⁴zʅ²¹tsoŋ⁴⁴pe²⁴sʅ²¹ue²⁴tsuã²⁴yã²¹。ɕiɛ̃²¹dzɛ²⁴fən⁴⁴sue⁵⁵tsoŋ⁴⁴iə?¹²，liθ²¹tsʰən²⁴tsə⁰tha⁴⁴，tʰa⁴⁴kə?⁵kue²¹pɔ²⁴。li²¹zu²⁴yn²¹tin⁵⁵ɕi⁴⁴kuã³³dzʅ²¹，i²¹tɕiə?⁵kə?⁵iθ²¹dã²¹tsuã²⁴yã²¹sʅ⁴⁴tɕia⁴⁴u⁴⁴də?¹²su²⁴tsʰu²¹za?¹²pe⁴⁴。kə?⁵ɕie⁴⁴tɕin⁴⁴tiã⁵³tθ⁴⁴dzən²¹a⁴⁴fən⁴⁴sue⁴⁴kɔ⁴⁴tsoŋ⁴⁴kə?⁵liã²⁴tie²¹，iə?⁵zʅ²⁴tsoŋ⁴⁴yə?¹²tʂʅ²⁴kə?⁵tɕin⁴⁴sən²²sə?⁵liã²¹。fən⁴⁴tsoŋ⁴⁴tɕia²⁴iə?¹²lθ²¹tɕiθ²⁴i²¹toŋ⁴⁴tsɛ⁴⁴min²⁴min²¹，iə?⁵tã²⁴ɕia²¹u²⁴zʅ²¹fən⁴⁴，ɕiɛ̃²¹ɕia²⁴tsʅ⁴⁴y²²，tsoŋ⁴⁴iə?¹²tsʅ⁰dzɛ²⁴yn²¹tin⁵⁵tʰã̃²⁴dɔ²¹iə?¹²di²¹。

他是一位历史传奇人物。施肩吾小时候在五云山和尚寺读书，地址就是现在的分水高中。他勤学苦读，唐元和十年，施肩吾从殿试中脱颖而出，成为状元。现在的分水高中，还留存着他的一些遗迹，比如"洗砚池""唐状元施肩吾读书处"石碑，这些景点现在都是分水高中的亮点，也是中学生的精神食粮。分水高中的教学楼以"东斋"命名。傍晚时分，闲暇之余，学生们会在这里交流学习生活。

唐太宗十三年，天下大乱，施肩吾率领他咯准近回了台湾澎湖，最终在那里定居了。他离开家乡移民，为施家修了一座假坟，祈求晚年魂归故里。他把先进咯生产方式，跟农业技术带到台湾，为了跟当地人一起劳作，被后人誉为开发澎湖咯先驱者。

dã²¹ da²⁴ tsoŋ⁴⁴ zəʔ¹² sã⁴⁴ ȵiɛ̃²¹ , tʰiɛ̃⁴⁴ ɕia²¹ da²⁴ luã²¹ , sʅ⁴⁴ tɕiɛ̃⁴⁴ u⁴⁴ suɛ²⁴ lin²¹ tʰa⁴⁴ kəʔ⁵ tsuən⁵³ tɕin²¹ xuɛ²⁴ la²² dɛ²¹ uã²⁴ bən²¹ u²⁴ , tsue²⁴ tsoŋ⁴⁴ dzɛ²⁴ la²⁴ li²¹ din²⁴ tɕy²¹ la⁰ 。 tʰa⁴⁴ li²⁴ kʰɛ⁴⁴ tɕia⁴⁴ ɕia⁴⁴ i²¹ min²⁴ , ue²⁴ sʅ⁴⁴ tɕia⁴⁴ ɕiə⁴⁴ la⁰ iəʔ⁵ dzuo²⁴ tɕia⁴⁴ fən²¹ , tɕʰi⁴⁴ dziə⁴⁴ uã⁴⁴ ȵie²¹ uən²¹ kue⁴⁴ ku²⁴ li⁴⁴ 。 tʰa⁴⁴ pa²⁴ ɕiɛ̃⁴⁴ tɕin²⁴ kəʔ⁵ sən⁴⁴ tsʰã⁵⁵ fã⁴⁴ səʔ⁵ , kən⁴⁴ noŋ²¹ iəʔ¹² tɕi²⁴ zəʔ¹² tɛ²⁴ tɔ²¹ dɛ²¹ uã⁴⁴ 。 ue²⁴ la²¹ kən⁴⁴ tã⁴⁴ di²⁴ ȵin²¹ iəʔ⁵ tɕʰi²¹ lɔ²¹ tsuo²¹ , pe²⁴ xθ²⁴ zən²¹ y²⁴ ue²¹ kʰɛ⁴⁴ fa⁴⁴ bən²¹ xu²⁴ kəʔ⁵ ɕiɛ̃⁴⁴ tɕʰy⁴⁴ tsəʔ⁵ 。

唐太宗十三年，天下大乱，施肩吾率领他的家族近亲迁移至台湾澎湖，并最终在那里定居。他在离开家乡前，为施家修了一座衣冠冢，祈求百年之后魂归故里。他把先进的生产方式和农业技术带到澎湖，跟当地人一起劳作，被誉为"开发澎湖的先驱者"。

葛个就是唐状元施肩吾故事。

kəʔ⁵ kəʔ⁵ tɕiθ²⁴ zʅ²¹ dã²¹ tsuã²⁴ yã²¹ sʅ⁴⁴ tɕiɛ̃⁴⁴ u⁴⁴ ku²⁴ zʅ²¹ 。

这就是唐状元施肩吾的故事。

（2018 年 8 月 9 日，分水，发音人：吴志华）

三、戏　曲

沉香救母

天上人间迢迢，	tʰiã⁴⁴ zã²⁴ zən²² tɕiɛ̃⁴⁴ diə²² diə²² ,
心中事，	sin⁴⁴ tsoŋ⁴⁴ zʅ²⁴ ,
谁人知晓？	ze²² zən²² tsʅ⁴⁴ siə⁵³ ?

我彦昌自别圣母后，　　　　　ŋo⁵³iã²²tsʰã⁴⁴dzɿ²⁴biəʔ¹²sən²⁴m⁵³ɵ²⁴，

金榜题名中魁首。　　　　　　tɕin⁴⁴pã²⁴di²²min⁴⁴tsoŋ²⁴gue²²sɵ⁵³。

得配相国千金女，　　　　　　təʔ⁵pʰe²⁴siã²⁴kuəʔ⁵tɕʰiɛ̃⁴⁴tɕin⁴⁴n̠y⁵³，

流光似水一十三秋。　　　　　lie²²kuã⁴⁴zɿ²⁴sue⁵³iəʔ⁵zəʔ¹²sã⁴⁴tɕʰiɵ⁴⁴。

多承王氏夫人明大义，　　　　to⁴⁴dzʰən²²uã²²zɿ²⁴fu⁴⁴zən²²min²²dã²⁴i²⁴，

抚养沉香恩德厚。　　　　　　fu²²iã⁵³dzən²²ɕiã⁴⁴ən⁴⁴təʔ⁵ɵ²⁴。

怎奈我未践圣母愿，　　　　　tsən²²nɛ²⁴ŋo⁵³vi²⁴dʑiã²⁴sən²⁴m⁵³yã²⁴，

我彦昌郁闷重重压心头。　　　ŋo⁵³iã²²tsʰã⁴⁴yʔ⁵mən²⁴dzoŋ²⁴dzoŋ²⁴ia⁴⁴
　　　　　　　　　　　　　　sin⁴⁴dɵ²²。

圣母啊，　　　　　　　　　　sən²⁴m⁵³ua⁰，

你言道不望儿名登金榜，　　　n̠i⁵³iã²²dɔ²⁴pəʔ⁵uã²⁴ɵ²²min²²tən⁴⁴tɕin⁴⁴pã²⁴，

但愿他年把母救。　　　　　　dã²⁴yã²⁴tʰa⁴⁴n̠ie²²pa⁵³m⁵³tɕiɵ²⁴。

如今沉香虽成人，　　　　　　zɿ²²tɕin⁴⁴dzən²²ɕiã⁴⁴se⁴⁴dzən²²zən²²，

他还未知你娘在华山被　　　　tʰa⁴⁴uã²²vi²⁴tsɿ⁴⁴n̠i⁵³n̠iã²²dzɛ²⁴ua⁴⁴sã⁴⁴bi²⁴
　拘囚。　　　　　　　　　　tɕy⁴⁴dziɵ⁴⁴。

十三载母子天涯各一方，　　zəʔ¹²sã⁴⁴tse²⁴m⁵³tsɿ⁰tʰiã⁴⁴ia²²kəʔ⁵iəʔ⁵fã⁴⁴，

但未知，何日骨肉能聚首。dã²⁴vi²⁴tsɿ⁰，o²²zəʔ¹²²kuəʔ⁵zəʔ¹²nəŋ²²dʑy²⁴sɵ⁵³。

（2018 年 8 月 2 日，分水，发音人：何明珠）

陆游与唐琬

浪迹天涯三长载，　　　lã²⁴tɕiəʔ⁵tʰiã⁴⁴ia²²sã⁴⁴tsʰã²²tsɛ²⁴，

暮春又入沈园来。　　　mu²⁴tsʰən⁴⁴iɵ²⁴zəʔ¹²sən⁵³yã²²lɛ²²。

输与杨柳双燕子，　　　sʅ⁴⁴y²⁴iã²¹liɵ⁵⁵suã⁴⁴iɛ̃²⁴tsʅ⁰，

书剑飘零独自回。　　　sʅ⁴⁴tɕiɛ̃²⁴pʰiə⁴⁴lin²²duəʔ²zʅ¹³ue²²。

花易落，人易醉，　　　xua⁴⁴i²⁴luəʔ¹²，zən²²i²⁴tsei²⁴，

山河残缺难忘怀。　　　sã⁴⁴xuo²²tsʰã²²tɕʰyəʔ⁵nã²²vã²⁴ue²²。

当日应邀福州去，　　　tã⁴⁴zəʔ¹²in²⁴iə⁴⁴fuəʔ⁵tsɵ⁴⁴tɕʰy²⁴，

问琬妹，　　　vən²⁴uã⁵³mei¹³，

可愿展翅远飞开？　　　kʰuo⁵³yã²⁴tsuã⁵³dzʅ¹³yã⁵³fi⁴⁴kʰɛ⁴⁴？

东风沉醉黄滕酒，　　　toŋ⁴⁴fən⁴⁴tsʰən²²tsei²⁴uã²²dən²²tɕiɵ⁵³，

往事如烟不可追。　　　uã⁵³zʅ¹³zʅ²²iã⁴⁴puəʔ⁵kʰuo⁵³tsɵ⁴⁴。

为什么红楼一别蓬山远？　uei²⁴sʅ²²moˀxoŋ²²lɵ²²iəʔ⁵piəʔ⁵fən²²sã⁴⁴yã⁵³？

为什么重托锦书信不回？　uei²⁴ sʅ²² moˀtsʰoŋ²² tʰuəʔ⁵tɕin⁵³ sʅ⁴⁴ sin²⁴
　　　　　　　　　　　puəʔ⁵ue²²？

为什么情天难补鸾镜碎？　uei²⁴sʅ²²moˀzin²²tʰiã⁴⁴nã²²pu⁵³luã⁵³tɕin²⁴
　　　　　　　　　　　se²⁴？

为什么寒风吹折雪中梅？　uei²⁴sʅ²²moˀxuã²²fən⁴⁴tsʰei⁴⁴tsəʔ⁵ɕieʔ⁵tsoŋ⁴⁴
　　　　　　　　　　　mei²²？

山盟海誓犹在耳，　　　sã⁴⁴mən⁵³xɛ⁵³zʅ²⁴iɵ⁴⁴dzɛ¹³ɵ⁵³，

生离死别空悲哀。　　　　　sən⁴⁴li²²sʅ⁵³pieʔ⁵kʰoŋ⁴⁴pei⁴⁴ɛ⁴⁴。

沈园偏多无情柳，　　　　　sən⁵³yã²²pʰiã⁴⁴tuo⁴⁴vu²²zin²²lie²²，

看满地落絮沾泥总伤怀。　　kʰã²⁴mã⁵³di¹³luəʔ¹²ɕy²⁴tsuã⁴⁴n̩i²²tsoŋ⁵³

　　　　　　　　　　　　　　sã⁴⁴uɛ²²。

　　　　　　　　　　　（2018 年 8 月 2 日，分水，发音人：何明珠）

后　记

　　2017年11月，我接到王洪钟教授的电话，让我主持浙江语保分水点项目。那时的我，到浙江工作刚半年，对浙江的方言了解并不多。出于对方言调查研究的热爱，以及对学界前辈提携的感恩，我在明知困难重重的情况下，欣然接受了这项工作。

　　2017年12月29日，浙江省第三批语保项目验收会在杭州市余杭区举行，我有幸参会学习。浙江省语言文字工作委员会办公室用记录片(《浙江省语言资源保护工程第三批汉语方言保护调查工作纪实》)的新颖形式，向与会的领导和验收组专家汇报了浙江省2017年语保工程项目工作开展和实施的情况。看着淳朴、大气的纪录片，我被浙江语保前辈所做的工作、所付出的努力深深震撼、感染。那一刻，只觉得能够加入浙江语保团队是我莫大的荣幸。同时暗暗下定决心，无论如何，都要把这个事情做好、做扎实。

　　2018年4月19日，浙江省第四批语保项目启动会在绍兴市上虞区举行。分水列于浙江省语保项目第四批21个调查点之中。会上，我和桐庐教育局的潘胜君老师一起沟通了分水语保项目方言合作人相关问题。7月中旬，我和好友施伟伟老师一起带着徐梦菲、谢娇娇、魏振国三位同学奔赴分水进行语保项目的调查摄录，分水语保工作正式启动。潘胜君老师为我们召集了数十位能说地道分水话的人员参加我们的方言发音人遴选。综合考虑各种因素,我们最终选定邱水明、吴志华、刘春美、江亚芬、何明珠担任分水语保的老男、青男、老女、青女、口头文化等部分的发音人。同时选取分水高中的教室做摄录场地。

摄录开始后,我们团队五个人明确分工:我负责纸笔调查、施老师负责提词、梦菲负责音频摄录、振国负责视频摄录、娇娇负责音视频质量检查。尽管我们五个人通力合作,但依然受到一些外界因素的干扰,不得不多次调整工作节奏。窗外的鸟鸣声、狗叫声,以及摄录后期周围环境的装修施工,都迫使我们一次次调整摄录工作,比如在墙上挂棉被隔音,把部分摄录时间调整到晚上等。

在摄录过程中,五位发音人带给我们诸多的温暖和感动。分水语保摄录结束后,我写了一篇小文章,发表在浙江乡音微信公众号及《浙江语保》杂志上。现转录如下。

富春江边,五云山畔;

分水高中,烈士墓旁;

棉被三条,砖头八块;

虫鸣鸟叫,施工更烦;

幸得团队,慰我心安。

——我们的摄录环境

在这样的环境中,能顺利完成语保的摄录工作,除了团队工作人员的努力外,方言发音人更是功不可没。不信,且听我聊聊我们的方言发音人。

老男发音人邱水明。邱伯伯是武盛村一个村民小组的组长,人高马大,脾气超好。他患腰椎间盘突出多年,坐久了会很不舒服,但为了我们的视频拍出最佳效果,一次次挺直脊梁,配合我们摄录。晚饭后陪他散步,恰逢小雨,我连忙为他撑伞,他竟然有点不好意思,我说:"您比我爸爸大两岁,就让我做女儿该做的事吧。"后面几天的摄录,因为场地周边施工,我们只能把时间改到晚上,他也没有丝毫怨言,不管怎么被我们"折腾",他都微笑着尽力配合。

如果说做单字和词汇部分的摄录时,他是挺拔的;那么做讲述部分的摄录时,他则是神采奕奕的。谈到自己的女儿,伯伯两眼放光,满满的爱意尽情释放出来,脸上绽放出掩饰不住的幸福和满足感。那一刻,我想到了自己的父亲,我觉得我必须努力工作和生活,好让他在讲到我的时候,也能够那么神采奕奕。

老女发音人刘春美。刘奶奶年轻时做过生产队的宣传委员,能歌善舞,心地善良。每次和她打电话约摄录的时间,她都热情地邀请我们去她家里吃饭。遗憾的是,直到摄录结束,也没能去她家里看看。听刘奶奶讲述,是一种享受。做姑娘时的爱好,恋爱时的美好,儿媳妇的优秀,她娓娓道来,我静静聆听。那一刻,我想,做她的儿媳妇该是幸福的吧,有这么一个明理的婆婆,婆媳矛盾会少很多。

青男发音人吴志华。志华是我们最年轻的方言发音人,今年30岁,做事特别认真。他工作比较辛苦,每晚10:00才下班,我们只能把他的摄录时间放在晚上10:30到凌晨1:00。因为年轻,他从不叫苦。他本来是带近视眼镜的,因为晚上拍摄的原因,眼镜的边框会在脸上投下阴影。在和他商量后,他立即去配了隐形眼镜,而他的眼睛其实不适合戴隐形,每次戴两个多小时,他的眼睛就会发红变涩,但他一直忍着。他性格开朗、阳光,从不认输:一天夜里,他下班晚,到我们摄录场地,已经 11 点多了,他极其疲惫,但却坚持着录制了 200 条单字和两条讲述。第二天检查视频的时候,发现他原本阳光的发型,竟然有几根毫不客气地支棱起来,这本是我们工作人员的失误,没有及时发现并帮他整理头发,但他什么也没说,直接表示可以重录。这么一个对自己严格要求的青年,我相信,只要他愿意,无论做什么,都会成功的。

青女发音人江亚芬。芬芬小我一岁,已经是两个孩子的妈妈。芬芬给我的感觉是纯朴可爱,为了做好讲述,她竟然用微信编辑了上千字的文稿给我看,可见她的认真负责。就那么短短的几天,感觉和芬芬已经认识了很多年似的。她讲给我她的欢喜与哀愁,以及对生活的向往。我默默地听,默默地给她鼓励。她有一双可爱的儿女,老公也疼她,相信她以后一定会很幸福。

分水口头文化发音人何明珠。明珠阿姨,自己创业做生意,挚爱越剧,集古典与现代于一身,很有气质。听她唱《沉香救母》《陆游与唐婉》,特别有味道。更精彩的是,她主持进行的多人对话,气氛特别好,一遍即过。她讲到她的儿子在澳大利亚硕士毕业后,想留在那边工作,征求她的意见。她说:中国那么大,就容不下你一个人吗?儿子就回杭州工作了。那一刻,我真心为她叫好。她是一位精致的女子,一位睿智的母亲,一位值得我尊敬的人。

分水语保的摄录工作结束了,但这些温暖的、可爱的人将会永远铭记在我的心间。感恩!

浙江省语言资源丰富复杂、差异性大,这一特点给我的国际音标记音转写带来了不小的挑战。为了确保记音准确,我多次请教复旦大学的盛益民教授,中山大学的李华琛博士,请他们帮助指导我听音、记音。中期检查结束后,我邀请我的同门姐妹崔艳蓉、王丽娟、耿丽君、李露瑶、蔡爱娟莅临湖州,帮助指导我进行连读变调的记音。张炜伦同学在音、视频剪辑过程中也贡献了力量。分水语保项目的顺利结项,与方言发音人的付出、师友们的帮助、我们团队的努力密不可分。

在《中国语言资源集•浙江(分水)》和“口头文化语料转写•浙江(分水)”等项目进行过程中,就分水方言语料的记音转写情况,我得到了王洪钟教授、孙宜志教授、黄晓东教授、张勇生教授的亲切指导。他们不厌其烦、极为详尽的指导帮助我修正了不少谬误。

在项目进行过程中,我还得到湖州师范学院人文学院院长王绍峰教授及诸多同仁的帮助指导。他们有的为我出谋划策,有的帮我排忧解难,使得我能够愉快地工作,圆满完成任务。浙江大学出版社责任编辑仝林女士为本书的出版付出了心血。

以上,谨表谢忱!

书中若有谬误,概由本人负责。

是为后记。

许巧枝

甲辰龙年正月初八于湖州师范学院